八閩文庫

八閩文庫 要籍選刊 5

尚書通考

[元] 黃鎮成 撰
王篤堃 點校

海峽出版發行集團
THE STRAITS PUBLISHING & DISTRIBUTING GROUP
福建人民出版社

二〇一九年八閩文庫出版工程領導小組

組　長　梁建勇

副組長　楊賢金

成　員　施宇輝　馮潮華　賴碧濤　陳熙滿
　　　　王建南　黄　誌　卓兆水　葉飛文
　　　　陳　强　林守欽　王秀麗　蔣達德

二〇二〇年八閩文庫出版工程領導小組

組　長　邢善萍

副組長　郭寧寧

成　員　施宇輝　馮潮華　賴碧濤　陳熙滿
　　　　肖貴新　王建南　黄　誌　卓兆水
　　　　葉飛文　陳　强　林守欽　王秀麗
　　　　林義良

二〇二二年八閩文庫出版工程領導小組

組　長　張　彦

副組長　鄭建閩

成　員　林端宇　鄭家紅　顏志煌　黄國劍
　　　　許守堯　肖貴新　林　生　黄　誌
　　　　卓兆水　吴宏武　陳　强　張立峰
　　　　鄭東育　林義良　林　彬

二〇二三年八閩文庫出版工程領導小組

組　長　張　彦

副組長　王金福

成　員　林端宇　鄭家紅　顏志煌　黄國劍
　　　　許守堯　肖貴新　黄　誌　陳熙満
　　　　吴宏武　林　生　李　潔　張立峰
　　　　鄭東育　黄葦洲　林　彬

八閩文庫總序

葛兆光　張　帆

一

在傳統中國的文化史上，福建算是後來居上的區域。經歷了東晉、中唐、南宋幾次大移民潮，浙、閩之間的仙霞嶺，早已不是分隔内外的屏障，而成了溝通南北的通道。歷史使得福建越來越融入華夏文明之中，唐宋兩代，特别是在「背海立國」的宋代，東南的經濟發達，海洋的地位凸顯，福建逐漸從被文明中心影響的邊緣地帶，成爲反向影響全國文明的重要區域。在七世紀的初唐，詩人駱賓王曾説「龍章徒表越，閩俗本殊華」（駱臨海集箋注卷二晚憩田家，陳熙晉箋注，上海古籍出版社一九八五年，第三六頁），前一句説的是華夏的衣冠對斷髮文身的越人没有用，後一句説的是閩地的風俗本來就與華夏不同，意思都是瞧不起東南。但是，到了十五世紀的明代中期，黄仲昭在弘治八閩通志序裏卻説，八閩雖爲東南僻壤，但自唐以來文化漸盛，「至宋，大儒君子接踵而出」，實際上它的文明程度，已經「可以不愧於鄒魯」（四庫全書存目叢書史部一七七册，齊魯書社一九九六年，第三六四頁）。

的確，自從福建在唐代出了第一個進士薛令之，而且晉江有歐陽詹，福清有王棨，莆田有徐夤、黄滔這些傑出人物之後，到了更加倚重南方的宋代，福建出現了蔡襄（一〇一二—一〇六七）、陳襄（一〇一七—一〇八〇）、游酢（一〇五三—一一二三）、楊時（一〇五三—一一三五）、鄭樵（一一〇四—一一六二）、林光朝（一一一四—一一七八）、朱熹（一一三〇—一二〇〇）、蔡元定（一一三五—一一九八）、陳淳（一一五九—一二二三）、真德秀（一一七八—一二三五）等一大批著名文人士大夫。這些出身福建或流寓福建的士人學者，大大繁榮和提升了這裏的文化，甚至使得整個中國的文化重心逐漸南移，也許，就像程頤説的那樣「吾道南矣」（宋史卷四二八道學楊時傳，中華書局一九七七年，第一二七三八頁）。也就是説宋代之後，原本偏在東南的福建，逐漸成了中國重要的文化區域。

不過，習慣於中原中心的學者，當時也許還有偏見。以來自中心的偏見視東南一隅的福建，那時福建似乎還是「邊緣」。雖然人們早已承認福建「歷宋逮今，風氣日開」

（黃虞稷閩小紀序，撰於康熙五年，續修四庫全書史部七三四册，上海古籍出版社二〇〇二年，第一二七頁），但有的中原士人還覺得福建「僻在邊地」。像北宋樂史的太平寰宇記，一面承認「此州（福州）之才子登科者甚衆」，一面仍沿襲秦漢舊説，稱閩地之人「皆蛇種」，並引十道志説福建「嗜欲、衣服，别是一方」（樂史太平寰宇記卷一〇〇江南東道一二，中華書局二〇〇七年，第一九九一頁）。所以，歷史上某些關於福建歷史、文化和風俗的著作，似乎還在以中原或者江南的眼光，特别留心福建地區與核心區域不同的特異之處，筆下一面凸顯異域風情，一面鄙夷南蠻鴃舌。但是從大的方面説，我們看到宋代以降，實際上福建與中原的精英文化越來越趨向同一，正如宋人祝穆方輿勝覽所説，「海濱幾及洙泗，百里三狀元」，前一句裏所謂「洙泗」即孔子故鄉，這是説福建沿海文風鼎盛，幾乎趕得上孔子故里；後一句裏「三狀元」是指南宋乾道年間福建登第的三個狀元，即乾道二年（一一六六）的蕭國梁、乾道五年的鄭僑和乾道八年的黃定，他們都是福建永福（今永泰）這個地方的人（祝穆新編方輿勝覽卷一〇，施和金點校，中華書局二〇〇三年，第一六三頁）。

文化漸漸發達，書籍或者文獻也就越來越多，福建文獻的撰寫者中不僅有本地人，也有流寓或任職於閩中的外地人。日積月累，這些文獻記録了這個多山臨海區域千年的文化變遷史，而八閩文庫的編纂，正是把這些文獻精選並彙集起來，爲現代人留下唐宋以來有關福建的歷史記憶。

二

福建鄉邦文獻數量龐大，用一個常見的成語説，就是「汗牛充棟」。那麼多的文獻，任何歸類或叙述都不免挂一漏萬。不過，我們這裏試圖從區域文化史的角度，談一談福建文獻或書籍史的某些特徵。

毫無疑問，中國各個區域都有文獻與書籍，秦漢之後也都大體上呈現出華夏同一思想文化的底色，但各區域畢竟有其地方特色。如果我們回溯思想文化的歷史，那麼，唐宋之後福建似乎也有一些特點。恰恰因爲是後來居上的文化區域，所以福建積累的傳統包袱不重，常常會出現一些越出常軌的新思想、新精神和新知識。這使得不少代表新思想、新精神和新知識的人物與文獻，往往先誕生在福建。衆所周知的方面之一，就是宋代儒家思想的變遷。應當説，宋代的理學或者道學，最初乃是一種批判性的新思潮，一些儒家士大夫試圖以屬於文化的「道理」鉗制屬於政治的「權力」，所以，極力强調

「天理」的絶對崇高，人們往往稱之爲道學或理學，也根據學者的出身地叫作「濂洛關閩之學」。其中，「閩」雖然排在最後，卻應當説是宋代新儒學的高峰所在，以至於後人乾脆省去濂溪和關中，直接以「洛閩」稱之（如清代張夏雒閩源流録），以凸顯道學正宗，恰在洛陽的二程與福建的朱熹，而道學最終水到渠成，也正是在福建。因爲宋代道學集大成的代表人物朱熹，雖然祖籍婺源，卻出生在福建，而且相當長時間在福建生活。他的學術前輩或精神源頭，號稱「南劍三先生」的楊時、羅從彦（一〇七二—一一三五）、李侗（一〇九三—一一六三），也都是南劍州即今福建南平一帶人，他的提攜者之一陳俊卿（一一一三—一一八六），則是興化軍即今莆田人，而他的最重要的弟子黄榦（一一五二—一二二一）是閩縣（今福州）人、陳淳是龍溪（今龍海）人。

正是在這批大學者推動下，福建逐漸成爲圖書文獻之邦。慶元元年（一一九五），朱熹在福州州學經史閣記中曾經説，一個叫常濬孫的儒家學者，在福州地方軍政長官詹體仁、趙像之、許知新等資助下，修建了福州府學用來藏書的經史閣，即「開之以古人斆學之意，而後爲之儲書，以博其問辨之趣」（朱文公文集卷八〇，朱子全書第二四册，上海古籍出版社、安徽教育出版社二〇一〇年，第三八一四頁）。宋代之後，經由近千年的日積月累，我們看到福建歷史上出現了相當多的儒家論著，也陸續出現了有關儒家思想的普及讀物。大家可以從八閩文庫中看到，這裏收録的不僅有朱熹、真德秀、陳淳的著述，也有明清學者詮釋理學思想之作，像明人李廷機性理要選、清人雷鋐雷翠庭先生自恥録等等，應當説，這些論著構成了一個歷經宋元明清近千年的福建儒家文化史。

三

説到福建地區率先出現的新思想、新精神和新知識，當然不應僅限於儒家或理學一系。更應當記住的是，從宋代以來，中國政治、經濟和文化的重心，逐漸從西北轉向東南，一方面由於中原文化南下，被本地文化激蕩出此地異端的思想，另一方面海洋文明東來，同樣刺激出東南濱海的一些更新的知識。

我們注意到，在福建文獻或書籍史上，呈現了不少過去未曾有的新思想、新精神和新知識。比如唐宋之間，福建不僅出現過譚峭（生卒年不詳）化書這樣的道教著作，也出現過像百丈懷海（約七二〇—八一四）、潙山靈佑（七七一—八五三）、雪峰義存（八二二—九〇八）那樣充滿批判性的禪僧，還出現過禪宗史上撰於泉州的最重要禪史著作祖堂集。又如明代中後期，那個驚世駭俗而特立獨行的李贄（一五二七—一六〇二），有人説他的獨特思想，就是因爲他生在各種宗教交匯融合的泉州，傳説他曾受到伊斯蘭教之影響，當然更因爲有佛教與心學的刺激，使他成了晚明傳統思想世界的反叛者。而另一個莆田人林兆恩（一五一七—一五九八），則是乾脆開創了三一教，提倡「三教合一」，也同樣成爲正統的政治意識形態的挑戰者。再如明清時期，歐洲天主教傳教士「梯航九萬里」，也把天主教傳入福建，特别是明末著名傳教士艾儒略（一五八二—一六四九）應葉向高（一五五九—一六二七）之邀來閩傳教二十五年，從而福建才會有「三山論學」這樣的思想史事件，也産生了三山論學記這樣的文獻，無論是葉向高，還是謝肇淛，這些思想開明的福建士大夫，多多少少都受到外來思想的刺激。最後需要特别提及的是，由於宋元以來，福建成爲向東海與南海交通的起點，所以，各種有關海外的新知識，似乎都與福建相關，宋代趙汝适撰寫諸蕃志的機緣，是他在泉州市舶司任職；元代汪大淵撰寫島夷志略的原因，也是他從泉州兩度出海。由於此後福州成爲面向琉球的接待之地，泉州成爲南下西洋的航線起點，因而福建更出現了像張燮東西洋考、吴朴渡海方程、葉向高四夷考、王大海海島逸志等有關海外新知的文獻，這一有關海外新知的知識史，一直延續到著名的林則徐四洲志。老話説「草蛇灰線，伏脈千里」，歷史總有其連續處，由於近世福建成爲中國的海外貿易和海上交通的中心，所以，這裏會成爲有關海外新知識最重要的生産地，這才能讓我們深切理解，何以到了晚清，福建會率先出現沈葆楨開辦面向現代的船政學堂，出現嚴復通過翻譯引入的西方新思潮。

甚至還可以一提的是，近年來福建霞浦發現了轟動一時的摩尼教文書，這些深藏在道教科儀抄本中的摩尼教資料，説明唐宋元明清以來，福建思想、文化和宗教在構成與傳播方面的複雜性和多元性。所以，在八閩文庫中，不僅收録了譚峭化書，李贄焚書續焚書、藏書續藏書，林兆恩林子會編等富有挑戰性的文獻，也收録了張燮東西洋考、趙新續琉球國志略等關係海外知識的著作，讓我們看到唐宋以來，福建歷史上新思想、新精神和新知識的潮起潮落。

四

在八閩文庫收録的大量文獻中，除了福建的思想文化與宗教之外，也留存了有關福建政治、文學和藝術的歷史。如果我們看明人鄧原岳編閩中正聲、清人鄭杰編全閩詩録收録的福建歷代詩歌，看清人馮登府編閩中金石志、葉大莊編閩中石刻記、陳棨仁編閩中金石略中收録的福建各地石刻，看清人黄錫蕃編閩中書畫録中收録的唐宋以來福建書畫，那麼，我們完全可以同意歷史上福建的後來居上。這正如陳衍（一八五六—一九三七）在閩詩録的序文中所説「余維文教之開，吾閩最晚，至唐始有詩人，至唐末五代中土詩人時有流寓入閩者，詩教乃漸昌，至宋而日益盛」（續修四庫全書集部一六八七册，第四一一頁）。可見，宋史地理志五所説福建人「多向學，喜講誦，好爲文辭，登科第者尤多」，「今雖閭閻賤品處力役之際，吟詠不輟」（杜佑通典州郡十二），真是一點兒不假。

清代學者朱彝尊（一六二九—一七〇九）曾説「閩中多藏書家」（曝書亭集卷四四淳熙三山志跋，四部叢刊初編集部二七九册，上海書店一九八九年，第六〇一頁）。千年以來的人文日盛，使得現存的福建傳統鄉邦文獻，經史子集四部之書都很豐富，翻檢八閩文庫，就可以感覺到這一點，這裏不必一一敘説。需要特别指出的是，福建歷史上不僅有衆多的文獻留存，也是各種書籍刊刻與發售的中心之一。福建多山，林木蔥蘢，具備造紙與刻書的有利條件，從宋元時代起，福建就成爲中國書籍出版的中心之一。宋元時代福建的所謂「建本」或「麻沙本」曾經「幾遍天下」（葉夢得石林燕語卷八，侯忠義點校，中華書局一九八四年，第一一六頁），更有所謂「麻沙、崇安兩坊産書，號稱『圖書之府』」的説法（新編方輿勝覽卷一一，第一八一頁）。版本學家也許將它與蜀本、浙本對比，覺得它並不精緻，但是，從書籍流通與文化貿易的角度看，正是這些廉價圖書，使得很多文化知識迅速傳向中國四方，也深入了社會下層。淳熙六年（一一七九），朱熹在建寧府建陽縣學藏書記中曾説到，「建陽版本書籍行四方，無遠不至」，可當時嘉禾縣學居然藏書很少，「學於縣之學者，乃以無書可讀爲恨」，於是一個叫姚耆寅的知縣，就「鬻書於市，上自六經，下及訓傳、史記、子、集，凡若干卷以充入之」。當地刊刻的書籍，豐富了當地學者的知識，也增加了當地文獻的積累，甚至扭轉了當地僅僅重視「世儒所誦科舉之業」的風氣（朱文公文集卷七八，朱子全書第二四册，第三七四五頁），這就是一例。到了清代，汀州府成爲又一個書籍刊刻基地，近年特别受到中外學者注意的四堡，就是一個圖書出版和發行中心，文獻記載這裏「以書版爲産業，刷就發販，幾半天下」（咸豐長汀縣志卷三一物産）。所以，美國學者包筠雅（Cynthia J. Brokaw）文化貿易：清代至民國時期四堡的書籍交易（劉永華、饒佳榮等譯，北京大學出版社二〇一五年）就深入研究了這個位於汀州府長汀、清流、寧化、連城四縣交界地區的客家聚集區的書籍事業，繼承宋元時代建陽地區（如麻沙）刻書業，這裏再一次出現中國書籍出版史上佔據重要位置的福建書商群體。

可以順便提及的是，福建刻書業也傳至海外。福建莆田人俞良甫，元末到日本，由九州的博多上岸，寓居在京都附近的嵯峨，由他刻印的書籍被稱爲「博多版」。據説，俞氏一面協助京都五山之天龍寺雕印典籍，一面自己刻印各種圖書，由於所刊雕書籍在日本多爲精品，所以被日本學者稱爲「俞良甫版」。

從建陽到汀州，福建不僅刊刻了精英文化中的儒家九經三傳、諸子百家以及文選、文獻通考、賈誼新書、唐律疏議之類的典籍，也刊刻了很多大衆文化讀本，諸如西廂記、花鳥争奇和話本小説。特别在明清兩代書籍流行的趨勢和作爲商品的書籍市場的影響下，蒙學、文範、詩選等教育讀物，風水、星相、類書等實用讀物，小説、戲曲等文藝讀物，在福建大量刊刻。如果我們不是從版本學家的角度，而是從區域文化史的角度去看，這種「易成而速售」（石林燕語卷八，第一一六頁）的書籍生産方式，使得各種文獻從福建走向全國甚至海外，特别是這些既有精英的、經典的，也有普及的、實用的各種知識的傳播，是否正是使得華夏文明逐漸趨向各地同一，同時也日益滲透到上下日常生活世界的一個重要因素呢？

八閩文庫的編纂，當然是爲福建保存鄉邦文獻，前面我們説到，保存鄉邦文獻，就是爲了留住歷史記憶。

五

這次編纂的八閩文庫，擬分爲三個部分。第一部分是「文獻集成」，計劃選擇與收録唐宋以來直到晚清民初的閩人各種著述，以及有關福建的文獻，共一千餘種，這部分採取影印方式，以保存文獻原貌。這是八閩文庫的基礎部分，按傳統的經史子集四部分類，這是爲了便於呈現傳統時代福建書籍面貌，因而數量最多；第二部分是「要籍選刊」，精選一百三十餘種最具代表性的閩人著述及相關文獻，以深度整理的方式點校出版，不僅爲了呈現歷代福建文獻中的精華，也爲了便於一般讀者閱讀；第三部分則爲「專題彙編」，初步擬定若干類，除了文獻總目之外，還將包括書目提要、碑傳集、宗教碑銘、官員奏折、契約文書、科舉文獻、名人尺牘、古地圖等，我們認爲，這是以現代觀念重新彙集與整理歷史資料的一個新方式，它將無法納入傳統的四部分類，卻是對理解福建文化與歷史至關重要的文獻，進行整理彙集，必將爲研究與理解福建，提供更多更系統的資料。

經歷幾年討論與幾年籌備，八閩文庫即將從二〇二〇年起陸續出版，力爭用十年時間，經過一番努力，打下一個比較完備的福建文獻的基礎。

當然，不能説八閩文庫編纂過後，對於福建文獻的發掘與整理就已完成。八閩文庫僅僅是我們這一兩代人的工作，還有更多或更深入的工作，在等待著未來的幾代人去努力。無論從舊材料中發現新問題，還是以新眼光發現新材料，都是建立在前人的基礎上，而又對前人的工作不斷修正完善的過程。還是朱熹寫給陸九齡的那句廣爲流傳的老話：「舊學商量加邃密，新知培養轉深沉。」用舊的傳統融會新的觀念，整理這些縱貫千年的歷史文獻，也就無論「人間有古今」了。

八閩文庫要籍選刊出版説明

福建自唐代以降，名家輩出，著述繁興，流傳千載，聲光燦然。遺存之文獻，多可彰顯福建歷史發展脈絡，展示前賢思想學術及文學藝術成就，爲研究福建區域文化之基本典籍。八閩文庫「要籍選刊」擇取重要之閩人著作及相關福建文獻百數十種，予以點校。其中具備條件者，將採用編年、箋注、校證等方式整理。諸書略依經史子集分部編次，陸續出版。

二〇二一年八月

尚書通考整理前言

黄鎮成（一二八八—一三六二），字元鎮，號存齋、存存子、秋聲子、紫雲山人等，邵武（今福建省邵武市）人。元延祐初科考失意，遂築南田耕舍，潛心著述，無復仕進，又嘗遍游楚漢、齊魯、燕趙等地，創作了大量山水田園詩。隱居期間，屢被有司舉薦，皆不就。後授江西儒學提舉，未及赴任而卒，集賢院定謚「貞文處士」。黄氏著述豐富，有周易通義十卷、尚書通考十卷、中庸章旨二卷、性理發蒙四卷，又有秋聲集十卷，然多散佚，今僅存尚書通考與秋聲集二書。明初危素撰元故文林郎江西等處儒學提舉黄君墓碑，所述黄氏生平行跡、交遊與學術成就頗詳。

黄鎮成尚書通考十卷，初爲教授兒輩所作。其尚書通考敘意云：「余方授兒輩以書，問或有問，不容立答，則取關涉考究者會萃抄撮，或不可言曉者，規畫爲圖以示之。至衆家之説有所不通，則間述臆見以附於下。如舊圖、舊説已備者，不復贅出，其有未盡，則隨條辨析焉。歲月積累，寖成卷帙。兒輩乃請次其顛末，以便考尋，名曰尚書通考。」綜覽其目，卷一前五篇諸儒家法傳授之圖、百篇書目、伏生今文尚書、孔安國古文尚書、尚書名義、壁藏異記、許氏紀年圖可視作專題總述，此後依次選擇尚書各篇涉及的名物訓詁、天文曆法、地理變遷、制度因革等内容進行集中探討。如卷一論及堯典「若稽古」、「九族」，卷一、卷二、卷三論及堯典「曆象日月星辰」之内容，卷三、卷四、卷五論及舜典中的祭祀、巡守制度，其間又涉律、度、量、衡，卷七、卷八論及禹貢之九州、五服，卷九、卷十論及咸有一德之宗廟、洪範之九疇、周官之官制、顧命之禮制等等。元人雷幾（或作「機」）爲尚書通考所作序言，總結全書内容可謂全面：「昭武存齋黄氏所著尚書通考，於帝王傳授則究其心法，於諸儒授受則究其家法，曆象則考其辰次中星、閏餘歲差者焉，璣衡則考其北極出入、七政留行者焉，律度則考其累尺候氣、相生旋變者焉，類禋服器、巡守就宅則於禮樂刑政有所考矣，畎澮丘甸、夫井田制則於風土貢賦有所考矣，若範疇、若圭表、若廟制、若爵土之類，莫不著之以圖，辨之以説，上推四代，下及漢、晉、唐、宋，因革異同，如指之掌，使孔、蔡復生，不易其言也。」

是書重在編述，間附己説。除尚書注疏、林之奇尚書全解、蔡沈書集傳（以下簡稱「蔡傳」）、夏僎尚書詳解、王炎書小傳、吴澄書纂言、許謙讀書叢説等尚書學專門著述外，黄氏還頻繁徵引了周禮、禮記、爾雅、説文解字、史記儒林傳天官書曆書、漢書律曆志地理志、晉書律曆志、隋書經籍志、唐書天文志、杜佑通典、鄭樵通志、山海經、水經注等文獻。此外，尚有兩部大書爲尚書通考的編纂提供了重要資源：一是北宋陳祥道編撰的禮書，一是南宋章如愚編輯的山堂考索。

綜上可知，尚書通考是一部旨在考釋尚書名物制度的專門著述。清代四庫館臣雖謂之「頗嫌蕪雜」，但同時肯定該書「猶爲以實用求書，不以空言求書者」。今可從以下三方面論述尚書通考在元代尚書學史乃至學術史中的獨特價值和地位。

首先，尚書通考突破了元代科舉功令的束縛，未囿於蔡傳的文本内容。自元延祐元年（一三一四）恢復科舉制度，確定蔡傳爲尚書考試主要範本（兼用古注疏）以後，元代尚書學著述基本圍繞著蔡傳展開，其中最爲著名的便是陳櫟書集傳纂疏、董鼎書傳輯録纂注、陳師凱書蔡氏傳旁通。然而，尚書通考雖然同樣編撰於延祐以後，但是黄鎮成本人明顯有著不受科舉制度擺佈的獨立的學術追求。相較而言，尚書通考與陳師凱書蔡氏傳旁通的文本内容屬性更爲相近，即皆傾向於名物制度考證，已與科舉經學考試强調闡揚聖人之意的義理之風别有異趣。但是，具體來看，尚書通考絶大多數情況下都是直接截取尚書經文爲題進行論述，可看作是尚書之注。而書蔡氏傳旁通卻是以蔡傳傳文爲題進行論述，爲蔡沈之注再作注，最終仍未擺脱蔡傳。

其次，尚書通考集矢於尚書學史的重要議題，形成了一系列具有考據性的專題論述。如堯典之「曆象日月星辰」一節，黄鎮成論述異常詳細，拆分爲多個專題進行論述，如日、月、星辰之運轉速度及軌跡，如歲差變遷及其形成原因，進而引申論述古今曆法之得失。再如禹貢一篇，引用正史地理志、專門地理著述，詳繹九州山川之風貌及其變異，又展開探討五服、六服朝貢制度。

最後，尚書通考中不時附入的作者按語，顯示了黄鎮成獨立的學術思考。如卷一論尚書虞書是否應當包括堯典、舜典、大禹謨、皋陶謨、益稷五篇，針對他人提出的堯典爲唐書，大禹謨、皋陶謨、益稷爲夏書，不應一律歸於虞書的意見，分別引用孔穎達、楊元素、蔡沈等人説法加以解釋，最後自作按語：「愚按堯典雖言堯事，而自『疇咨』以下實爲禪舜張本，況伏氏舜典本合於堯典。史紀堯、舜之行事，以記禪讓之初終，而三謨等篇亦舜時事，所以均謂之虞書也。」尤爲可貴的是，在朱子學盛行的元代中後期，黄鎮成能做到尊朱而不盲目信朱。尚書通考屢屢引用朱熹之説作爲證據，顯示了黄鎮成在學術上對朱熹的服膺。但是在一些具體問題上，黄氏也能够擺脱朱熹的意見，表達自己的獨特見解。如論及著名的日、月、五星左旋還是右旋的問題時，尚書通考在引用了朱熹日、月、五星左旋的闡釋後，緊接著下了一個按語：「愚按曆家以日、月、五星皆右行，由有曆以來，其説皆如此矣。且如日行黄道，自南而北則爲春爲夏，自北而南則爲秋爲冬，出没升降，皆有自然之勢。若左旋，則自東而西，日行一道，道各不同，不可以黄道名，亦不可指言日在某宿。其出没之道，冬則南漸進而北，夏則北漸退而南。爲日駁者，不亦煩矣，竊恐未然。」明確提出反對意見，並且給出了自己質疑的原因。在與此相隔不遠的下文，黄氏又作了一個按語，轉述了他父親黄必壽的一大段論述，進一步論證日、月、五星右行。如此再三致意，一方面説明黄氏本人對這一問題格外關注，同時也透露出他在反駁朱熹這一備受推崇的學術前輩時的審慎態度和自信氣質。

黄鎮成尚書通考一書，學界目前尚無點校整理本。是書現存版本不多，有元至正間刻本，日本内閣文庫及中國國家圖書館各藏一部，經對勘字跡及圖版斷裂之處，可知爲同一版所印，惟内閣文庫藏本先印，國圖藏本後印。至清代康熙間通志堂經解收録是書，據元至正本重刻。此後清乾隆三十二年（一七六七）徐時作又據通志堂經解本重刻，清乾隆間四庫館臣又據通志堂經解本抄寫。此外，日本正保五年（一六四八）林甚右衛門刻本，臺北「故宫博物院」和加拿大不列顛哥倫比亞大學圖書館各藏抄本一部，皆以元至正本爲底本。

本次整理，選取哈佛大學哈佛燕京圖書館藏清康熙通志堂經解本（以下簡稱「通志堂本」）爲底本，以中華再造善本影印中國國家圖書館藏元至正本（以下簡稱「元至正本」）爲校本，參校日本内閣文庫藏元至正本（以下簡稱「内閣文庫本」）、臺灣商務印書館景印文淵閣四庫全書本（以下簡稱「四庫本」）。元至正本雖爲早期刻本，然屬坊刻，訛脱衍倒之誤所在多有，異體、俗體使用隨意，難盡統一，且歷時既久，文字殘缺漫漶問題較爲嚴重（僅就文字殘缺情況而言，國圖藏本優於内閣文庫藏本，故選取國圖藏本爲校本）。清通志堂重刊尚書通考，對元至正本字體加以規範，並且進行了大量勘正工作，洵爲善本，清乾隆間徐時作本、四庫本均以之爲底本。綜合以上所言，最終確定通志堂本爲本次整理之底本。此外，由於尚書通考屬於編纂之作，徵引大量典籍文獻，故而在整理過程中充分參考了相關典籍。十三經主要選用北京大學出版社標點本十三經注疏，二十四史、蔡沈書集傳、通典、通志二十略選用中華書局整理本，朱熹著述選用上海古籍出版社、安徽教育出版社整理本朱子全書，陳祥道禮書選用中華再造善本影印中國國家圖書館藏元至正七年（一三四七）福州路儒學刻明修本，章如愚山堂考索選用中華再造善本影印北京大學圖書館藏元延祐七年（一三二〇）圓沙書院本。

尚書通考目次

尚書通考卷二

尚書通考卷三

尚書通考卷四

尚書通考卷五

尚書通考卷六

尚書通考卷七

尚書通考卷八

尚書通考卷九

尚書通考卷十

附録

尚書通考敘意

書載二帝三王之政。政者，心與事之所形也。是故道德仁聖統乎心，制作名物達於事。內外之道合，而帝王之政備矣。然統乎心者，先後古今，吻合無二。達於事者，儀章器物，因革無存。故求帝王之心易，而考帝王之事難。矧後儒稽古，不過以周爲據，而秦人滅學，周典亦多殘缺。迺欲以不完之文，以徵隆古之舊，斯益難矣。然昔者紫陽夫子之教，必語學者以有業次。如所謂堯、舜典「曆象日月星辰」、「律度量衡」、「五禮」、「五樂」，禹貢山川，洪範九疇之類，須一一理會令透。蓋讀書窮理，即器會道，乃學者之當務也。余方授兒輩以書，間或有問，不容立答，則取關涉考究者會萃抄撮，或不可言曉者，規畫爲圖以示之。至衆家之説有所不通，則間述臆見以附於下。如舊圖、舊説已備者，不復贅出，其有未盡，則隨條辨析焉。歲月積累，寖成卷帙。兒輩乃請次其顛末，以便考尋，名曰尚書通考。竊謂學有本末，道無精粗。禮樂、官名，聖人猶問，則讀是經者，安得不求其故哉？方將就正於博洽君子，然後退授於家，俾爲格致之助，亦庶乎紫陽夫子之教云耳。時天曆三年，歲名上章敦牂，月旅太蔟，日得壬子，後學昭武黄鎮成謹識。

尚書通考卷一

諸儒家法傳授之圖

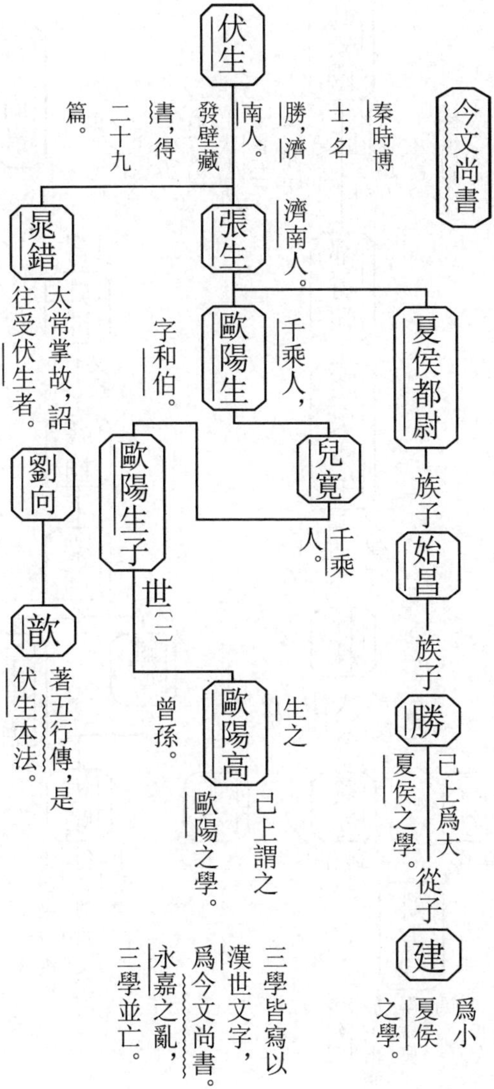
今文尚書
伏生
秦時博士，名勝，濟南人。發壁藏書，得二十九篇。
張生
濟南人。
夏侯都尉
族子
始昌
族子
勝
已上爲大夏侯之學。
從子
建
爲小夏侯之學。
歐陽生
千乘人，字和伯。
兒寬
千乘人。
歐陽生子
世〔一〕
歐陽高
生之曾孫。
已上謂之歐陽之學。
三學皆寫以漢世文字，爲今文尚書。永嘉之亂，三學並亡。
鼂錯
太常掌故，詔往受伏生者。
劉向
歆
著五行傳，是伏生本法。

古文尚書

晉鄭沖 以古文授 — 蘇愉 — 梁柳 — 皇甫謐

梁柳 — 臧曹 — 梅賾 東晉豫章内史，得孔傳古文，奏上其書。

鄭玄 作注。

孔安國 定孔壁所出可知者二十五篇，又復出伏生所合者五篇，并序一篇，合伏生二十八篇爲五十九篇。後承詔作傳，以巫蠱事起，不得奏上，私傳其書於都尉朝。

孔安國 — 都尉朝 — 膠東庸生 已上皆謂古文之學。

杜林 後漢扶風人，傳古文尚書。

賈逵 作訓。

馬融 作傳。

姚方興 齊建武中，於大航頭得舜典，比馬、鄭注多二十八字。

孔壁書出，安國以隸書存古文，故謂之古文尚書。蓋古文者，科斗之書也。

隋開皇三年求遺書，得舜典，五十八篇方備。

唐天寶三載詔衛衡改古文從今文。

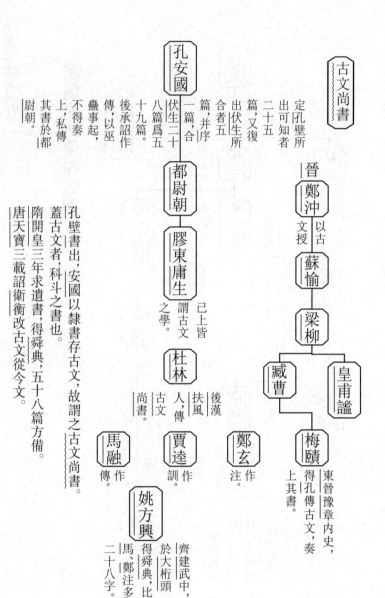

百篇書目

伏生今文尚書凡二十八篇

堯典　臯陶謨　禹貢　甘誓
湯誓　盤庚　高宗肜日　西伯戡黎
微子　牧誓　洪範　金縢
大誥　康誥　酒誥　梓材
召誥　洛誥　多方　多士
立政　無逸　君奭　顧命
吕刑　文侯之命　費誓　秦誓

右伏生所授者。漢武時又入僞泰誓一篇，爲二十九篇。

安國古文尚書增多伏生二十五篇

大禹謨　五子之歌　胤征　仲虺之誥

湯誥　伊訓　太甲三篇　咸有一德
説命三篇　泰誓三篇　武成　旅獒
微子之命　蔡仲之命　周官　君陳
畢命　君牙　冏命

安國復出尚書凡五篇

舜典今文合堯典。　益稷今文合皋陶謨。　盤庚二篇。今文一篇。　康王之誥今文合顧命。

右今、古文通五十八篇，又百篇之序一篇，即今所行五十八篇，而以序冠篇首者也。

逸書

汩作　九共九篇　槀飫　帝告
釐沃　湯征　汝鳩　汝方
夏社　疑至　臣扈　典寶
明居　肆命　徂后　沃丁
咸乂四篇　伊陟　原命　仲丁

河亶甲　祖乙　高宗之訓　分器
旅巢命　歸禾　嘉禾　成王政
將蒲姑　賄肅慎之命　亳姑
右四十二篇書，亡，即書序謂「其餘錯亂磨滅，弗可復知」者也。通前今、古文，合百篇之數。

漢張霸僞書凡二十四篇

舜典　汩作　九共九篇　大禹謨
益稷　五子之歌　胤征　湯誥
咸有一德　典寶　伊訓　肆命
原命　武成　旅獒　冏命

張霸復出伏生書五篇

舜典　益稷　盤庚二篇　康王之誥　泰誓
右前漢諸儒不見孔傳，張霸僞作二十四篇，附伏生二十八篇，又復出五篇，并泰誓一篇，求合孔氏五十八篇四十六卷之數。

伏生今文尚書

史記儒林傳：「孝文帝時，欲求能治尚書者，天下無有。乃聞伏生能治，欲召之。是時伏生年九十餘，老不能行。於是乃詔太常使掌故晁錯往受之。秦時焚書，伏生壁藏之。其後兵大起，流亡。漢定，伏生求其書，亡數十篇，獨得二十九篇，即以教於齊魯之間。學者由是能言尚書，諸山東大師無不涉尚書以教矣。伏生教濟南張生及歐陽生，漢書曰『字和伯，千乘人』。歐陽教千乘兒寬。兒寬既通尚書，以文學應郡舉，詣博士受業，受業孔安國。兒寬貧無資用，常爲弟子都養，及時時間行傭賃，以給衣食。行常帶經，止息則誦習之。以試第次，補廷尉史。是時張湯方鄉學，以爲奏讞掾，以古法議決疑大獄，而愛幸寬。寬爲人温良，有廉智，自持，而善著書、書奏，敏於文，口不能發明也。湯以爲長者，數稱譽之。及湯爲御史大夫，以寬爲掾，薦之天子，後位至御史大夫。張生亦爲博士。而伏生孫以治尚書徵，莫能明也。自此之後，魯周霸、孔安國、雒陽賈嘉，頗能言尚書事。孔氏有古文尚書，而安國以今文讀之，因以起其家逸書，得十餘篇，蓋尚書滋多於是矣。起，謂起發以出也。」

孔安國曰：「漢室龍興，開設學校，旁求儒雅，以闡大猷。濟南伏生年過九十，失其本經，口以傳授，裁二十餘篇。以其上古之書，謂之『尚書』。百篇之義，世莫得聞。」陸氏曰：「二十餘篇即馬、鄭所注二十九篇是也。」孔穎達曰：「泰誓本非伏生所傳，武帝之世始出而得行，史因以入於伏生所傳之內。」蔡氏曰：「伏生本但有堯典、臯陶謨、禹貢、甘誓、湯誓、盤庚、高宗肜日、西伯戡黎、微子、牧誓、洪範、金縢、大誥、康誥、酒誥、梓材、召誥、洛誥、多方、多士、立政、無逸、君奭、顧命、呂刑、文侯之命、費誓、秦誓，凡二十八篇。今加泰誓一篇，故爲二十九篇。」

顔師古曰：「衛宏定古文尚書序：『伏生老，不能正言，言不可曉，使其女傳錯。齊人語多與潁川異，錯所不知凡十二三，略以其意屬讀而已。』」伏生，齊人。晁錯，潁川人。史謂伏生壁藏，而安國云「失其本經，口以傳授」者，蓋伏生初實壁内得之，傳教既久，誦文則熟。至錯往受，不執經而口授之耳。出穎達正義。

朱子曰：「伏生不出，其女口授，有齊音，不可曉，以意屬成。及孟子引『享多儀』，却與洛誥[二]無差。只疑伏生偏記難者，而反不記其易者。」然盤、誥聱牙，自是書之本體。典、謨、貢、範同出於生，而明白坦亮如彼。則書之所以艱深者，非齊音使然。而世之所以疑生者，皆非其實也。

文帝求治尚書，伏生老不能行，使晁錯往受之。其後有歐陽生、大小夏侯勝建之徒，皆學伏生書，寫以漢世文字，號今文尚書。

孔安國古文尚書

孔安國曰：「魯共王壞孔子宅，得壁中所藏古文虞、夏、商、周之書。科斗書廢已久，時人無能知者。以所聞伏生之書考論文義，定其可知者爲隸古定，增多伏生二十五篇。復出伏生所合之篇并序，凡五十九篇四十六卷。」

蔡氏曰：「二十五篇者，謂大禹謨、五子之歌、胤征、仲虺之誥、湯誥、伊訓、太甲三篇、咸有一德、説命三篇、泰誓三篇、武成、旅獒、微子之命、蔡仲之命、周官、君陳、畢命、君牙、冏命，凡二十五篇。復出者，舜典、益稷、盤庚三篇、康王之誥，凡五篇。又百篇之序自爲一篇。通伏生二十八篇，共五十九篇，即今所行五十八篇，而以序冠篇首者也。」「四十六卷者，孔疏以爲同序者同卷，異序者異卷。太甲、盤庚、説命、泰誓皆三篇共序，凡四卷。大禹、皋陶謨、益稷，康誥、酒誥、梓材，亦各三篇共序，凡二卷。外四十篇，篇各有序，凡四十卷。又錯亂摩滅不可復知者凡四十二篇，今亡。」

林少穎曰：「孔傳既成，遭巫蠱不出。漢儒聞孔氏之書有五十八篇，遂以張霸之徒造僞書二十四篇爲古文尚書。兩漢儒者所傳，大抵皆霸僞本也。故杜預注左氏、韋昭注國語、趙岐注孟子，皆指爲逸書，其實未嘗逸也。劉歆當西漢之末，欲立古文學官，移書責諸博士甚力。然歆之見皆僞本，亦非真古文書也。以至賈、馬、鄭、服之輩，亦皆不見古文書。至晉而後，其書漸出。及開皇三年求遺書，得舜典，然後於書始大備。蔡氏曰：古文孔傳尚書有「曰若稽古」以下二十八字，伏生以舜典合於堯典，只以「慎徽五典」以上接「帝曰欽哉」之下，而無此二十八字。然「慎徽五典」以下，則固具於伏生之書。至齊姚方興得古文舜典於大航頭，始知有此二十八字。或者由此乃謂古文舜典一篇皆盡亡失，蓋過論也。

書。今之所傳，乃唐天寶所定本也。孔氏書始出，皆用隸書，至唐天寶三載，詔衛宏改古文從今文「孔壁之書，安國定其可知者。其文以隸書存古文，故謂之古文尚書。」此古文指隸書，非科斗古文也。

隋經籍志：「書之所興，蓋與文字俱起。孔子觀書周室，得四代之典，刪其善者，自虞至周，爲百篇。遭秦滅學，至漢，唯濟南伏生口授二十八篇。又河內女子得泰誓[三]一篇，獻之。伏生作尚書傳，以授同郡張生，張生授千乘歐陽生，歐陽生授同郡兒寬，寬授歐陽生子，世世傳之，至曾孫歐陽高，謂之尚書歐陽之學。又有夏侯都尉，受業於張生，以授族子始昌，始昌傳族子勝，爲大夏侯之學。勝傳從子建，別爲小夏侯之學。故有歐陽、大小夏侯，三家並立，訖漢東京，相傳不絕，而歐陽最盛。初漢，得孔子末孫惠所藏之書，字皆古文。其泰誓與河内女所獻者不同。安國合伏生書，成五十八篇，又爲作傳。巫蠱事起，不得奏上，私傳其書於都尉朝，朝授膠東庸生，謂之尚書古文之學，而未得立。後漢扶風杜林傳古文尚書，同郡賈逵爲之作訓，馬融作傳，鄭玄亦爲之注。然其所傳惟二十九篇，又雜以今文，非孔舊本。自餘絶無師説。晉世秘府所存，有古文尚書經文，今無有傳者。及永嘉之亂，歐陽、大小夏侯尚書並亡。濟南伏生之傳，惟劉向父子所著五行傳是其本法，而又多乖戾。至東晉，豫章内史梅賾始得安國〔四〕之傳奏之，而又闕舜典一篇。」按舜典，伏生書已合堯典，但闕二十八字耳。

隋開皇初，購求逸書。有人言齊建武中，吴姚方興於大桁市或曰大航頭。得孔氏傳古文，比馬、鄭所注多二十八字，於是始列國學。梁、陳所講，有孔、鄭二家。齊代惟傳鄭義。至隋，孔、鄭並行，而鄭氏甚微。自餘所存，無復師説。又有尚書逸篇出於齊、梁之間，考其篇目，似孔氏壁中書之殘缺者，故附尚書之末。

吴才老曰：「增多之書皆文從字順，非若伏生之書詰屈聱牙。夫四代之書，作者不一，乃至二人之手而定爲一體，其亦難言矣。」

朱子曰：「按漢儒以伏生之書爲今文，而謂安國之書爲古文。以今文考之，則今文多艱澁，而古文反平易。或者以爲今文自伏生女子口授晁錯時失之，則先秦古書所引之文皆已如此，恐其未必然也。或者以爲記録之實語難工，而潤色之雅辭易好，故訓、誥、誓、命有難易之不同。此爲近之。然伏生倍文暗誦，乃偏得其所難，而安國考定於科斗古書錯亂摩滅之餘，反專得其所易，此又不可曉者。至於諸序之文，或頗與經不合，而安國之序又絶不類西京文字，亦皆可疑。獨諸序之本不先經，則賴安國之序而可見。」

臨川吴氏曰：「漢藝文志『尚書經二十九篇，古經十六卷』。二十九篇者，即伏生今文書二十八篇，及武帝時增僞泰誓一篇也。古經十六卷，即張霸僞古文書二十四篇也。漢儒所治，不過伏生書及僞泰誓耳。張霸古文雖在，而辭義蕪鄙，不足取重於世，以售其欺。及梅賾二十五篇之書出，則凡傳記所引書語，注家指爲逸書者收拾無遺。既有證驗，而其言率依於理，比張霸僞書遼絶矣，唐初諸儒從而爲之疏義。自是，漢世夏侯、歐陽所傳二十九篇者廢不復行，惟此孔傳五十八篇孤行於世。竊嘗讀之，伏氏書雖難盡通，然辭義古奥，其爲上古之書無疑。梅賾所增二十五篇，體製如出一手，采集補綴，雖無一字無所本，而平緩卑弱，殊不類先漢以前之文。夫千年古書最後乃出，而字畫略無脱誤，文勢略無齟齬，不亦大可疑乎？夫吴氏、朱子之所疑者，顧澄何敢質斯疑，而斷斷然不敢信此二十五篇之爲古書，則是非之心不可得而昧也。故今以此二十五篇自爲卷袠，以别於伏氏之書。而因及其所可疑，非澄之私言也，聞之先儒云爾。」

尚書名義

孔安國曰：「以其上古之書，謂之『尚書』。」王肅曰：「上所言，下爲史所書，曰『尚書』也。」孔穎達曰：「言愜群心，書而示法。既書有法，因號曰『書』。後人見其久遠，自於上世。尚者，上也。言此上代以來之書，故曰『尚書』。」又曰：「孔氏繼在伏生之下，先云『以其』，則知『尚』字乃伏生所加也。自伏生言之，則於漢世仰遵前代，自周以上皆是上。『書』是本名，『尚』是伏生所加。故諸引直云『書曰』，若有配代而言，則曰『夏書』，無言『尚書』者。」

夏氏曰：「此上代之書，爲後世所慕尚，故曰『尚書』。」

壁藏異記

家語云：「孔騰，字子襄，畏秦法峻急，藏尚書等於孔子舊堂壁中。」漢記尹敏傳云孔鮒所藏。

按孔子七世孫子順爲魏相，生鮒及騰。鮒爲陳涉博士。騰爲惠帝博士，長沙太守，至四世孫安國爲武帝博士，臨淮太守。

新安陳氏曰：「鮒、騰兄弟，藏書必同謀。謂鮒藏亦可，騰藏亦可也。隋經籍志以爲孔子末孫惠所藏之書，豈以騰爲惠帝博士邪？」

愚按孔子定書爲百篇，遭秦滅學，孔氏藏之壁中，而伏生亦藏於壁。漢興，伏生先發所藏，亡數十篇，獨得二十八篇，教於齊魯之間。漢文帝使晁錯往受，時傳習既久，誦文已熟，而伏生老，不能正言，使女子口授之。至孝武帝，得僞泰誓一篇於民間，因合爲二十九篇，而歐陽、大小夏侯之徒皆學之，寫以漢世文字，故謂之「今文尚書」。及孔壁復出，安國定其可知者多二十五篇，本皆科斗文字，而安國易以隸書，故謂之「古文尚書」。又復出伏生所合之篇五篇，并百篇之序一篇，凡三十一篇，合伏生二十八篇，爲五十九篇四十六卷。其餘錯亂摩滅，不可復知，悉送於王官，藏之秘府。又承詔爲五十九篇作傳，以巫蠱事起，藏之私家。前漢諸儒知有五十八篇，而不見孔傳，遂有張霸僞作舜典及汩作等二十四篇，及伏生二十八篇又分出盤庚二篇、康王之誥、泰誓三篇，共六篇，爲五十八篇，以附孔傳之數。其賈逵作訓、馬融作傳、鄭玄注解，皆非真古文。故杜預注左傳、韋昭注國語、趙岐注孟子，所引真古文書皆以爲逸書。至東晉豫章内史梅賾始傳孔傳古文於臧曹，遂奏上其書。於是僞書及僞泰誓皆廢，但闕舜典一篇。然舜典本合於伏生之堯典，固未嘗闕，特少篇首二十八字。至齊姚方興始得舜典於大航頭，比馬、鄭所注多二十八字。馬、鄭所注蓋伏生堯典，非僞舜典也。

至隋開皇三年求遺書，得舜典，然後五十八篇方備。然孔傳始出，皆用隸書。至唐天寶三載，詔衛衡改古文從今文。今之所傳者，乃唐天寶所定本也。夫經籍遭秦火殘缺，書爲最甚。其初，伏氏所教者裁十之三，晁錯所受者止以其意屬讀，則今文之傳，固有不備。厥後孔氏發壁中之藏，以不知科斗書，而以伏生之書考論文義，增多伏生之半，則古文之傳，又不能盡。又況張霸僞妄，漢魏諸儒已不識古文。永嘉喪亂，今文之學又絶，尚書一經至是幾於息矣。寥寥數百載間，乃至東晉，而後孔氏之書始出。其間混殺真僞，所不暇論。至於更歷傳受、循謌踵繆、斷章錯簡、周田豕亥，諒匪一端。且伏氏既有壁藏，不以書授錯，而以女子口授。孔壁書既傳都尉朝，馬、鄭諸儒宜無不知，乃俾僞書肆行欺罔。是皆不能無疑者矣。嗚呼，書之不幸，一失於壁中之磨滅，再失於口傳之女子，三失於巫蠱之淪廢。百篇之義，既莫覩其大全，幸存而可考者，其喪失又如此，世之學者乃欲强通其所不通，斯亦難矣。善乎，朱夫子之言曰「解其所可曉者，而闕其所可疑者」，則誠讀書不易之良法也。

許氏紀年圖許益之讀書叢説。

帝堯百載

堯典前初年事，後七十載事。　禹貢蔡氏謂「禹貢作於虞時」。金先生通鑑前編係於水土平之年。

帝舜五十載

舜典

皋陶謨元載。

大禹謨前初年事，自「格汝禹」爲三十二載以後事。

益稷

右唐虞一百五十載，書六篇。

夏禹八歲又居喪二載。

啓九歲

甘誓三歲。

太康二十九歲

五子之歌十九歲。

仲康十三歲

胤征元歲。

相二十八歲浞滅之。　少康六十一歲　杼十七歲　槐二十六歲　芒十八歲　泄十六歲　不降五十九歲　扃二十一歲　廑二十一歲　孔甲三十一歲　皋十一歲　發十九歲　癸五十二歲

右夏十七君四百三十九歲，書三篇。

商湯十三祀即諸侯位十八歲而放桀，共三十祀。

湯誓元祀。　仲虺之誥　湯誥

太甲三十三祀

伊訓元祀。　太甲上　太甲中三祀。　太甲下　咸有一德

沃丁二十九祀　大庚二十五祀　小甲十七祀　雍己十二祀　大戊七十五祀　仲丁十三祀　外壬十五祀　河亶甲九祀　祖乙十九祀　祖辛十六祀　沃甲二十五祀

祖丁三十二祀　南庚二十五祀　陽甲七祀

盤庚二十八祀

盤庚上元祀。　盤庚中　盤庚下

小辛二十一祀　小乙二十八祀

武丁五十九祀

說命上三祀。　說命中　說命下

祖庚七祀

高宗肜日三祀。

祖甲三十三祀　廩辛六祀　庚丁二十一祀　武乙四祀　太丁三祀　帝乙三十七祀

紂辛三十二祀

西伯戡黎三十一祀。　微子三十二祀。

右商二十八君六百四十四祀，書十七篇。

周武王七年即諸侯位十三年而伐紂，共十九年。

泰誓十三年一月。　泰誓中　泰誓下　牧誓二月。　康誥蔡氏謂此武王封康叔之書，與酒誥、梓材皆武王書也。金先生按逸周書二月甲申俘衛君，而以衛封康叔，同監殷。　酒誥　梓材

金先生附成王紀，爲作洛事。　武成四月。　洪範　旅獒十四年。　金縢

成王三十七年

君奭元年。　大誥三年。　費誓　微子之命　立政四年。　多方五年。

周官六年。　召誥七年。　多士　洛誥　蔡仲之命八年。　無逸十一年。

君陳　顧命三十七年。

康王二十六年

康王之誥初即位。　畢命十二年。

昭王五十一年

穆王五十五年

君牙二年。　冏命　吕刑五十年。

共王十二年　懿王二十五年　孝王十五年　夷王十六年　厲王五十一年　宣王四十六年　幽王十一年　平王五十一年

文侯之命元年。

桓王二十三年　莊王十五年　僖王五年　惠王二十五年　襄王三十三年

秦誓二十八年。

右周歷十八君，自武王滅商之年至襄王二十八年，共四百九十九年，書三十二篇。並依蔡氏説，譜入王紀。其下注年者皆金先生所定。○自堯至襄王六十五君，堯元年至襄二十八年，歷年一千七百三十四，而惟十八君之世有書。以亡書考之，亦惟沃丁、大戊、仲丁、河亶甲、祖乙五君之世有書十篇耳。自此二十三君之外，其餘豈無出號令、紀政事之言？蓋皆孔子所芟夷者。緯書謂孔子求帝魁之書，迄於秦穆，凡三千二百四十篇。雖其言未必實，然有書者不止二十三君，則明矣。

虞書

孔穎達曰：「堯典雖曰唐事，本以虞史所録。末言舜登庸由堯，故追堯作典，非唐史所録，故謂之虞書，鄭玄云『舜之美事在於堯時』是也。」

堯禪舜，然後有堯之書。舜禪禹，然後有舜之書。其書皆出後世，故堯典則曰虞書。舜典而下，當出夏時，乃曰虞書，非史氏之舊也，孔子序正之也。故大禹謨、益稷、皋陶見於左傳者，皆曰夏書，此史氏之舊也。然孔子不正堯典曰唐書者，堯、舜二帝常相終始。堯典載舜「有鰥在下」之言，舜典載受終之事，故因其舊曰虞書。一因一革，聖人無容心焉，順乎自然而已。

楊元素曰：「仲尼定堯典爲虞書者，原聖人授受之心，杜百代篡爭之亂，以成堯之遜也。堯之遜舜，使舜之跡著於天下，使舜之功被於天下。堯、舜無二也，堯之民即舜之民，堯之事即舜之事。仲尼删書，移堯典爲虞書者，明非一人獨能與舜天下。蓋堯之時，天下已皆爲虞矣，則雖堯之事，即舜之事也。」

蔡氏曰：「本虞史所作，故曰虞書。舜典以下，夏史所作，當曰夏書，今云虞書，或以爲孔子所定。」

夏氏曰：「典、謨皆謂之虞書者，蓋三聖授受，實守一道。謂之唐書，則可以該舜，而不可以該禹。謂之夏書，則可以該舜，不可以該堯。惟曰虞書，則見舜上承於堯，下授於禹。」

愚按堯典雖言堯事，而自「疇咨」以下實爲禪舜張本，況伏氏舜典本合於堯典。史紀堯、舜之行事，以記禪讓之初終，而三謨等篇亦舜時事，所以均謂之虞書也。

帝王傳授心法之圖

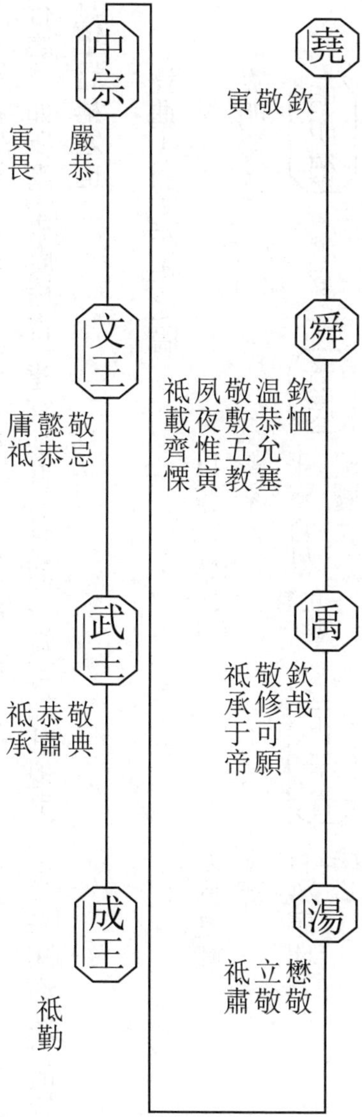

愚按「欽」之一字爲百篇開卷第一義，乃千萬世帝王心法源流。自帝堯至於舜、禹、成湯、文、武，其所相傳若合符節，故凡曰「欽」、曰「敬」、曰「恭」、曰「祇」、曰「寅」，皆一意也。數聖人者，雖曰天縱生知，而其存心制事，未始須臾而不敬。故曰「敬」者，聖學之所以成始而成終者也。

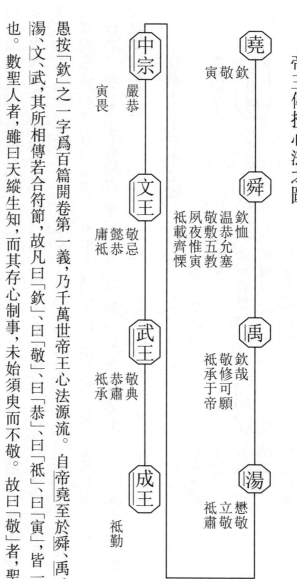

若稽古

山齋熊氏曰：「『若稽古帝堯』者，蘇氏云：『史官之爲此書也，曰吾順考在昔，而得其爲人之大凡如此。』此説不然。按堯、舜之典，禹、皋之謨，皆虞書也，而皆稱『若稽古』。夫以虞之史臣謂堯爲古可也，舜、禹、皋其時尚存，亦謂之古，可乎？要之，『若稽古』三字只當從先儒『順考古道』之説。蓋聖人雖懷天縱之資，然未嘗自用其私智，每順考古道而行之。如所謂『唐虞稽古，建官惟百』者，即一端可知其他矣。禹、皋陶亦然，故皆以『若稽古』稱之也。」

堯典大學宗祖之圖

克明俊德

明明德

格物
致知
誠意
正心
修身

新民

以親九族　一家之親
齊家
平章百姓　畿内民庶
治國
協和萬邦　天下侯國
平天下

止至善

九族既睦
家齊
百姓昭明
國治
黎民於變時雍
天下平

西山真氏曰：「『明俊德』者，『修身』之事，『親九族』者，『齊家』之事，所謂『身修而家齊』也。『九族既睦，平章百姓』，所謂『家齊而國治』也。『百姓昭明，協和萬邦，黎民於變時雍』，所謂『國治而天下平』也。夫五帝之治，莫盛於堯，而其本則自『克明俊德』始，故大學以『明明德』爲親民之端。然則堯典者，其大學之宗祖歟。」

九族

孔傳言：「九族，自高祖至玄孫之親。」

夏侯、歐陽言：「九族謂父族四、母族三、妻族二。」

父族四 本族一，姑之夫家二，姊妹之夫家三，女子之夫家四。

母族三 母之本族一，母之母族二，姨母之家三。

妻族二 妻之父族一，妻之母族二。

愚按孔傳言「九族」，蔡氏從之。喪服小記雖有「以三爲五，以五爲九」之文，然亦以上殺、下殺、旁殺之服而言，至於高、玄之服，罕有身及之者。書言「九族既睦」，則是當時親被帝堯之德。雖以帝堯之壽，亦無身及高、玄之理。故林少穎亦謂如此則只是一族，大抵當從夏侯、歐陽之說爲是。況朱子亦嘗謂「九族以三族言較大，然亦不必泥，但所親者皆是」，則亦未嘗專主孔說也。

羲和世掌圖

少皞	顓頊	高辛	堯	夏
重　木正　勾芒	重　南正　司天	重	羲仲　殷仲春	羲
該　金正　蓐收	犂　火正　司地〔五〕	犂	羲叔　正仲夏	和
修、熙　水正　玄冥　○春秋傳注云：「二子相代爲水正。」			和仲　殷仲秋	
			和叔　正仲冬	

左昭二十九年曰：「少昊氏有子曰重，顓頊氏有子曰犂。」

孔穎達曰：「異世重、黎，號同人別。」

孔氏曰：「重、黎之後羲氏、和氏，世掌天地四時之官。」

穎達云：「楚語云：『少昊氏之衰，九黎亂德，人神雜擾，不可方物。顓頊受之，命南正重司天以屬神，火正黎司地以屬民，無相侵瀆。其後三苗復九黎之惡，堯復育重、黎之後，使復典之，以至於夏、商。』故呂刑傳云：『重即羲也，黎即和也。』羲、和雖別爲氏族，而出自重、黎，故呂刑以重、黎言之。」

朱子曰：「羲、和即四子。或云羲伯、和伯共六人，未必是也。」

曆象日月星辰敬授人時

朱子曰：「曆，所以紀數之書。象，所以觀天之器。日，陽精。月，陰精。星，二十八宿。衆星爲經，金、木、水、火、土五星爲緯。辰謂日月所會，分周天之度爲十二次。」

朱子日月順天左旋圖

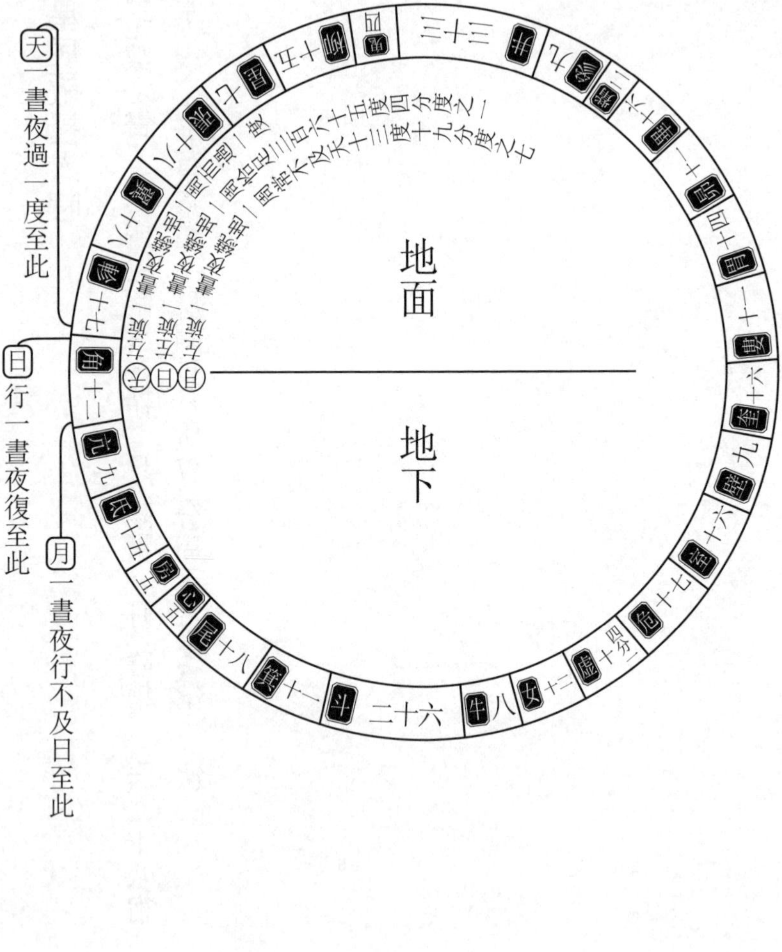
天一晝夜過一度至此
日行一晝夜復至此
月一晝夜行不及日至此
地面
地下
天左旋一晝夜一周而過一度
日左旋一晝夜一周恰足三百六十五度四分度之一
月左旋一晝夜一周而常不及天十三度十九分度之七
角十二
亢九
氐十五
房五
心五
尾十八
箕十一
斗二十六
牛八
女十二
虛十四分一
危十七
室十六
壁九
奎十六
婁十二
胃十四
昴十一
畢十六
觜二
參十
井三十三
鬼四
柳十五
星七
張十八
翼十八
軫十七

朱子曰：「天無體，只二十八宿便是體。且如日、月皆從角起，天亦從角起。日則一日一周，依舊只在角上。天則一周了，又過角些子，日日累上去，則一年便與日會。」又曰：「天行甚健，故一日一夜，一周而又進過一度。日行速健次於天，一日一夜，周三百六十五度四分度之一，正恰好。被天進一度，則日爲退一度。二日，天進二度，則日爲退二度。積至三百六十五日四分日之一，則天所進過之度，恰好得本數，日所退之度，亦恰退盡本數，遂與天會而成一年。月行遲，一日常不及天十三度十九分度之七，積二十九日九百四十分日之四百九十九，遂與日會而成一月。」又曰：「曆家只算所退之度，却云日行一度，月行十三度有奇。此乃截法，故有日、月、五星右行之説，其實非右行也。横渠云：『天左旋，處其中者順之少遲，則反右矣。』此説最好。」

愚按曆家以日、月、五星皆右行，由有曆以來，其説皆如此矣。且如日行黄道，自南而北則爲春爲夏，自北而南則爲秋爲冬，出没升降，皆有自然之勢。若左旋，則自東而西，日行一道，道各不同，不可以黄道名，亦不可指言日在某宿。其出没之道，冬則南漸進而北，夏則北漸退而南。爲日馭者，不亦煩矣，竊恐未然。

日月麗天之圖

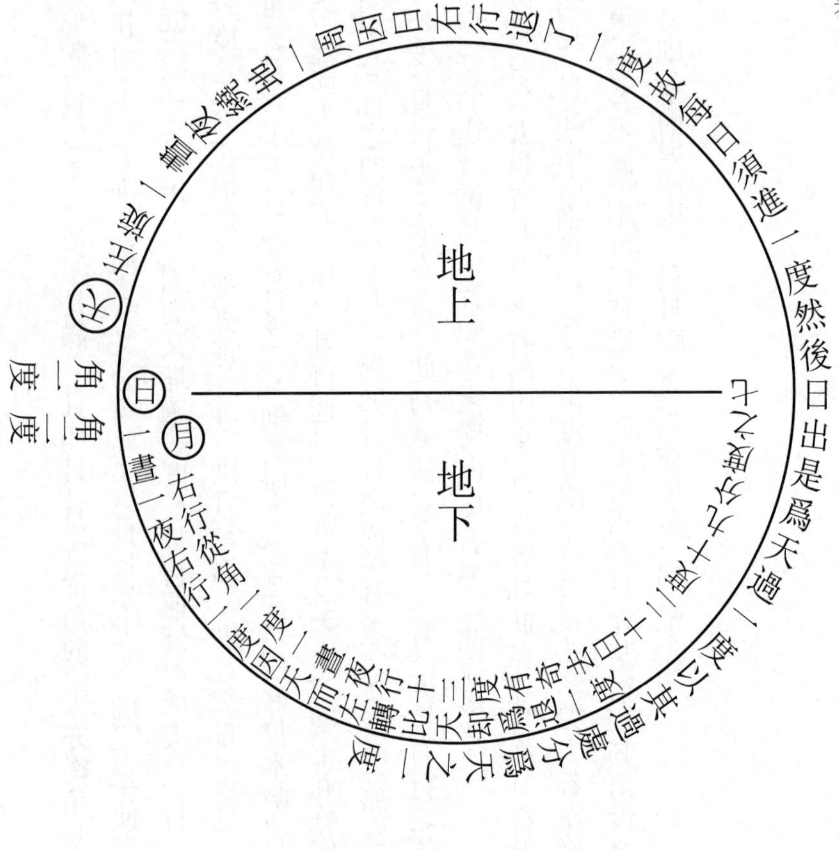

以天運日、月，皆從角一度起爲準。

東漢志曆法曰：「天之動也，一晝一夜而運過周，星從天而西，日違天而東。在天成度，在曆成日。日月相推，日舒月速，當其同，謂之合朔。舒先速後，近一遠三，謂之弦。相與爲衡，分天之中，謂之望。以速及舒，光盡體伏，謂之晦。晦朔合離，斗建移辰，謂之月。日月之行，則有冬有夏。冬夏之間，則有春有秋。是故日行北陸謂之冬，西陸謂之春，南陸謂之夏，東陸謂之秋。日有九〔六〕道，月有九行，九行出入而交生焉。朔會望衡，鄰於所交，虧薄生焉。月有晦朔，星有合見，月有弦望，星有留逆，其歸一也，步術生焉。」

陳懼齋曰：「月行嘗以二十七日千一十六分日之三百二十七而與天會，二十九日九百四十分日之四百九十九而與日會。日一年與天一會，月一年與天十三會，與日十二會。其與天會者無所用，故古今少道之。日、月每三十餘會而一閏，兩閏之中謂十五、十六會也。」

愚按先君壽山翁必壽好曆數之學。大德間，嘗客京師，得訂其說於太史氏，曰：晦翁因横渠之說，以天左旋而日過一度，日亦左旋而適周天，以爲曆家用截法，故謂日、月、五星皆右行。然考渾儀及黄道所經，因以求造化之運，乃知曆家之法爲定，而二先生所見猶有遺論。蓋天地之化，陰陽消長，皆有一定之常而莫之爲者，稍不出於自然，則非所以爲造化矣。按漢志：「角天門、房天衢、昴天街、井南門，皆黄道之所經也。」若日左周，則惟追天不及之度至此，其餘日所周未嘗經此也。如記謂「日在斗」、「在東井」之類，則惟天過日不及之時在此，每日周二十八宿，不得言在某在某矣。又漢志言：「日行北陸謂之冬，西陸謂之春，南陸謂之夏，東陸謂之秋。」若每晝夜行天一周，亦何得指云某陸矣。且若天左旋，每日繞地一周，何故而又過一度？日亦左旋，每日一周，何故而自冬至則南極牽牛以漸而升，至夏至則北極東井又以漸而降？若使日自左旋，與天無與，則日乃浮遊無定，使至於牽牛、東井之極處，豈不能侵軼而行過其外，何故南北兩間若爲物所隔閡，獨常進退纏繞於四十八度之内而無所變易哉？且若是，則南北升降之間，其出没之道凡百八十二有奇，每日各循一道而行，何其疏密之限無少差失如此哉？故古人作渾儀器，立黄道爲日行之準，斜倚於赤道之内外。日道萬古，但循黄道之軌，每日右行一度，隨天而左轉，日退一日，漸降而至於天體南端之極，則循其左，自然而復升，漸升而至於天體北端之極，則循其右，自然而復降。一升一降，循環無已。天則因日退一度，故每日必進一度，然後日出地上而爲一晝夜，是爲天過一度。一期三百六十五日四分日之一，日行黄道一周，復至去歲所起之度。天日進一度，至是而亦一周，是爲與天一會，皆造化神巧一定之勢，不煩擬議安排而自然吻合也。唯朱子嘗曰「造化簡易易知而微妙難窮」，最爲的論。蓋惟其簡易也，止是黄道一斜。若使日循赤道，則無復四時之别矣。惟其微妙也，日一升則陽生而爲燠爲暑，一降則陰生而爲涼爲寒。晝夜短長，翕張消息，萬物生成之不已，往來過續之不停，是皆日行升降之候也。或曰日不侵軼於南北，豈不侵軼於黄道之外乎？蓋左旋則日移一道，本無繫着，右行則惟循一軌，自不差忒，然時少有盈縮，則有之矣。或又謂朱子以日行晝夜，恰足周天之度，以爲二分日依赤道則可，若二至則天體漸狹而度數不滿矣。此未足以破前説。蓋南北之極與赤道，天經晝夜皆一周，特中闊而疾，兩端狹而遲，勢自然耳。譬輪之有輻、蓋之有弓，豈外有餘而中不足哉？若夫九行之交，五緯之次，苟求其故，皆可以因是而得之矣。

經星列宿名數圖

見晉志。考史記天官書略同。及見鄭氏通志。

二十八舍，度最多者莫如東井，三十三度，通志三十四度。其次莫如南斗，二十六度，通志二十五度。度最少者莫如觜觿，二度，通志一度。其次莫如輿鬼。四度，通志二度。

角二星，爲天關，其間天門，其内天庭，黄道經其中，七曜之所行。左角爲天田，主刑，右角爲將，主兵。通志角二星十二度，如鼎形。

亢　四星，天子之内庭也。四星九度，如彎弓。

氐　四星，天子之宿宫。四星十六度，似斗側量米。今十五度。

房　四星，爲明堂，天子布政之宫也，亦四輔也。又爲四表，中間爲天衢，爲天淵，黄道之所經也。南間曰陽環〔七〕，北間曰陰間。七曜由乎天衢，則天下和平。亦曰天駟，爲天馬，主車駕。亦曰天廐，又主開閉，爲蓄藏。又北小星爲鈎鈐，房之鈐鍵，天之管籥。明而近房，天下同心。四星六度，似房之户，所以防淫泆也。今五度。

心　三星，天王正位也。中星曰明堂，天子位，爲大辰，主天下之賞罰。前星爲太子，後星爲庶子。三星六度。今五度。

尾　九星，後宫之場，亦爲九子。色欲均明，小大相承，則後宫有敘。九星十九度，如鈎，蒼龍尾。今十八度。

箕　四星，亦后妃之府，主八風。凡日、月宿在箕、東壁、翼、軫者，風起。箕四星十一度，形如簸箕。

南斗　六星，天廟也，丞相太宰之位，主褒進賢士，又主兵。六星二十五度，狀似北斗。今二十六度。

牽牛　六星，天之關梁，主犧牲事。六星七度。今八度。上有兩角，腹下欠一脚。

須女四星，天少府也，主布帛。四星十一度，如箕。今十二度。

虛二星，冢宰之官〔八〕也，主北方邑居、廟堂、祭祀、祝禱事。二星九度少强，如連珠。今十度四分之一。

危三星，主天府。三星十六度。今十七度。

營室二星，天子之宫也，爲主功事。二星十七度。今十六度。史記注：「營室十星。」

東壁二星，主文章，天下圖書之秘府。二星九度。

奎十六星，天之武庫也，主以兵禁暴。十六星十六度，腰細頭尖，形如破鞋。

婁三星，主苑牧犧牲、供給郊祀。三星十二度。三星不匀，近一頭。

胃三星，天之廚藏，主倉廩，五穀府也。三星十五度。今十四度。

昴七星，天之耳也，主西方。又爲旄頭，胡星也。昴、畢間爲天街黄道。七星十一度。

畢八星，主邊兵、弋獵。月入畢，多雨。八星十七度，似爪叉。今十六度。

觜觿三星，爲三〔九〕軍之候。三星一度，在參右角，如鼎足形。

參十星，白獸之體。中三星主將。十星十度。

東井八星，天之南門，黄道所經，主水衡。八星三十四度。

輿鬼五星，天目也，主視，明察奸謀。鬼四星二度，方似木櫃。今四度。

柳 八星，天之廚宰。八星十四度，曲頭，形如垂柳。今十五度。

星 七星，主衣裳文繡。七星七度，如鈎。今六度。

張 六星，主珍寶，而又主天廚。六星十七度，似軫。今十八度。

翼 二十二星，天之樂府，主夷狄遠客。二十二星十九度。今十八度。

軫 四星，亦主冢宰輔臣。四星十七度，似張，近翼。

前漢天文志：「經星常宿中外官凡百一十八名，積數七百八十三星，皆有州國、官宮、物類之象。其伏見蚤晚，邪正存亡，虛實闊狹，及五星所行，合散犯守，陵歷鬭食，彗孛飛流，日月薄食，暈適背穴，抱珥虹蜺，迅雷風祅，怪雲變氣，此皆陰陽之精，其本在地，而上發於天者也。」

史記正義曰：「晉太史令陳卓總甘、石、巫咸三家所著星圖，大凡二百八十三宮一千四百六十四星，以爲定紀。」

緯星圖

木 歲星。太歲在四仲，則歲行三宿；在四孟、四季，則歲行二宿。孟、季二八一十六，四仲三四一十二，而行二十八宿，十二歲而一周天也。

火 熒惑，常以十月入太微，受制而出，行列宿，司無道，其出入無常也。

金 太白，出以寅、戌，入以丑、未。晨出東方，二百四十日而一入，又出西方，二百四十日而一入，入三十五日而復出。

水 辰星，春見奎、婁，夏見東井，秋見角、亢，冬見牽牛。出以辰、戌，入以丑、未。晨見候之東方，夕見候之西方。

土 填星，常以甲辰元始建斗之歲填行一宿，二十八歲而一周天。

前漢志曰：「歲星曰東方春木，於人五常仁也，五事貌也。仁虧貌失，逆春令，傷木氣，罰見歲星。歲星所在，國不可伐，可以伐人。熒惑曰南方夏火，禮也，視也。禮虧視失，逆夏令，傷火氣，罰見熒惑。太白曰西方秋金，義也，言也。義虧言失，逆秋令，傷金氣，罰見太白。辰星曰北方冬水，知也，聽也。知虧聽失，逆冬令，傷水氣，罰見辰星。填星曰中央季夏土，信也，思心也。仁、義、禮、知以信爲主，貌、言、視、聽以心爲主，故四星皆失，填星乃爲之動。」

山堂考索：「按赤道，天度也。黄道，日度也。皆以二十八宿配焉。班志二十八宿之度，惟南斗、東井之度多，觜觿、輿鬼之度少。蓋觜二度，鬼四度，斗二十六度，井三十三度也。唐一行赤道之度，其井、斗之度與漢志同，惟觜觿一度，輿鬼三度，各減於一度耳。至於黄道之度，則南斗二十三度，東井三十度，已與赤道之度不同。較之范志所載黄道銅儀〔一〇〕，斗減二度爲二十四度，井減三度爲三十度，大略相同。是知東漢已前，黄道、赤道之度混而爲一，班志之所紀是也。東漢已後，始分爲二，故赤道之度多，黄道之度少，范志、一行之所紀是也。黄道度少，赤道度多，天行與日、月不同也。黄、赤道度數多寡者，天行與日道相去二十八宿遠近不同故也。一行日度議曰：『古曆，日有常度，天周爲歲，故混其度於節氣〔一一〕。一氣十五度，二十四氣則三百六十度，餘五度四分，一度分爲三十二，播於二十四氣，一氣得十五度七分。虞喜乃以天爲天，以歲爲歲，立差以追其變焉。』觀此則知班志所載，猶以天周爲歲，東漢以來始有黄、赤道之異。」

堯冬至日在虚一度。

月令冬至日在斗。

漢文帝三年冬至日在斗二十二度。

武帝太初曆冬至日在建星，在斗、牛之間。

東漢四分曆冬至日在斗二十一度。

唐大衍曆冬至日在斗十度。開元曆名。

宋統元曆冬至日在斗二度。已上見渾儀略説。「統元」，宋高宗曆名。

今授時曆冬至日在箕八度。

十二次舍圖

東漢郡國志注引帝王世紀：黃帝受命，始作舟車，以濟不通。乃推分星次，以定律度。

自斗十一度至婺女七度一名須女。曰星紀之次，於辰在丑，謂之赤奮若，於律爲黃鐘，斗建在子，今吳、越分野。凡三十一度。

自婺女八度至危十六度曰玄枵之次，一名天黿。於辰在子，謂之困敦，於律爲大呂，斗建在丑，今齊分野。凡三十一度。

自危十七度至奎四度曰豕韋之次，一名娵訾。於辰在亥，謂之大淵獻，於律爲太蔟，斗建在寅，今衛分野。凡三十度。

自奎五度至胃六度曰降婁之次，於辰在戌，謂之閹茂，於律爲夾鐘，斗建在卯，今魯分野。凡三十度。

自胃七度至畢十一度曰大梁之次，於辰在酉，謂之作噩，於律爲姑洗，斗建在辰，今趙分野。凡三十度。

自畢十二度至東井十五度曰實沈之次，於辰在申，謂之涒灘，於律爲中呂，斗建在巳，今晉、魏分野。凡三十一度。

自井十六度至柳八度曰鶉首之次，於辰在未，謂之協洽，於律爲蕤賓，斗建在午，今秦分野。凡三十一度。

自柳九度至張十七度曰鶉火之次，於辰在午，謂之敦牂，一名大律。於律爲林鐘，斗建在未，今周分野。凡三十度。

自張十八度至軫十一度曰鶉尾之次，於辰在巳，謂之大荒落，於律爲夷則，斗建在申，今楚分野。凡三十度。

自軫十二度至氐四度曰壽星之次，於辰在辰，謂之執徐，於律爲南吕，斗建在酉，今韓分野。凡三十一度。

自氐五度至尾九度曰大火之次，於辰在卯，謂之單閼，於律爲無射，斗建在戌，今宋分野。凡三十度。

自尾十度至斗十度二百三十五分而終，曰析木之次，於辰在寅，謂之攝提格，於律爲應鐘，斗建在亥，今燕分野。凡三十度。

日法九百四十，故二百三十五分即四分之一。

太初諸曆，餘分置於斗分。

大衍曆，餘分置於虚分。

凡天有十二次，日、月之所躔也。地有十二分，王侯之所國也。故四方，方七宿，四七二十八宿，合一百八十二星。

東方蒼龍三十二星，七十五度。

北方玄武三十五星，九十八度四分度之一。

西方白虎五十一星，八十度。

南方朱鳥六十四星，百一十二度。

周天三百六十五度四分度之一，一度二千九百三十二里，分爲十二次，一次三十度三十二分度之十四，各以附其七宿間距。周天積百七萬九百一十三里，徑三十五萬六千九百七十一里。

周天十二次日月所會之圖

辰謂日、月所會。建謂斗杓所指。周禮太師鄭注：「陰陽之聲各有合，辰與建交錯貿處如表裏然。」今按即「子與丑合」、「寅與亥合」之類。餘見後律下注。次度多寡，見後中星圖下注。

孔穎達曰：「四方中星，即二十八宿，布在四方，隨天運轉，更互在南方。諸宿每日昏旦莫不當中，中則人皆見之，故以中星表宿。天子南面而視四方星之中，知人緩急，故曰『敬授人時』。日月所會與四方中星俱是二十八宿。舉其人之所見爲星，論其日月所會謂之辰。星與辰，其實一物也。」

愚按孔疏以二十八宿爲星，故謂星、辰爲一。然謂之星，則五緯亦在其中。孔謂「敬授人時」，無取五緯之義，則定時成歲皆係於日、月所會之辰。然以「齊七政」觀之，又豈得舍緯星而獨言經星哉？

二十八舍辰次分野之圖

見東坡指掌圖

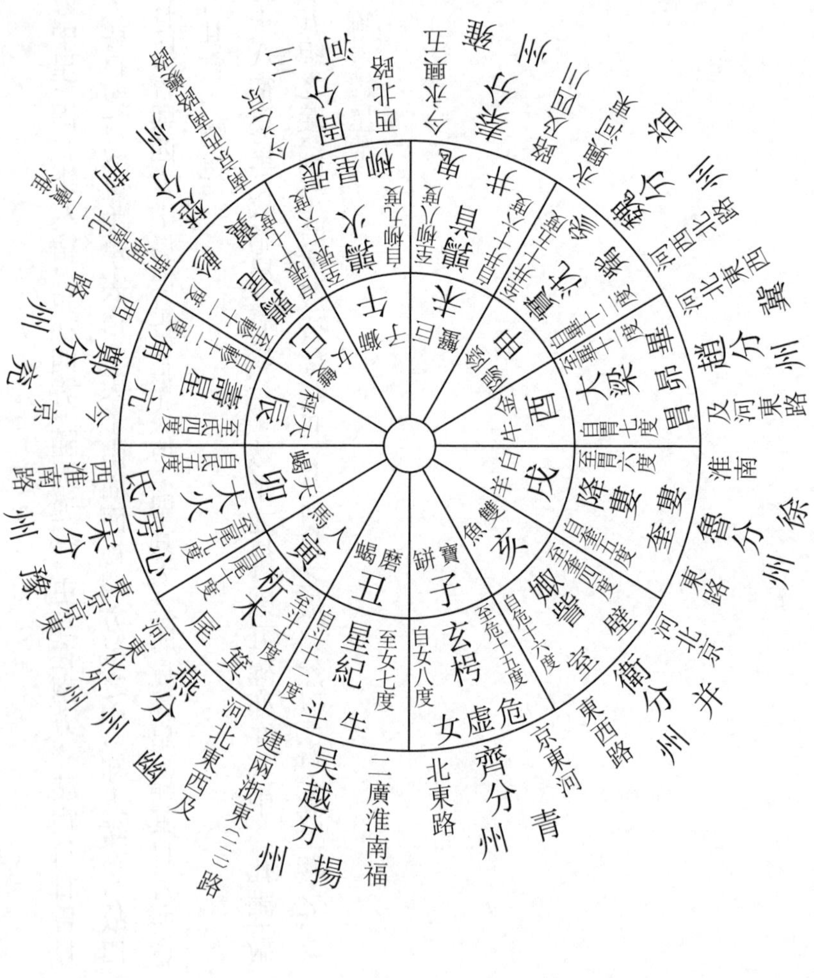

晉志序十二次度數及州郡躔次，云：「班固以十二次配十二野，又魏陳卓更言郡國所入宿度。其言最詳，今附次之。」

角、亢、氐 鄭，兗州：東郡，入角一度。東平、任城、山陽，入角六度。泰山，入角十二度。濟北、陳留，入亢五度。濟陰，入氐二度。〔一三〕東平。入氐七度。

房、心 宋，豫州：潁川，入房一度。汝南，入房二度。沛郡，入房四度。梁國，入房五度。淮陽，入心一度。魯國，入房三度。楚國。入房四度。

尾、箕 燕，幽州：涼州〔一四〕，入箕十度。上谷，入尾一度。漁陽，入尾三度。右北平，入尾七〔一五〕度。西河、上郡、北地、遼西東，入尾十度。涿郡，入尾十六度。渤海，入箕一度。樂浪，入箕三度。玄菟，入箕六度。廣陽。入箕九度。

斗、牛、女 吳、越，揚州：九江，入斗一度。廬江，入斗六度。豫章，入斗十度。丹陽，入斗十六度。會稽，入牛一度。臨淮，入牛四度。廣陵，入牛八度。泗水，入女一度。六安。入女六度。

虛、危 齊，青州：齊國，入虛六度。北海，入虛九度。濟南，入危一度。樂安，入危四度。東萊，入危九度。平原，入危十一度。淄川。入危十四度。

室、壁 衛，并州：安定，入室一度。天水，入室八度。隴西，入室四度。酒泉，入室十一度。張掖，入室十二度。武都，入壁一度。金城，入壁四度。武威，入壁六度。燉煌。入壁八度。

奎、婁、胃　魯，徐州：東海，入奎一度。琅邪，入奎六度。高密，入婁一度。城陽，入婁九度。膠東。入胃一度。

昴、畢　趙，冀州：魏郡，入昴一度。鉅鹿，入昴三度。常山，入昴五度。廣平，入昴七度。中山，入昴一度。清河，入昴九度。信都，入畢〔一六〕三度。趙郡，入畢八度。安平，入畢四度。河間，入畢十度。真定。入畢十三度。

觜、參　魏，益州：廣漢，入觜一度。越嶲，入觜三度。蜀郡，入參一度。犍爲，入參三度。牂牁，入參五度。巴郡，入參八度。漢中，入參九度。益州。入參七度。

井、鬼　秦，雍州：雲中，入井一度。定襄，入井八度。鴈門，入井十六度。代，入井二十八度。太原，入井二十九度。上黨。入輿鬼二〔一七〕度。

柳、星、張　周，三輔：洪農，入柳一度。河南，入星三度。河東，入張一度。河內。入張九度。

翼、軫　楚，荊州：南陽，入翼六度。南郡，入翼十度。江夏，入翼十二度。零陵，入軫十一度。桂陽，入軫六度。武陵，入軫十度。長沙。入軫十六度。

四仲圖

羲仲，所居官次之名，官在國都也。

嵎夷，東表之地，測候之所。春分之旦，朝方出之日而識其初出之景也。禹貢「嵎夷」注，在今青州境登州之地。

東作，春月歲功方興，所當作起之事。林氏曰：「謂萬物發生於東，非〔一八〕取農作之義。」猶言萬物作也。

日中，孫氏曰：「春爲陽中，故取日。」於夏永冬短爲適中，晝夜皆五十刻，謂春分之日也。

星鳥，南方朱鳥七宿。唐一行推以鶉火爲春分昏之中星，此以朱鳥當春分昏之時正見南方午位，蓋以四象而言。

民析，散處，氣温也。

鳥獸孳尾，氣和也。

孔穎達曰：「朱鳥七宿在天成象，星作鳥形，西首東尾。以南方之宿象鳥，故言『鳥』，謂朱鳥七宿也。春言星鳥，總舉七宿，以象而言也。」

南交，南方交趾之地，測候之所。

南訛，夏月時物長盛，所當變化之事。

敬致，祠日而識其景。

日永，晝六十刻，謂夏至之日也。

星火，東方蒼龍七宿。火謂大火，夏至昏之中星。此以大火當夏至昏之時正見南方午位，蓋以十二次而言也。

民因，析而又析，氣愈熱也。

鳥獸毛希而革易也。

孔穎達曰：「東方成龍形，南首北尾。七宿，房在其中，房、心連體。房、心爲大火，蒼龍之中星，舉中則七星可知。」

西，西極之地。

昧谷，以日所入而名也。穎達曰：「日入之處，非實有谷而日入也。」

納日，秋分之莫夕方納之日而識其景也。

西成，秋月物成之時，所當成就之事。

宵中，於夏冬爲適中，晝夜亦各五十刻。宵者，舉夜以見日。孫氏曰：「秋爲陰中，故舉宵。」謂秋分之日也。

星虛，北方玄武七宿之虛星，秋分昏之中星。此以虛宿當秋分昏之時正見南方午位，蓋以宿而言也。

民夷，暑退而人氣平。

鳥獸毛落更生，潤澤鮮好。

孔穎達曰：「北方七宿成龜形，西首東尾。北方七宿，虛爲中，故虛爲玄武之中星。」

朔方，北方之地。朔，蘇也，萬物至此死而復蘇，猶月之晦而有朔也。

幽都，日淪地中，萬象幽暗。

朔易，冬月歲事已畢，除舊更新，所當改易之事。

日短，晝四十刻，謂冬至之日也。

星昴，西方白虎七宿之昴宿，冬至昏之中星。此以昴宿當冬至初昏之時正見南方午位，蓋以宿而言也。

民隩，氣寒而聚於内。

鳥獸生耎毳細毛以自温。

孔穎達曰：「西方七宿成虎形，南首北尾。西方七宿，昴爲中，故昴爲白虎之中星。」

中星運候

春分以象中。

夏至以次中。

秋分、冬至以宿中。

列舍度數見前漢律曆志、後律曆志。赤道度略同。

四象度數見後律曆志。

十二次度數見前漢律曆志并皇甫謐帝王世記，後郡國志注引同。

中星圖

以堯時冬至日在虛一度爲準，故與月令已後中星不同。

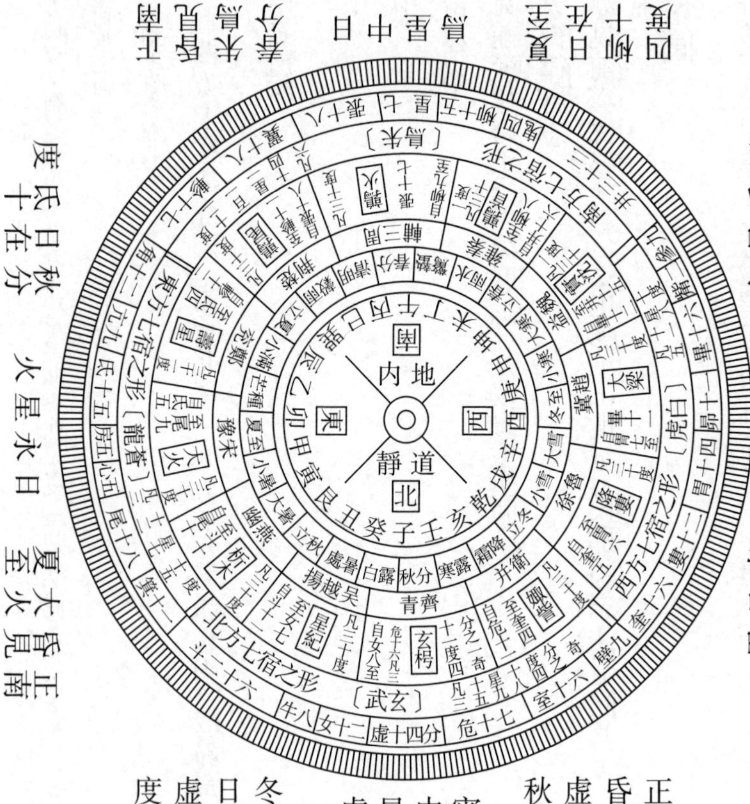
秋分虚宿昏見正南
宵中星虚
冬至日在虚一度
夏至大火昏見正南
火星永日
秋分日在氐十度
北方七宿之形
東方七宿之形
西方七宿之形
南方七宿之形

以仲春「日中星鳥」爲例，故春分朱鳥昏見正午。餘可類推。

愚按堯典中星，仲春曰「日中星鳥」，仲夏曰「日永星火」，仲秋曰「宵中星虛」，仲冬曰「日短星昴」。蓋天體蒼蒼，無以測其旋運，古之聖人乃舉二十八舍，推晝夜之所移，以分度限。一歲而周得三百六十五度四分度之一有奇，因列舍之方，析而爲四象，因日、月之所會，布而爲十二次。天體於是可推，四時於是可正。東方七宿，曰角、亢、氐、房、心、尾、箕，有蒼[一九]龍之形。北方七宿，曰南斗、牽牛、須女、虛、危、營室、東壁，有玄武之形。西方七宿，曰奎、婁、胃、昴、畢、觜觿、參，有白虎之形。南方七宿，曰東井、輿鬼、柳、星、張、翼、軫，有朱鳥之形。謂之四象。自南斗至須女曰星紀，須女至危曰玄枵，危至奎曰娵訾，奎至胃曰降婁，胃至畢曰大梁，畢至東井曰實沈，東井至柳曰鶉首，柳至張曰鶉火，張至軫曰鶉尾，軫至氐曰壽星，氐至尾曰大火，尾至南斗曰析木，謂之十二次。故經於春曰「星鳥」者，以見四方列舍之有四象之形也。於夏曰「星火」者，以見一歲日、月所會之有十二次也。於秋曰「星虛」，於冬曰「星昴」者，以見象、次皆列舍之所分也。四時運轉，更在南方。聖人南面而視，隨時考驗，知天時之早晚，所以授民事之緩急也。今以中星所指，具爲一圖，内輪象地不動，以定正南之位，外分二十四氣，以察四仲所指之星。綴日於天，正虛一度則爲冬至，昴宿昏見於午，斗杓指子，爲仲冬之中。氣隨時遞轉，可以類知。然宿度多寡，古今作曆者代各不同。今姑以漢志赤道爲準，雖有差變，亦存大較。若夫課候追考，職在術家，姑陳其概，以俟夫讀書者有考焉耳。

月令中星之圖

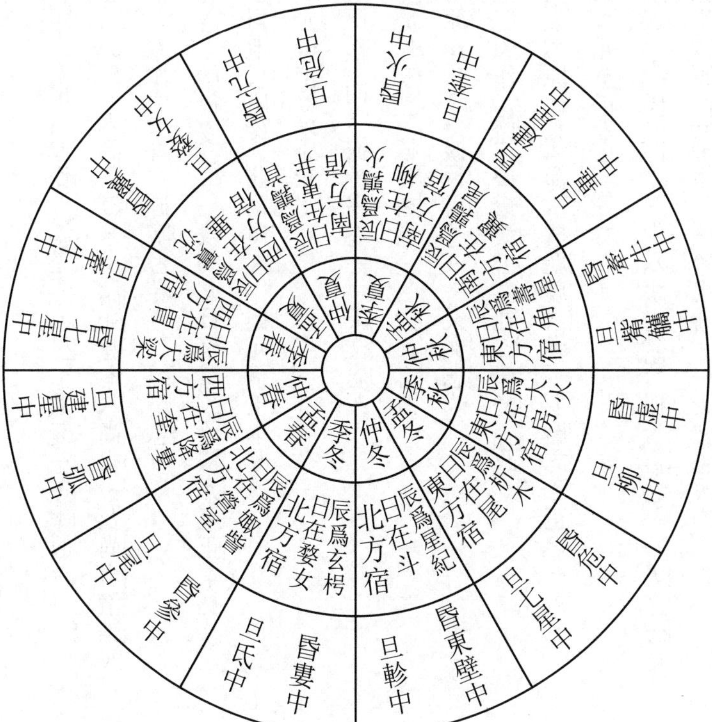

愚按漢志冬〔二〇〕至日在斗，昏奎中，不應月令昏先在壁。月令必誤也。

校勘記

〔一〕「歐陽生子世」，原作「歐陽生子世」，據元至正本改。
〔二〕「洛誥」，原作「大誥」，據朱子語類卷七八尚書一及尚書洛誥改。
〔三〕「泰誓」，原作「秦誓」，據隋書卷三二經籍志改。
〔四〕「亮如」至「始得安國」一段約九百字，原脱，據元至正本補。
〔五〕「火正司地」，原作「北正司天」，據元至正本改。
〔六〕「九」，元至正本作「光」。
〔七〕「環」，原作「間」，據晉書卷一一天文志改。
〔八〕「官」，原作「臣」，據晉書卷一一天文志改。
〔九〕「三」，原作「二」，據晉書卷一一天文志改。
〔一〇〕「儀」，原作「像」，據後漢書卷九二律曆志改。
〔一一〕「節氣」，原作「氣節」，據新唐書卷二七曆志乙正。
〔一二〕「東」，元至正本作「等」。
〔一三〕「陽入」至「氐二度」二十六字，原脱，據晉書卷一一天文志補。
〔一四〕「涼州」，原作「梁州」，據晉書卷一一天文志改。

〔一五〕「七」，原作「十」，據晉書卷一一天文志改。
〔一六〕「畢」，原作「昴」，據晉書卷一一天文志改。
〔一七〕「二」，原作「三」，據晉書卷一一天文志改。
〔一八〕「非」，原作「全」，據尚書全解卷一改。
〔一九〕「蒼」，原作「倉」，據元至正本改。
〔二〇〕「冬」，原作「東」，據元至正本改。

尚書通考卷二

歲差法

紀元曆歲周三百六十五度二千四百三十六分，「紀元」，宋徽宗曆名。

此一歲之氣積分也。

蔡氏所謂「歲日四分之一而不足」。

周天三百六十五度二千五百六十四分，

太陽所躔周天之度也。

蔡氏所謂「天度四分之一而有餘」。

歲差一百二十八分，度母〔一〕一萬。以一度爲萬分。

以歲周數除周天數，即得太陽歲行不及之數。

自演紀至開元甲子，冬至日在斗十度，

凡退三十八度四千一百二十八分。

乾德甲子，冬至日在斗六度，

凡退四十一度四千八百四十八分。

慶曆甲申，冬至日在斗五度。

此法通古今，故知堯曆日在虚一度，而鳥、火、昴、虚以仲月昏中，合堯典。古法以蔀紀爲宗。從伏羲先天甲寅，積周一千八百一十四紀，再十五紀，人元十有二蔀，當癸酉蔀。歲在己丑而生堯，至甲辰歲十有六即位，越二十有一歲得甲子，而演紀作曆。是年天正冬至日在虚一度。

蔡氏曰：「堯時冬至，日在虚，昏中昴。今冬至，日在斗，昏中壁。中星不同者，蓋天度四分之一而有餘，歲日四分之一而不足，故天度常平運而舒，日道常内轉而縮，天漸差而西，歲漸差而東。一行所謂『歲差』者是也。古曆簡易，但隨時占候修改，以與天合。至東晉虞喜始以天爲天，以歲爲歲，立差以追其變，約以五十年退一度。何承天以爲太過，乃倍其年，而反不及。至隋劉焯取二家中數七十五年，爲近之，然亦未爲精密也。」

番易金氏曰：「堯典中星與月令不同。月令中星又與今日不同。堯時冬至，日在虚一度，昏昴中。至月令時，該一千九百餘年。月令冬至，日在斗二十二度，昏奎中。至本朝初，該一千七百餘年。延祐又經四十餘年，冬至日在箕八度，昏壁中。」

愚按月令去漢未遠。漢志言冬至日在斗二十一度，昏奎中。月令乃言昏壁中，「壁」恐有誤，不應月令在壁，漢復在奎也。金氏言月令昏奎中，今昏壁中。此説爲是。

袁俊翁曰：「堯典中星常在後，月令中星常在前者，歲差使然耳。歲差之法，惟近代紀元曆以七十八年日差一度爲得之。自慶曆甲申冬至日在斗五度，推而上之，則堯之甲子積三千三百二十一年，日差凡四十三度，冬至日當在虚一度，日没而昴中。即此而推，則知日行漸遠，中星亦從而轉移。堯之甲子去秦莊襄王元年凡二千二十八年，日差二十六度，堯典、月令中星所以不同也。」

今按七十八年差一度，以度母〔三〕萬分計，一歲率差一百二十八分。七十八年雖差一度，然猶少十六分，則是未及一度也。

期三百有六旬有六日以閏月定四時成歲

蔡傳曰：「天體至圓，周圍三百六十五度四分度之一，繞地左旋，東升西没。常一日一周而過一度。」是一日一夜，天行三百六十六度四分度之一。

朱子曰：「天無體，只二十八宿便是體。且如日、月皆從角起，天亦從角起。日則一日一周，依舊只在角上。天則一周了，又過角些子，日日累上去，則一年便與日會。」至三百六十五日四分日之一處，則天與日會。

又曰：「如何見得天有三百六十五度，甚麼人去量來？只是天行得過處爲度，天之過處便是日之退處。」

「日麗天而少遲，故日行一日，亦繞地一周，而在天爲不及一度。積三百六十五日九百四十分日之二百三十五而與天會，是一歲日行之數也。」

一日分爲九百四十分，二百三十五分即四分日之一也。

朱子曰：「日行速健次於天，一日一夜，周三百六十五度四分度之一，正恰好。被天進一度，則日爲退一度。二日，天進二度，則日爲退二度。積至三百六十五日四分日之一，則天所進過之度，恰周得本數，日所退之度，亦恰退盡本數，遂與天會而成一年。」

「月麗天而尤遲，一日常不及天十三度十九分度之七，積二十九日九百四十分日之四百九十九而與日會。十二會，得全日三百四十八。」一年十二會，每會大數二十九日。十二個二十九日，則得三百四十八日。

按此以上皆以日、月亦左旋言之，與曆家不同。

「餘分之積，又五千九百八十八，如日法，九百四十而一，得六，不盡三百四十八。」

每會除大數二十九日外，有餘分四百九十九分。十二個四百九十九分，共得五千九百八十八分。以一日九百四十分之法計之，得六個全日外，又餘三百四十八分。

「通計得日三百五十四九百四十分日之三百四十八，此一歲月行之數也。

歲有十二月，月有三十日。三百六十者，一歲之常數也。故日與天會，而多五日九百四十分日之二百三十五者，爲氣盈。」

氣者，二十四氣也。二氣爲一月，必有三十日零五時二刻始交後月節氣，合二十四氣，該三百六十五日零二十五刻，以合周天之度。然一歲十二月止有三百六十日，則多五日零二十五刻，是爲氣盈。

「月與日會，而少五日九百四十分日之五百九十二者，爲朔虚。」

每月二十九日餘四百九十九分。日與月會，每歲十二會，除三百五十四日三百四十八分外，以三百六十日計之，則一歲猶少五日五百九十二分，分爲六小盡月，是爲朔虚。

「合氣盈、朔虚而閏生焉。」

一歲氣盈多五日二百三十五分，朔虚少五日五百九十二分。

「故一歲閏率則十日九百四十分日之八百二十七。」

一歲多十日零八百二十七分。

二歲多二十一日零七百一十四分。

三歲多三十二日零六百丹一分。

故三歲一閏而猶有餘。

四歲多四十三日四百八十八分。

五歲多五十四日三百七十五分。

故五歲再閏而猶不足。十九歲七閏，則氣、朔分齊，是爲一章。

以五歲再閏而不足兩月，故必十九歲然後七月均焉，然餘分亦不能齊。

林氏曰：「二十七章爲一會。」五百一十三年。

「三會爲一統。」八十一章，一千五百三十九年。

「三統爲一元。」四千六百一十七年。

「章、會、統、元，運於無窮。」

陳祥道曰：「考諸傳記，五日爲候，三候爲氣，六氣爲時，四時爲歲。歲之氣二十有四，而候七十有二。然則一月之内，六候二氣，朔氣常在前，中氣常在後。朔氣在晦則後月閏，中氣在朔則前月閏，朔氣有入前月而中氣常在是月。中數周則爲歲，朔數周則爲年。是年不必具四時，而歲必具十二月也。二十四氣播於十二月之中，一氣十有五度，則二十四氣三百六十度。其餘五度四分度之一，度分爲三十二，則五度爲一百六十，四分度之一又爲八分，總百六十八分，布於二十四氣之中，而氣得七分。中、朔大小不齊，則氣有十六日者，有十五日七分者。是以三十三月以後，中氣在晦，不置閏，則中氣入後月矣。」

袁俊翁曰：「按一歲閏率餘十日八百二十七分，十九年共餘一百九十日一萬五千七百一十三分，得全日二百六日六百七十三分。前後通置七閏，四小三大，則二百六日盡矣，尚餘六百七十三分。又一章七閏，三小四大，計二百七日，通前餘分，尚餘四百丹六分。又一章七閏，三小四大，計二百七日，通前餘分，尚餘一百三十九分。自此以下，每章七閏，通前餘分，不滿全日，則四小三大；通前餘分，已過全日，則三小四大，餘分又待下章通而積焉。所謂『十九年七閏而氣朔分齊』者，不過取其全日得齊，而餘分竟不能齊焉。若使朔日子初初刻冬至，則氣朔之餘分齊矣，才差一二刻，則尚有未盡之餘分者矣。」

史記曆書大小餘解

太初元年，歲名焉逢攝提格，月名畢聚，日得甲子，夜半朔旦冬至。

愚按焉音於乾翻。逢，歲陽也，在甲曰焉逢。攝提格，歲陰也，在寅曰攝提格。聚，音娵。蓋娵訾也。索隱云：「月雄在畢，雌在訾。」史記漢武帝元封七年，歲在甲寅十一月甲子夜半朔旦冬至，日、月合於牽牛之初，餘分皆盡，更以是年爲太初元年。今按通鑑漢襲秦，以建亥爲正。太初未改曆以前，閏皆在歲末，謂之後九月。至武帝元封七年歲强圉赤奮若十一月甲子朔旦冬至，改太初元年，太中大夫公孫卿、壺遂，太史令司馬遷等言宜改正朔。夏五月詔卿、遂、遷等造漢太初曆，以正月爲歲首，則太初元年，歲在丁丑。史記乃作甲寅，下距丁丑二十三年。懸異如此者，乃太史公追紀太初作曆之元，非武帝之太初元年也。蓋太史公推上古之元，得甲寅歲。其歲十一月甲子朔旦冬至，日、月如合璧，五星如聯珠。今元封七年亦以仲冬甲子朔旦冬至，故以丁丑起元，亦與〔三〕太古甲寅同耳。故曰其更以元封七年爲太初元年，猶以七年爲上古甲寅之歲，非元封七年即甲寅年也。其後每紀以漢年號者，後人所加，如褚先生輩是矣。且史遷生武帝時，豈能預知七十六年之號哉？温公據長曆定編年，且謂劉羲叟徧通前代曆法，起漢元以來爲之作〔四〕通鑑，宜得其實。漢志亦以爲歲在丙子。蓋未建寅爲正，則十月已後已屬丁丑，既用夏正，則十一月猶屬上年，至正月然後爲丁丑歲也。又按漢武帝改太初曆，以律法八十一分爲日。今史記所書大、小餘，仍用顓帝四分曆法爲日。

正北

甲子夜半冬至時加子，故稱「正北」。

十二

歲有十二月。無閏則云十二，有閏則云閏十三。

無大餘　無小餘

大餘者，一歲之餘日五十四也。小餘者，兩月之餘分五十八也。是年仲冬甲子朔旦冬至，日、月合於牽牛之初，日數滿六十，月分滿九百四十，自前至此，餘分皆盡，故云「無大、小餘」。此以九百四十分爲日法。

無大餘　無小餘

上大、小餘者，歲之餘日、月之餘分，即所謂「朔虚」也。此大、小餘者，五日與四分日之一，即所謂「氣盈」也。是年冬至與朔同日，日數滿六十，日分滿三十二，自前至此，餘分皆盡，故云「無大、小餘」。此以三十二分爲日法。

焉逢攝提格太初元年，十二

按元封七年十一月甲子，改太初元年。前已云「太初元年，歲名焉逢攝提格，無大、小餘」，此復云「焉逢攝提格太初元年」，而下書大、小餘者，蓋改太初元年，自是年十月歲首始，至五月詔用夏正，又自是年正月始。則此年初承用十月爲歲首，又改用正月爲歲首，一年共有十五個月。故前之無大、小餘者，自是年建子之月夜半朔旦以前止，後之有大、小餘者，又自此年建子之月夜半朔旦以後而始，所以皆系之太初元年也。

大餘五十四

歲有十二月，月有三十日，當得三百六十日。然月之所以成，由日、月之會也，故二十九日半有奇而月與日會，一歲十二會。法當小盡六月以追〔五〕之，止得三百五十四日有奇。以六甲除之，五六三百，餘五十四，未滿六十，故云「大餘五十四」也。

小餘三百四十八

每二十九日九百四十分日之四百九十九，月與日會而成一月，除四百七十爲半日，猶多二十九分。是一月當得二十九日半餘二十九分。以此半日合後月半日，足成一日外，月餘二十九分，十二月則餘三百四十八分，以未滿九百四十分，未成一日，故云「小餘三百四十八」也。

大餘五

天左旋，日一晝夜泝天右行一度，三百六十五日四分日之一，行天一周，故分天爲三百六十五度四分度之一。去歲冬至起於牽牛之初，今歲冬至復至牽牛之初，則二十四氣終而復始，當得三百六十五日有奇。以六甲除之，六六三百六十，猶餘五日，故云「大餘五」。此大餘者，日周天之餘數也。

小餘八

即前四分之一也。在天爲四分度之一，在歲爲四分日之一。日得三十二分，其一則八也。歲有三百六十五日四分日之一，是一歲除三百六十五全日，猶多八分，故云「小餘八」。此小餘者，歲日之奇分也。

端蒙單閼二年，閏十三

端蒙，乙也，爾雅作「旃蒙」。單音丹。閼，音遏。卯也。通鑑作「著雍攝提格」。著音儲。雍，戊也。攝提格，寅也。則太初二年，戊寅歲也。

大餘四十八

去歲大餘五十四，今歲又餘五十四，合一百八，除六甲六十日，猶餘四十八日，故曰「大餘四十八」也。

小餘六百九十六

去歲小餘三百四十八，今歲又餘三百四十八，合六百九十六，故云「小餘六百九十六」也。

大餘十

去歲大餘五，今歲又餘五日，故云「大餘十」也。

小餘十六

去歲小餘八，今歲又餘八，合十六，故云「小餘十六」也。

游兆執徐三年，十二

游兆，丙也，爾雅作「柔兆」。執徐，辰也。通鑑作「屠維單閼」。屠維，己也。單閼，卯也。則太初三年，己卯歲也。

大餘十二

去歲大餘四十八，今歲又復五十四，又通閏小一月餘二十九，又今歲小餘積分得一，合一百三十二日，除二六甲一百二十日，餘十二日，故云「大餘十二」也。以朔記之，故併閏月數也。

小餘六百三

去歲小餘六百九十六，今歲又餘三百四十八，又通閏一月餘四百九十九，合一千五百四十三，除九百四十分歸上成一日外，餘六百三分，故云「小餘六百三」也。

大餘十五
去歲大餘十，今歲又餘五日，故云「大餘十五」也。以氣論之，故不數閏月也。
小餘二十四
去歲小餘十六，今歲又餘八，故云「小餘二十四」也。
强梧大荒落四年，十二
强梧，爾雅作「强圉」，丁也。大荒落，巳也。通鑑作「上章執徐」。上章，庚也。執徐，辰也。則太初四年，庚辰歲也。
大餘七
去歲大餘十二，今歲又餘五十四，又今歲小餘積分得一，合六十七日，除六十日，猶餘七日，故云「大餘七」也。
小餘十一
去歲小餘六百三，今歲又餘三百四十八，合九百五十一，除九百四十分歸上成一日外，猶餘十一分，故云「小餘十一」也。
大餘二十一
去歲大餘十五，今歲又餘五日，又今歲小餘滿三十二分得一日，合二十一日，故云「大餘二十一」也。

無小餘

去歲小餘二十四，今歲又餘八，得三十二分，已滿一日歸上，故云「無小餘」也。

徒維敦牂天漢元年，閏十三

徒維，戊也。爾雅作「屠維」，屬己。此云屬戊，未詳。敦牂，午也。通鑑作「重光大荒落」。重光，辛也。大荒落，巳也。則天漢元年，辛巳歲也。

大餘一

去歲大餘七，今歲又餘五十四，合六十一，除六十日外，餘一日，故云「大餘一」也。

小餘三百五十九

去歲小餘十一，今歲又餘三百四十八，合三百五十九分，故云「小餘三百五十九」也。

大餘二十六

去歲大餘二十一，今歲又餘五日，合二十六日，故云「大餘二十六」也。

小餘八

去歲無小餘，自今歲始又餘八，故云「小餘八」也。

祝犂協洽二年，十二

祝犂，己也。爾雅作「著雍」，屬戊。此屬己，未詳。協洽，未也。通鑑作「玄黓敦牂」。玄黓，壬也。敦牂，午也。則天漢二年，壬午歲也。

大餘二十五

去歲大餘一，今歲又餘五十四，又通閏小一月餘二十九，又今歲小餘積分得一，合八十五日，除六十日外，猶餘二十五日，故云「大餘二十五」也。

小餘二百六十六

去歲小餘三百五十九，今歲又餘三百四十八，又通閏一月餘四百九十九，合一千二百六，除九百四十分歸上成一日外，猶餘二百六十六，故云「小餘二百六十六」也。

大餘三十一

去歲大餘二十六，今歲又餘五日，故云「大餘三十一」也。

小餘十六

去歲小餘八，今歲又餘八，故云「小餘十六」也。

商横涒灘三年，十二

商横，庚也，爾雅作「上章」。涒音吐魂翻。灘，申也。通鑑作「昭陽協洽」。昭陽，癸也。

協洽，未也。則天漢三年，癸未歲也。

大餘十九

去歲大餘二十五，今歲又餘五十四，合七十九，除六十日外，猶餘十九日，故云「大餘十九」也。

小餘六百一十四

去歲小餘二百六十六，今歲又餘三百四十八，合六百一十四分，故云「小餘六百一十四」也。

大餘三十六

去歲大餘三十一，今歲又餘五日，故云「大餘三十六」也。

小餘二十四

去歲小餘十六，今歲又餘八，故云「小餘二十四」也。

昭陽作噩四年，閏十三

昭陽，辛也。爾雅屬癸，此屬辛，未詳。作噩，酉也。通鑑作「閼逢涒灘」。閼逢，甲也。涒灘，申也。則天漢四年，甲申歲也。

大餘十四

去歲大餘十九，今歲五十四，又今歲小餘積分得一，合七十四日，除六十日外，猶餘十四日，故云「大餘十四」也。

小餘二十二

去歲小餘六百一十四，今歲又餘三百四十八，合九百六十二，除九百四十分歸上成一日外，猶餘二十二分，故云「小餘二十二」也。

大餘四十二

去歲大餘三十六，今歲又餘五日，又今歲小餘滿三十二分得一日，合四十二日，故云「大餘四十二」也。

無小餘

去歲小餘二十四，今歲又餘八，得三十二分，已〔六〕滿一日歸上，故云「無小餘」也。

橫艾淹茂太始元年，十二

橫艾，壬也。爾雅壬爲玄黓，此未詳。淹茂，戌也。通鑑作「旃蒙作噩」。旃蒙，乙也。作噩，酉也。則太始元年，乙酉歲也。

大餘三十七

去歲大餘十四，今歲又餘五十四，又通閏小一月餘二十九，合九十七日，除六十日外，猶餘三十七日，故云「大餘三十七」也。

小餘八百六十九

去歲小餘二十二，又通閏一月餘四百九十九，今歲又餘三百四十八，合八百六十九，故云「小餘八百六十九」也。

大餘四十七

去歲大餘四十二，今歲又餘五日，故云「大餘四十七」也。

小餘八

去歲無小餘，自今歲始又餘八，故云「小餘八」也。

尚章大淵獻二年，閏十三

尚章，癸也。爾雅「上章」屬庚，此屬癸，未詳。大淵獻，亥也。通鑑作「柔兆閹茂」。柔兆，丙也。閹茂，戌也。則太始二年，丙戌歲也。

大餘三十二

去歲大餘三十七，今歲又餘五十四，又今歲小餘積分得一，合九十二日，除六十日外，猶餘三十二日，故云「大餘三十二」也。

小餘二百七十七

去歲小餘八百六十九，今歲又餘三百四十八，合一千二百一十七，除九百四十分歸上成一日外，猶餘二百七十七分，故云「小餘二百七十七」也。

大餘五十二

去歲大餘四十七，今歲又餘五日，故云「大餘五十二」也。

小餘一十六

去歲小餘八，今歲又餘八，故云「小餘一十六」也。

按史記起焉逢攝提格太初元年，至祝犂大荒落建始四年，合一蔀七十六年，紀朔與至大小餘通閏計之，其數皆合。今取十年爲例，餘可類推。但以通鑑長曆較之，其年〔七〕名多所不合。又史記閏在前年，而通鑑閏皆在次年。至史記通閏計大、小餘，亦皆在次年。姑存於右，以竢更考。

古今曆法

黄帝調曆。辛卯元。

黃帝迎日推策，使羲、和占日，常儀占月，車區占星氣，建五行，察發斂，起消息，正閏餘，述而著焉，謂之調曆。

顓帝曆。乙卯元。

顓帝命南正重司天，北正黎司地，建孟春以爲元，是爲曆宗。唐一行日度議引洪範傳曰：「曆始於顓帝上元太始閼逢攝提格之歲，畢陬之月，朔日己巳立春，七曜俱在營室五度。」

虞曆。戊午元。

在璿璣玉衡，以齊七政。

夏曆。丙寅元。

殷曆。甲寅元。

湯作商曆，以十一月甲子合朔冬至爲上元。

周曆。丁巳元。

魯曆。庚子元。

晉姜岌因春秋日食，考其晦朔，不知用何曆。班固以爲春秋因魯曆，魯曆不正，故置閏失其序。命曆序曰：「孔子治春秋，退修殷之故曆。」則春秋宜用殷曆。今考之交會，又與殷曆不相應。又經率多一日，傳率少一日。以上七曆謂之古曆。若六曆，則不數虞曆，皆以四分起數。十九歲爲一章，凡七閏，計二百三十五月。一歲凡三百六十五日四分日之一，一月二十九日九百四十分日之四百九十九。

自黄帝至周，凡二千四百一十四年，而曆止七改。

秦 用顓帝曆。

西漢 顓帝曆。初，張蒼言顓帝曆比六曆，疏闊中最爲微近。又以高祖十月至霸上，故因秦時，本十月爲歲首，而用顓帝乙卯曆。

武帝 太初曆。丁丑元。餘分置於斗分。元封七年，上與兒寬等議，以七年爲元年，詔公孫卿、壺遂、司馬遷議造漢曆，乃以前曆上元太初四千六百一〔八〕十七歲，至元封七年，復得閼逢攝提格之歲，中冬十一月甲子朔旦冬至，日月在建星，太歲在子，已得太初本星度，始變四分法，以律起曆。律容一龠，積八十一寸，以八十一爲日法。一月二十九日八十一分日之四十三，一歲餘則增四分法六千一百五十六分日之一，故積六千一百五十六年，則增多四分法之一日，亦以十九歲爲一章。

成帝 三統曆。庚戌元。其法因襲太初。劉向總六曆，列是非，作五紀論。子歆作三統曆，以爲易與春秋，天人之道也。是故元始有象，一也，春秋，二也，三統，三也，四時，四也，合而爲十，成五體。以五乘十，大衍之數也，而道據其一，其餘四十九，所當用也。故著數以象兩兩之，得九十八，三之得二百九十四，四之得一千一百七十六。又歸奇象閏，餘分十九，及據一加之，爲一千一百九十六，兩之得二千三百九十二，爲月法。黄鐘其實一龠，故八十一爲日法。合天、地終數，得十九，爲閏法。以閏法乘日法，得千五百三〔九〕十九，爲統法。參統法，得四千六百一十七，爲元法。參天九，兩地十，得四十七，爲會數。五位乘會數，得二百三十五，爲章月。故千五百三十九歲爲統，四千六百一十七歲爲一元。經歲四千五百六十，災歲五十七。天施復於子，地化自丑，畢於辰，人生自寅，成於申。故曆數三統，天以甲子，夏正月朔，地以甲辰，商正月朔，人以甲申，周正月朔。孟仲季迭用事爲統首。

東漢 章帝 四分曆。庚申元。章法、日法與古曆同。元和二年，太初失天益遠，日、月宿度相覺浸多。章帝知其錯謬，召治曆編訢、李梵等綜校其狀，詔令改行四分。

靈帝 乾象曆。己丑元。始減斗分。

光和中，穀城門候劉洪始悟四分於天疏闊，乃減斗分，更以五百八十九爲紀法，百四十五爲斗分，仍以十九歲爲一章，而造乾象曆。又制遲疾曆，以步月行，方於太初、四分，轉精密矣。

宋何承天曰：「四分於天，出三百年而盈一日，積世不悟，徒云建曆之本必先立元。劉歆三統法尤復疏闊，方於四分，六千餘年又益一日。揚雄心惑其説，採爲太玄。班固謂之最密，著於漢志。」李洪曰：「太初多一日，冬至日值斗，而云在牽牛，踈闊不可復用。」唐一行曰：「三統曆追考春秋所書三十六食，僅得其一。故杜預考古今十曆以驗春秋，乃知三統之最踈。」

乾象曆自黄初後，改曆者皆斟酌其法，洪術遂爲後代推步之表。

右漢凡四百年，而曆五改，謂顓帝曆、太初、三統、四分、乾象曆也。

魏 文帝 黄初曆。

黄初中，韓翊以乾象減斗分太過，後當先天，造黄初曆，以四千八百八十三爲紀法，千二百五十爲斗分。

明帝 景初曆。壬辰元。以上十二曆立元不同，必始以甲子。楊偉言韓翊據劉洪之術，知貴其術而棄其論。至景初元年，偉改造景初曆，欲以大呂之月爲歲首，建子之月爲曆初，遂以建丑之月爲正，改其年三月爲孟夏。三年正月，復用夏正。晉姜岌曰：「古曆斗分强，不可施於今。乾象斗分細，不可通於古。景初雖得其中，而日之所在，乃差四度，合朔虧盈皆不及其次。」景初曆法自曹魏，涉兩晉，至宋元嘉始改，凡用二百八十年。韓翊、楊偉咸遵劉洪之議，未及洪之深妙。蓋二曆寫子模母，終不過洪之術也。

蜀 仍漢四分曆。

吴 用乾象曆。

王蕃以劉洪術制儀象及論，故吴用乾象曆。

西晉 武帝 泰始曆。即景初曆改名。

正曆。泰始十年上元甲子朔夜半冬至，日、月、五星始於星紀，爲正曆。

春秋長曆。杜預作。

乾度曆。咸寧中，李修、王顯依杜預長曆論爲術，名乾度曆，表上之。

東晉 元帝 渡江後，更以乾象五星法代楊偉曆。

穆帝 通曆。

永初八年，王朔之造通曆，始以甲子爲上元。

武帝 三紀甲子元曆。

太元中，姜岌造三紀甲子元曆，以爲治曆之道，必審日、月之行，然後可以上考天時，下察地紀。一失其本，四時變移。自羲皇暨漢魏，各自制曆，以求厥中，考其疏密，惟交會薄蝕可以驗之。

晉曆有五，曰泰始、乾度、乾象、通曆、三紀。然終晉之世，止用泰始曆，餘曆不果行。

宋 七曜曆。何承天表言徐廣有此曆，不知作者〔一〇〕。

武帝 永初曆。

永初元年，改泰始曆爲永初曆。

文帝 元嘉曆。

元嘉二十一年〔一一〕，何承天造元嘉新曆，刻漏，以爲月盈則食，月食之衝，知日所在。又以中星驗之，知堯時冬至，日在須女十度，今在斗十七度。又測景以校二至，差三日有餘，則今之冬至，日應在斗十三四度。於是更立新法，冬至徙〔一二〕上三日五時，日之所在，移四度。又月有遲疾，前曆合朔、月食不在朔望，今皆以盈縮定其小餘，以正朔望之日。

元始曆。元嘉十四年，河西王牧犍遣使獻敦煌趙𢾺所造甲寅元曆，又名元始曆。

齊 用元嘉曆。

梁 武帝 初興，因齊舊，用元嘉曆。

元嘉曆用於宋，涉齊至梁，凡六十五年。

大明曆。又名甲子元曆。甲子上元。始破章法。

天監中，用祖沖之〔一三〕甲子元曆，始以三百九十一歲之中，置爲百四十四閏，積四千八百三十六月。雖斗分、章法各有不同，併日法、度法兩者並立，則猶無異於古。日法者，約合朔之法。度法者，約歲周之法。

陳 用大明曆。大明曆用於梁，訖陳，凡八十年。

大同曆。大同十年，詔太史虞氏更造大同新曆，以甲子爲元，未及施用，而遭侯景之亂。

南朝五曆，元始、大同二曆不用，永初又因晉舊。四朝所用，惟元嘉、大明二歷而已。

北魏 初，魏入中原，得景初曆。世祖克沮渠氏，得趙𢾺元始曆，高宗興安二年始行之。

明帝 正光曆。壬子元。

正光中，崔光取張龍祥等九家所上曆，候驗得失，合爲一曆，以壬子爲元，應魏水德，命曰正光曆。

靈憲曆。信都芳用祖暅〔一四〕之法，私撰靈憲曆。書未成，月大小法莫考。

五寅元曆。太武時，崔浩謂自秦漢以來，妄造曆術者皆不得天道之正，宜改曆術，以從天道，曰五寅元曆，奏請宣示中書，坐誅，不果用。終魏世，惟用元始、正光二曆。

東魏 興光曆。甲子元。興和元年，以正光曆浸差，命李業興更加修正，以甲子爲元，號曰興光曆。

西魏 用興光曆。

北齊 文宣帝 天保曆。天保元年，命宋景業叶圖讖，造天保曆。

甲寅元曆。董峻、鄭元偉立議，非天保曆之妄，於武平七年同上甲寅元曆。

後周 明帝 周曆。

武成元年，始造周曆。於是明克讓〔一五〕、庾季才及諸日者，采祖暅舊議，通簡南北之術。然周、齊並時，而曆差一日。及武帝時，而天和作矣。

天和曆。甄鸞所上。

靜帝〔一六〕景德元曆。

大象年間，太史馬顯上景德元曆，即行之。

隋 文帝 己巳元曆。

初，隋高祖輔周，欲以符命曜天下。道士張賓知上意，乃自言星曆有代謝之證，更造新曆，用何承天法，微加增損，開皇四年行之。張胄玄曆。己巳元曆既行，劉孝孫、劉焯並稱其失，所駁六條。十七年張胄玄論日影長短，群臣咸以爲密，乃行胄玄所造曆。

皇極曆。劉焯增修張胄玄曆，名曰皇極曆，又名甲子元曆。北朝元魏曆曰五寅元、元始、正光、靈憲，東魏、高齊曆曰興光、天保、甲寅元，後周、隋氏曆曰天和、景德、己巳元、皇極。言曆者不一，行之數十年，輒復差繆。故南朝則以何承天爲宗，北朝則依趙敺、祖沖之爲據。

唐 高祖 戊寅元曆。

傅仁均作。以高祖戊寅年受禪，遂以戊寅爲元，用於武德二年。閱明年，而月蝕比不驗。明年，詔祖孝孫等考定，乃略去其尤踈闊者。

高宗 麟德甲子元曆。始併日法、度法，而立總法。

李淳風以戊寅元曆推步既踈，乃增損劉焯皇極曆，作麟德甲子元曆。以古曆有章、蔀，有元、紀，有日分、度分，參差不齊，始併日法、度法爲一，而立總法。總法一千三百四十，歲有三百六十五日一千三百四十分日之三百三十八，一月二十九日一千三百四十分日之七百十一。當時以爲密。

經緯曆。太史令瞿曇羅所上，與麟德曆參行。

武后　光宅曆。瞿曇羅作。

中宗　乙巳元曆。南宫説作。中宗以乙巳年反正，遂以乙巳爲元。

玄宗　開元大衍曆。以三千四十分爲日法。開元九年，麟德曆書日蝕比不效，詔一行作新曆，推大衍數立術以應之，較經史所書氣朔、日名、宿度可考者皆合。以一、六爲爻位之統，五、十爲大衍之母。合二始以位剛柔，所以明天一、地二之數。合二中以通律曆，所以正天五、地六之數。合二終以紀閏餘，所以窮天九、地十之數。以生乘成，於六百而得天中之積。以成乘生，又於六百而得地中之積。自一六至五六，一七至五七，一八至五八，一九至五九，一十至五十，生、成相乘，各有六百，於是而得千二百之算。此大衍起數皆出於易，其詳本於天地之二中，始於冬至之中氣。以晦朔定日月之會，以日度正周天之數，以卦氣定七十二候，以中星正二十四氣，用以較古今之薄蝕、五星之變差，而開元曆課皆第一。自太初至麟德，曆有二十三家，與天雖近而未密，至一行密矣。其倚數立法，固無以易，後世雖有改作，皆依倣而已。

○西域九執曆。

開元二十一年，陳玄景、南宫説奏大衍寫九執曆，其術未盡。詔侍御史李麟等校靈臺候簿，大衍十得七八，九執才一二焉。

肅宗 至德曆。

山人韓穎言大衍或誤，穎乃增損其術，更名曰至德曆。

代宗 寶應五紀曆。

代宗以至德曆不與天合，詔司天郭獻之等復用麟德元紀，更立歲差，增損遲疾、交會及五星差數，以寫大衍舊術。上元七曜，起赤道虚四度。與大衍小異者，九事而已。

德宗 建中正元曆。

德宗時，五紀曆氣朔加時稍後天，推測星度與大衍差率頗異。司天徐承嗣等雜麟德、大衍之旨治新曆。上元七曜，起赤道虚四度。其氣朔、發斂、日躔、月離、晷漏、交會，悉如五紀法。

憲宗元和觀象曆。元和二年，司天徐昂〔一七〕所上。然無章、蔀之數，至於發斂、啓閉之候，循用舊法，測驗不合。

穆宗長慶宣明曆。穆宗即位，以爲累世纘緒，必更曆紀，乃詔日官改造曆術，名曰宣明。上元七曜，起赤道虛九度。其氣朔、發斂、日躔、月離，皆因大衍。晷漏、交會，稍增損之。更立新度，以步五星。

昭宗景福崇玄曆。時宣明施行已久，數亦漸差。邊岡改治新曆。岡用算巧，能馳騁反復於乘除間。雖籌策便易，而冥於本原。唐終始二百九十餘年，而曆九改，謂戊寅、麟德、大衍、至德、五紀、正元、觀象、宣明、崇玄也。

五代初用唐崇玄曆。

唐建中符天曆。不立上元，以唐顯慶五年庚申起。術者曹士蔿始變古法，以顯慶五年爲上元，雨水爲氣首，號符天曆。世謂之小曆，祇行於民間。

晉 調元曆。

晉高祖時，馬重績更造新曆，以符天曆爲法，不復推古上元甲子冬至七曜之會，而起唐天寶十四載乙未爲上元，用正月雨水爲氣首。行之五年輒差，而復崇玄曆。

周 明玄曆。

廣順中，博士王處訥私撰明玄曆於家。

萬分曆。民間所用。

世宗 顯德欽天曆。

王朴通於曆數，造欽天曆，包萬象以爲法，齊七政以立元，測圭箭以候氣，審朓朒以定朔，明九道以步月，按遲疾以推星，考黄道之邪正，辨天勢之升降，而交蝕詳焉。乃以一篇步日，一篇步月，一篇步星，以卦氣滅没爲下篇。世宗嘉之，詔以明年正月朔旦爲始，自前諸曆並廢。初，欽天曆成，王處訥曰：「此曆可且行，久則差矣。」既而果然。宋興，乃命處訥正之。

蜀 永昌曆、正象曆。

南唐 齊政曆。

宋 太祖 建隆應天曆。

建隆二年，以欽天曆時刻差謬，命有司重加研覈。四年，王處訥上新曆，號應天曆。

太宗　乾元曆。

太平興國中，以應天曆置閏有差，詔吴昭素等造新曆，頗爲精密。其後朔望有差。

真宗　儀天曆。

咸平四年，王熙元獻新曆，更名儀天。趙昭逸請覆之，而不從。後二歲，曆果差。昭逸言熒惑度數稍謬。復推驗之，果如其説。

仁宗　崇天曆。

天聖中，司天監上新曆，賜名「崇天」。

英宗　明天曆。

司天言崇天曆五星之行及諸氣節有差，又以日蝕差，詔周琮改造新曆，以范鎮詳定，號明天曆。

神宗　奉天曆。

熙寧中，月食東方，與曆不叶。詔曆官雜候，詔衛朴改造，視明天曆朔減二刻。曆成，沈括上之，號奉天曆。

哲宗　觀天曆。

初，以奉天日食不當，詔集曆家考驗。有司言奉天有後天之差，詔改造曆。元祐六年，曆成，詔以「觀天」爲名。

徽宗　占天曆。

崇寧三年，命姚舜輔〔一八〕造占天曆。

紀元曆。蔡京令舜輔更造曆，用帝受命之年即位之日，元用庚辰，日起己卯。曆成，而名以「紀元」。

臨川吴氏曰：「紀元曆一日萬分，至今承用。雖其分愈細，然其數整齊，難與天合。西山蔡氏用邵子元會運世、歲月日辰之例，嘗即其法推算，與古差殊，乃知其説甚美，其術則疎，猶欲因之，再爲更定，以追古合天，而未能也。」

高宗　統元曆。

紀元立朔既差，定臘亦舛，日食不驗。建炎三年，改造統元曆，元用甲子，日起甲子，從古曆法起朔旦甲子夜半冬至之法。

孝宗　乾道曆。以統元曆日食有差，改造乾道曆。

淳熙曆。淳熙中，又改此曆。

光宗　會元曆。

紹熙元年，曆成。去年，趙涣言「淳熙曆今歲冬至後天一辰」，詔改造新曆。劉孝榮與吴澤、荆大聲同造，詔以「會元」爲名。

寧宗　統天曆。

慶元五年，曆成。初，會元曆既成，布衣王孝禮言「劉孝榮未嘗以銅表圭面測景，故冬至後天」。去年九月朔，太史言日蝕在夜，而草澤言日蝕在晝，驗視如草澤言，乃改造曆。

開禧曆。

理宗　會天曆。

淳祐十二年春，新曆成，賜名「會天」。

宋三百餘年，而曆十八改。文公曰：「今之造曆者無定法，只是趕趂天之行度以求合，或過則損，不及則益，所以多差。古曆書必有一定之法，而今亡矣。三代以下，造曆者愈精愈密，而愈多差，由不得古人一定之法也。天運無常，日、月、星辰，或過不及，自是不齊。使能以我法之有定而律彼之無定，自無差矣。」

本朝　授時曆。

臨川吴氏書纂言曰：「今授時曆不立差法，但日夜占候，以求合於天，然則正與古曆簡易，未立差法，但隨時占候修改，以與天合者同意。」

至元十七年，太史郭守敬奏：「欽惟聖朝統一六合，肇造區夏，專命臣等改治新曆。臣等用創造簡儀、高表，憑其測到實數，所考正者凡七事。一曰冬至。自丙子年立冬後，依每日測到晷景，逐日取對，冬至前後日差同者爲準，得丁丑年冬至在戊戌日夜半後八刻半，又定丁丑夏至在庚子日夜半後七十刻，又定戊寅冬至在癸卯日夜半後三十三刻，己卯冬至在戊申日夜半後五十七刻半，庚辰冬至在癸丑日夜半後八十一刻半，各減大明曆十八刻，遠近相符，前後應準。二曰歲餘。自劉宋大明曆以來，凡測景驗氣，得冬至時刻真數者有六，用以相距，各得其時合用歲餘。今考驗四年，相符不差。仍自宋大明壬寅年，距至今日八百一十年，每歲合得三百六十五日二十四刻二十五分，其二十五分爲今曆歲餘合用之數。三曰日躔。用至元丁丑四月癸酉望月食既，推求日躔，得冬至日躔赤道箕宿十度，黄道箕九度有奇。仍憑每日測到太陽躔度，或憑星測月，或憑月測日，或徑憑星度測日，立術推算，起自丁丑正月，至己卯十二月，凡三年，共得一百三十四事，皆躔於箕，與月食相符。四曰月離。自丁丑以來至今，憑每日測到逐時太陰行度推算，變從黄道求入轉極遲、極疾并平行處，前後凡十三轉，計五十一事。内除去不真的外，有三十事，得大明曆入轉後天。又因考驗交食，加大明曆三十刻，與天道合。五曰入交。自丁丑五月以來，憑每日測到太陰去極度數，比擬黄道去極度，得月道交於黄道，共得八事。仍依日食法度推求，皆有食分，得入交時刻，與大明曆所差不多。六曰二十八宿距度。自漢太初曆以來，距度不同，互有損益。大明曆則於度下餘分附以太、半、少，皆私意牽就，未嘗實測其數。今新儀皆細刻周天度分，每度爲三十六分，以距線代管窺，宿度餘分並依實測，不以私意牽就。七曰日出入晝夜刻。大明曆日出入晝夜刻皆據汴京爲準，其刻數與大都不同。今更以本方北極出地高下、黄道出入内外度，立術推求每日日出入晝夜刻，得夏至極長，日出寅正二刻，日入戌初二刻，晝六十二刻，夜三十八刻，冬至極短，日出辰初二刻，日入申正二刻，晝三十八刻，夜六十二刻，永爲定式。所創法者凡五事。一曰太陽盈縮。用四正定氣，立爲升降限，依立招差，求得每日行分初末極差積度，比古爲密。二曰月行遲疾。古曆皆用二十八限，今以萬分日之八百二十分爲一限，凡析爲三百三十六限，依垜疊招差求得轉分進退，其遲疾度數逐時不同，蓋前所未有。三曰黄赤道差。舊法以一百一度相減相乘，今依算術勾股、弧矢、方圓、斜直所容，求到度率積差，差率與天道實爲吻合。四曰黄赤道内外度。據累年實測，内外極度二十三度九十分，以圓容方直、矢接勾股爲法，求每日去極，與所測相符。五曰白道交周。舊法黄道變推白道，以斜求斜。今用立渾比量，得月與赤道正交，距春秋二正黄赤道正交一十四度六十六分，擬以爲法，推逐月每交二十八宿度分，於理爲盡。」

校勘記

〔一〕「毋」，原作「每」，據元至正本、宋史卷六九律曆志改。

〔二〕「毋」，原作「每」，據元至正本改。

〔三〕「與」，元至正本作「以」。

〔四〕「作」，元至正本作「則」。

〔五〕「追」，原作「除」，據元至正本改。

〔六〕「已」，原爲空格，據前文「無小餘」條補。

〔七〕「年」，原脱，據元至正本補。

〔八〕「一」，原作「二」，據元至正本、漢書卷二一律曆志改。

〔九〕「三」，原作「二」，據上文及元至正本改。

〔一〇〕「知作者」，原脱，據山堂考索前集卷五五曆數門補。

〔一一〕「三十一年」，宋書卷一二律曆志作「二十年」。

〔一二〕「徙」，宋書卷一二律曆志作「從」。

〔一三〕「用祖沖之」，元至正本作「祖沖之進」。

〔一四〕「祖暅」，原作「祖常」。按，北史卷八九信都芳傳稱「有江南人祖暅者，先於邊境被獲，在延明家，舊明算曆，而不爲王所待。芳諫王禮遇之。暅後還，留諸法授芳，由是彌復精密」，則信都芳所用當爲祖暅之法，據改。

〔一五〕「明克讓」，原作「胡克遜」，元至正本作「胡克讓」，據隋書卷一七律曆志改。

〔一六〕「靜帝」，原作「宣帝」，據元至正本改。

〔一七〕「徐昂」，原作「徐昻」，據元至正本、新唐書卷三〇上曆志六上改。

〔一八〕「舜輔」，原作「虞輔」，據玉海卷一〇律曆門改。下同。

在璿璣玉衡以齊七政

朱子曰：「璿璣，所以象天體之轉運；玉衡，所以窺璣而齊七政之運行，猶今之渾天儀也。曆家又以北斗魁四星爲璣，杓三星爲衡。今詳經文簡質，不應『北斗』二字獨用寓名。姑存其説，以廣異聞。」

魯齋王氏曰：「堯取南面之中，以正四時之中氣。至舜又取北面之星，以定歲時之分、日月之合，比堯時尤爲簡明而精密。夫列星之所以名，亦人自名之耳，何以知璿璣、玉衡與北斗孰先而孰後也？」

天文志云：「言天體者三家，一曰周髀，二曰宣夜，三曰渾天。」宣夜絶無師説，不知其狀。周髀之術，以爲天似覆盆，蓋以斗極爲中，中高而四邊下，日、月傍行繞之，日近而見之爲晝，日遠而不見爲夜。蔡邕以爲考驗天象，多所違失。渾天説曰：「天之形狀似鳥卵，地居其中，天包地外，猶卵之裹黄，圓如彈丸，故曰渾天，言其形體渾渾然也。」其術以爲天半覆地上，半在地下。其天居地上，見者一百八十二度半强，地下亦然。北極出地上三十六度，而嵩高正當天之中。極南五十五度，當嵩高之上。又其南十二度，爲夏至之日道。又其南二十四度，爲春、秋分之日道。又其南二十四度，爲冬至之日道。南下去地，三十一度而已。是夏至日北去極六十七度，春、秋分去極九十一度，冬至去極一百一十五度。其南、北極持其兩端，其天與日、月、星宿斜而回轉。此必古有其法，遭秦而滅。至漢武帝時，洛下閎始經營之，鮮于妄人亦量度之。至宣帝時，耿壽昌始鑄銅而爲之象。

按渾儀言北極出地上三十六度，南極入地下亦三十六度，但據陽城而言。其交州望極高二十度，林邑望極高十七度，海上見老人星下衆星粲然，皆古所未名。則地形高下，難以概論。又嵩高特中國測候之中，直謂正當天中，則不可矣。

大元至元十六年，太史郭守敬奏唐一行開元間令南宫説天下測景，書中見者凡十三處。星辰去天，高下不同，即目〔三〕測驗人少，可先南、北立表，取直測景。遂設監候官一十四員，分道相繼而出，先測得：

南海，北極出地一十五度，夏至景在表南，長一尺一寸六分，晝五十四刻，夜四十六刻。衡嶽，北極出地二十五度，夏至日在表端，無景，晝五十六刻，夜四十四刻。嶽臺，北極出地三十五度，夏至晷景長一尺四寸八分，晝六十刻，夜四十刻。和林，北極出地四十五度，夏至晷景長三尺二寸四分，晝六十四刻，夜三十六刻。鐵勒，北極出地五十五度，夏至晷景長五尺一分，晝七十刻，夜三十刻。北海，北極出地六十五度，夏至晷景長六尺七寸八分，晝八十二刻，夜一十八刻。大都，北極出地四十度太强，夏至晷景長一丈二尺三寸六分，晝六十二刻，夜三十八刻。繼又測得上都北極出地四十三度少。北京，北極出地四十二度强。益都，北極出地三十七度少。登州，北極出地三十八度少。高麗，北極出地三十八度少。西京，北極出地四十度少。太原，北極出地三十八度少。安西府，北極出地三十四度半强。興元，北極出地三十三度半强。成都，北極出地三十一度半强。西涼州，北極出地四十度强。東平，北極出地三十五度太。大名，北極出地三十六度。南京，北極出地三十四度太强。河南府陽城，北極出地三十四度太弱。揚州，北極出地三十三度。鄂州，北極出地三十一度半。吉州，北極出地二十六度半。雷州，北極出地二十度太。瓊州，北極出地一十九度太。

渾儀圖

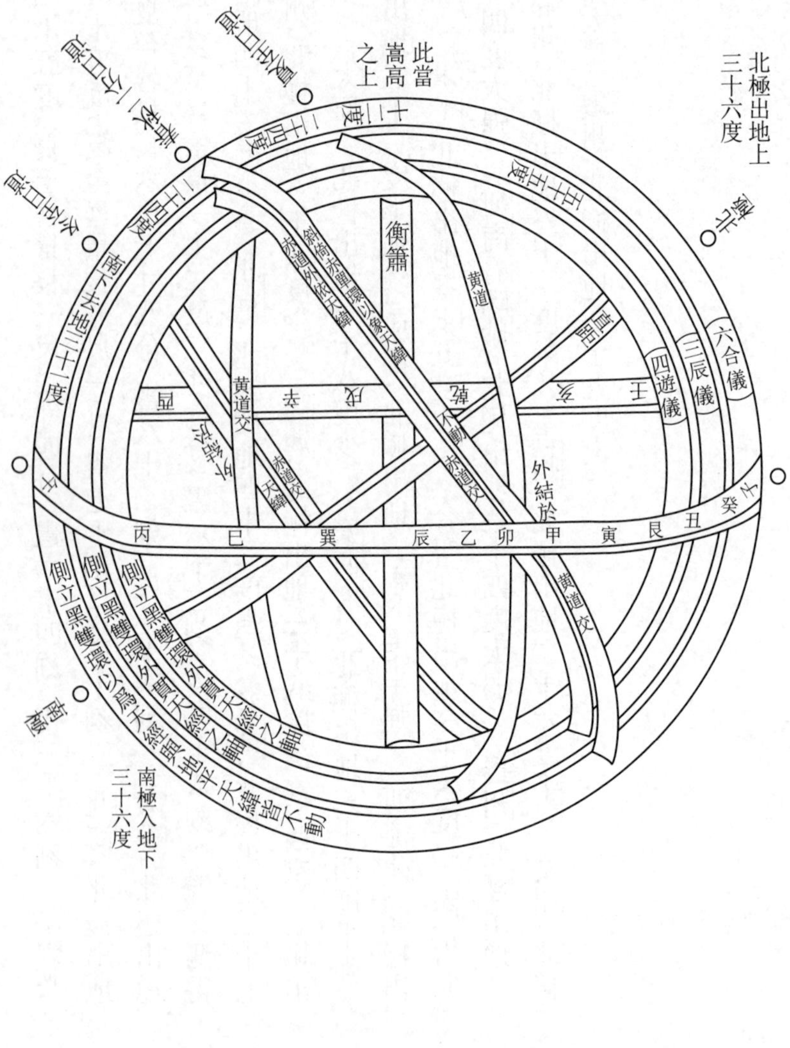
此當嵩高之上
北極出地上三十六度
南極入地下三十六度
六合儀
三辰儀
四遊儀
衡簫
黃道
黃道交
外結於
酉
辛
戌
乾
亥
壬
丙
巳
巽
辰
乙
卯
甲
寅
艮
丑
癸
側立黑雙環以為天經與地平天緯皆不動

黃道，日之所行，以定南、北二至及晝夜東西出没。嵩高，當地平之中。赤道，當二極之中。

右渾天儀，爲儀三重。

其在外者曰六合儀

平置黑單環，上刻十二辰八干四隅在地之位，以準地面而定四方。

愚按所刻方位即如今術家羅經所定二十四向者是也。

側立黑雙環，背刻去極度數，以中分天脊，直跨地平，使其半入地下，而結於其子午，以爲天經。

愚按「其」者，指地平之環而言，蓋定結於地平子午之位也。

斜倚赤單環，背刻赤道度數，以平分天腹，横繞天經，亦使半出地上，半入地下，而結於其卯酉，以爲天緯。三環表裏相結不動。其天經之環，則南、北二極皆爲圓軸，虚中而内向，以挈三辰、四遊之環。以其上、下、四方於是可考，故曰六合。

次其内曰三辰儀

側立黑雙環，亦刻去極度數，外貫天經之軸，内挈黄、赤二道。其赤道則爲赤單環，外依天緯，亦刻宿度，而結於黑雙環之卯酉。其黄道則爲黄單環，亦刻宿度，而斜倚於赤道之腹，以交結於卯酉，而半入其内，以爲春分後之日軌，半出其外，以爲秋分後之日軌。又爲白單環，以承其交，使不傾墊。下設機輪，以水激之，使其日夜隨天東西運轉，以象天行。

愚按唐書天文志一行與梁令瓚鑄銅儀，以木櫃爲地平，令儀半在地下，注水激輪，立木人二於地平上，每刻擊鼓，每辰撞鐘，皆於櫃中各施輪軸，鉤鍵關鎖，交錯相持。則所設機輪，皆在木櫃之中。

以其日、月、星辰於是可考，故曰三辰。

其最在内者曰四遊儀

亦爲黑雙環，如三辰儀之制，以貫天經之軸。其環之内，則兩面當中各施直距，外指兩軸，而當其要中之内面。又爲小竅，以受玉衡要中之小軸，使衡既得隨環東西運轉，又可隨處南北低昂，以待占候者之仰窺焉。以其東西南北無不周徧，故曰四遊。吴氏書纂言曰：「地平單環，徑八尺，闊五寸，厚一寸半。天經雙環，徑八尺，闊五寸，厚八分，兩環合一寸六分。天緯單環，徑七尺八寸一分，闊九分，厚五分。三辰雙環，徑七尺四寸八分，闊一寸八分，厚七分，兩環合一寸四分。黄、赤二道單環，徑七尺二寸八[二]分，闊九分，厚六分。四遊雙環，徑六尺二寸八分，闊一寸八分，厚八分半，兩環合一寸七分。直距銅板二，長各如四遊環内徑，闊一寸六分，厚八分。望筒長隨直距，方一寸六分，兩端方掩，方一寸七分，中間圓孔，徑七分半。地平之下，檠以龍柱四，各高七尺七寸，植於水槽上，一名水趺，或名水平。其臺爲十字，或爲方井，中鑿水道相通，行水以激機輪。」

歷代渾儀

前漢　洛下閎爲漢武帝於地中轉渾天，定時節，作太初曆。

東漢　延熹中，張衡以銅製於密室中，具内外規、南北極、黄赤道，列二十四氣、二十八宿、中外星官及日月五緯，以漏水轉之於殿上室内，令司之者閉户而唱，以告靈臺之觀天者：璇璣所加，某星始加，某星已中，某星已没。皆如合符。

吳王蕃制儀，立論考度，曰：「前儒舊説，天地之體，狀如鳥卵，天包地外，猶殼之裹黄。周旋無端，其形渾渾然，故曰渾天。周天三百六十五度五百八十九分度之百四十五，半覆地上，半在地下。其二端謂之南、北極。北極出地三十六度，南極入地三十六度，兩極相去一百八十二度半强。繞北極徑七十二度，常見不隱，謂之上規。繞南極七十二度，常隱不見，謂之下規。赤道帶天之紘，去兩極各九十一度少强。黄道，日之所行也，半在赤道外，半在赤道内，與赤道東交於角五少弱，西交於奎十四〔三〕少强。其出赤道〔四〕外極遠者，去赤道二十四度，斗二十一度是也。其入赤道内極遠者，亦二十四度，井二十五度是也。北極，規道之行度。日南至在斗二十一度，去極百十五度少强是也。日最南，去極最遠，故景最長。黄道斗二十一度，出辰入申，故日亦出辰入申。日晝行地上百四十六度强，故日短，夜行地下二百一十九度少弱，故夜長。自南至之後，日去極稍近，故景稍短。日晝行地上度稍多，故日稍長，夜行地下度稍少，故夜稍短。日所在度稍北，故日稍北，以至於夏至，日在井二十五度，去極六十七度少强。是日最北，去極最近，景最短。黄道井二十五度，出寅入戌，故日亦出寅入戌。日晝行地上二百一十九度少弱，故日長，夜行地下百四十六度强，故夜短。自夏至之後，日去極稍遠，故景稍長。日晝行地上度稍少，故日稍短，夜行地下度稍多，故夜稍長。日所在度稍南，故日出稍南，至於南至而復初焉。此日冬、夏至之度，斗二十一，井二十五，南北相應四十八度。春分日在奎十四少强，秋分日在角五少弱，此黄、赤二道之交中也。去極俱九十一度少强，南北處斗二十一、井二十五之中，故景居二至長短之中。奎十四、角五，出卯入酉，日亦出卯入酉。日晝行地上，夜行地下，俱百八十二度半强，故日見伏之漏俱五十刻，謂之晝夜同。此日二分之度。」

宋元嘉中，錢樂之鑄銅作渾天儀，衡長八尺，孔徑一寸，璣徑八尺，圓周二丈五尺强，轉而望之，以知日、月、星辰之所在，即「璿璣玉衡」之遺法也。

後魏永興中，詔造太史候部鐵儀，其制並以銅鐵，惟星度以銀錯之。

唐貞觀初，李淳風作渾儀，至七年而成。表裏三重，一曰六合儀，二曰三辰儀，三曰四遊儀，皆用銅。帝稱善，置於凝暉閣。玄宗開元九年，一行受詔改治新曆，欲知黄道進退，而太史無黄道儀。梁令瓚以木爲遊儀，一行是之，乃請更鑄以銅鐵。十一年，儀成。又以靈臺鐵儀，後魏所作，制度不均，赤道不動如膠柱，以考月行，遲速多差，更造遊儀，使黄道運行，以追列舍之變，因二分之中，以立黄道，交於奎、軫之間，二至陟降，各二十四度。黄道内施白道月環，用究陰陽朓朒，動合天運，簡而易從。又一行、令瓚等更鑄渾天銅儀，圓天之象，具列宿、赤〔五〕道及周天度數。注水激輪，令其自轉，一晝夜而天運周。外絡二輪，綴以日、月，令得運行。每天西旋一周，日東行一度，月行十三度十九分度之七，二十九轉有餘而日、月會，三百六十五轉而日周天。以木櫃爲地平，令儀半在地下，晦明、朔望、遲速有準。立木人二於地平上，一刻則擊鼓，一辰則撞鐘，皆於櫃中各施輪軸，鉤鍵關鎖，交錯相持。

宋太平興國四年正月，司天監學生張思訓造新渾儀，爲七直人，左撼鈴，右扣鐘，中擊鼓，以定刻數。又十二神，報十二時刻數，定晝夜短長。上列三百六十五度紫微宫及周天列宿〔六〕，并〔七〕斗建、黄赤二道，太陽行度定寒暑進退。又以古之制作，運動以水，疏略既多，寒暑無準，今以水銀代水，運動不差。且冬至之日在黄路表，去北極最遠，謂之寒，晝短夜長。夏至之日在赤路表，去北極最近，謂之暑，晝長夜短。春、秋二分，日在兩交，春和秋涼，晝夜復等。寒暑進退，皆由於此。

大中祥符三年，冬官正韓顯符造銅渾儀。其制爲天輪二，一平一側，各分三百六十五度，又爲黄、赤道，立管於側輪中，以測日、月、星辰行度，皆無差。

元祐中，蘇頌上儀象法要，有曰：「古人測候天數，其法有二：一曰渾天儀，二曰銅候儀。又按吴王藩云：『渾天儀者，羲、和之舊器。又有渾天象者，以著天體，以布星辰。二者以考於天，蓋密矣。』詳此則渾天儀、銅候儀之外，又有渾天象，凡三器也。渾天象，歷代罕傳，惟隋書志稱梁祕府有之，云元嘉中所造。由是言之，古人候天，具此三器，乃能盡妙。今惟一法，誠恐未得精密。」

大元至元十三年，太史郭守敬言：「曆之本在於測驗，測驗之器莫先儀表。今司天渾儀，宋皇祐中汴京所造，不與此處天度相符，比量南、北二極，約差四度。表石年深，亦復欹側。」乃盡考其失而移置之。既又別圖爽塏，以木爲重棚，創作簡儀、高表，用相比覆。又以爲天樞附極而動，昔人嘗展管望之，未得其的，作候極儀。極辰既位，天體斯正，作渾天象。象雖形似，莫適所用，作玲瓏儀。以表之矩方，測天之正圓，莫若以圓求圓，作仰儀。古有經緯，結而不動，今則易之，作立運儀。日有中道，月有九行，今則一之，作證理儀。表高景虛，罔象非真，作景符。月雖有明，察景則難，作闚几。曆法之驗，在於交會，作日食、月食儀。天有赤道，輪以當之，兩極低昂，標以指之，作星晷定時儀。以上凡十三等。又作正方案、丸表、懸正儀、座正儀，凡四等，爲四方行測者所用。又作仰規覆矩圖〔八〕、異方渾蓋圖、日出入永短圖，凡五等，與上諸儀互相參考。

又唐一行作大衍曆，詔太史測天下之晷，求其地中，以爲定數。其議曰：「周禮大司徒『以土圭之法測土深。日至之景，尺有五寸，謂之地中』，鄭氏以爲『日景於地，千里而差一寸』。南宮說擇河南平地度之，大率五百餘里，晷差一寸。而舊說謂『王畿千里，景差一寸』，妄矣。原古人所以步圭景之意，將以節宣和氣，輔相物宜，不在於辰次之周徑。其所以重曆數之意，將以恭授人時，欽若乾象，不在於渾、蓋之是非。若乃述無稽之法於視聽之所不及，則君子當闕疑而不議也。而或者各守所傳之器以術天體，謂渾元可任數而測，天象可運算而闚，迭爲矛盾。誠以爲蓋天邪？則南方之度漸狹。果以爲渾天邪？則北方之極浸高。此二者，又渾、蓋之家盡智畢議，未有能通其説也。」

愚按書所載者，南面以考中星，北面以察斗建，宅四方以測日景，占候合天，不憑一器，非若宣夜、渾、蓋之説專弊神於私智也。先儒獨取渾天家，豈不以驗之天象而不違，揆之聖經而有合者乎？漢唐以來，並守其制。然天無形也，其運固有常，以其動而無息，則亦未始有常也。而所謂器者，又特形而下之跡也。以有跡之粗而模寫無形之妙，是非有以變而通之者，又孰能盡求其必合也哉？故今特取一行之議附見於後，學者由是又當觸類而長之，固不可以按圖而膠柱也。

肆類于上帝

周禮肆師「類造于上帝」，注云「郊祀」者，祭昊天之常祭，非常祀而祭告於天，其禮依郊祀爲之，故曰「類」。

記郊特牲曰：「郊之祭也，迎長日之至也，建子之月也。大報天而主日也。兆於南郊，兆，域也。就陽位也。埽地而祭，於其質也。器用陶匏，以象天地之性也。於郊，故謂之郊。牲〔九〕用騂，尚赤也。象陽之色。用犢，貴誠也。郊之用辛也，冬至日未必皆辛，但用此月辛日。周之始郊，日以至。卜郊，受命於祖廟，作龜於禰宮，卜於禰。尊祖親考之義也。卜之日，王立於澤，澤宮也，所以擇士。親聽誓命，受教諫之義也。獻命庫門之内，戒百官也。大廟之命，戒百姓也。祭之日，王皮弁以聽祭報，如小宗伯所謂『告時於王，告備於王』。示民嚴上也。祭之日，王被衮以象天。戴冕璪十有二旒，則天數也。乘素車，貴其質也。旂十有二旒，龍章而設日月，以象天也。天垂象，聖人則之，郊所以明天道也。萬物本乎天，人本乎祖，此所以配上帝也。郊之祭也，大報本反始也。」

通典曰：「有虞氏禘黄帝爾雅釋天云：『禘，大祭也。』虞氏冬至大祭天於圜丘，以黄帝配坐。而郊嚳，夏至之日祭感生帝於南郊，以嚳配焉。夏后氏禘黄帝而郊鯀，商人禘嚳而郊冥。周制，大司樂云：冬日至，祀天於地上之圜丘。又大宗伯職曰：『以禋祀祀昊天上帝。』禮神之玉以蒼璧，其牲及幣，各隨玉色。牲用一犢。幣用繒，長丈八尺。王服大裘，其冕無旒。尸服亦然。乘玉輅，錫，繁纓十有再就，建太常十有二旒以祀。鐏及薦葅醢器，並以瓦。爵以匏片爲之。以藁秸及蒲，但剪頭不納，爲藉神席。藁秸藉天神，蒲越藉配帝。配以帝嚳。其樂，大司樂云：『凡樂，圜鐘夾鐘。爲宮，黄鐘爲角，太蔟爲徵，姑洗爲羽，靁鼓靁鼗，孤竹之管，雲和之琴瑟，雲門之舞，冬日至於地上之圜丘奏之。若樂六變，則天神皆降，可得而禮矣。』其感生帝，大傳曰：『禮，不王不禘。王者禘其祖之所自出，以其祖配之。』凡大祭曰禘。大祭其先祖所由出〔一〇〕，謂郊祭天也。因以祈穀。其壇名泰壇，在國南五十里。禮神之玉，用四珪有邸，尺有二寸。見周禮考工玉人及典瑞。鄭司農云：『中央爲璧，圭著〔一一〕其四面，圭本著於璧，圭末四出於外。』牲用騂犢。青幣。配以稷。祭法云：『周人禘嚳而郊稷。』孝經曰：『郊祀后稷以配天。』左傳曰：『郊祀后稷，以祈農事。』其配帝牲亦騂犢。其樂，大司樂云：『乃奏黄鐘，歌大呂，舞雲門，以祀天神。』日用辛。祭前期十日，王親戒百官及族人。太宰又總戒群官曰：『某日，有事於昊天上帝，各揚其職。百官廢職，服大刑。』乃習射於澤宮，選可與祭者。其日，王乃致齋於路寢之室。祭日之晨，雞人夜呼晨以叫百官，巾車鳴鈴以應雞人。典輅乃出玉輅，建太常。大司樂既宿懸，遂以聲展之知完否。王將出，大司樂令奏王夏。王所過處之人，各於田首設燭以照於路。又，喪者不敢哭，凶服者不敢入國門。祭前，掌次先於丘東門外道北，設大次、小次。次謂帷幄，退俟之處。掌次張氈案，設皇邸。謂於次中張氈牀，牀後〔一二〕設板屏風，其上染鳥羽，象鳳凰色，以爲飾。王服大裘而立於丘之東南，西面。大司樂奏圜鐘爲宮以下之樂，以降神。次則積柴於丘壇上。謂積柴實牲體與玉帛。王親牽牲而殺之。

次則實牲體玉帛而燔之，謂之禋祀。次乃掃於丘壇上而祭，尸服裘而升丘也。王及牲、尸入時，樂章奏王夏、肆夏、昭夏。但用夾鐘爲宮。就坐時，尸前置蒼璧。又薦籩豆及血腥等，爲重古之薦。王乃以匏片爲爵，酌瓦甒之泛齊以獻尸，爲朝踐之獻。不用圭瓚而用陶匏者，物無以稱天地之德，故但取天地之性。五齊之名，一曰泛齊，成而滓浮泛泛然。五齊之中，泛齊味尤濁。重古貴質，故於大祭用之。二曰醴齊，成而汁滓相將，上下一體，尤濁故也。三曰盎齊，成而翁盎然，葱色。四曰緹齊，成而紅赤色，稍清。緹音體。五曰沈齊。成而滓沉，轉清。無祼禮。宗廟有祼，天地至尊不祼，以其莫可稱焉。七獻。宗廟九獻者，尸未入前，王及后於奧中先二祼。天是外神，無祼，故七獻而已。七獻者，薦血腥後，王以匏爵酌泛齊以獻尸，所謂朝踐是也。此爲一獻。次大宗伯攝王后之事，亦以匏爵酌醴齊亞獻，亦爲朝踐。是二獻。每獻，奏樂一成。次薦熟於神前。薦畢，王乃以匏爵酌盎齊以獻尸，大宗伯以匏爵酌緹齊以亞獻，所謂饋獻也。通前凡四。尸乃食。食訖，王更酌朝踐之泛齊以酳尸，所謂朝獻。大宗伯更酌饋獻之緹齊以亞酳，所謂再獻。通前凡六。又有諸臣爲賓之一獻。凡七。其尸酢諸臣之酒，皆用三酒。酒正云『事酒、昔酒、清酒』。其法如祫祭之禮。畢獻之後，天子舞六代之樂。若感帝及迎氣，即天子舞當代之樂。其樂章用昊天有成命也。」

愚按天子祭天地，郊祀，祭之常也；郊迎長日之至，冬至，祭之時也。今以攝告，則非常也；以正月有事，則非時也。然祀天之禮不可以不備，故依郊祀爲之，而曰「類」。類，猶似也。然虞禮略而不傳，至於類禮，又不可考。今所記者，大抵止據周制而言。雖三代而下，損益不同，讀書者亦不可以不之考也。

禋于六宗

蔡氏因古注曰：「禋，精意以享之謂。宗，尊也。所尊祭者，其祀有六。祭法曰：『埋少牢於泰昭，祭時也。相近於坎壇，祭寒暑也。王宮，祭日也。夜明，祭月也。幽宗，祭星也。雩宗，祭水旱也。』」

鄭玄曰：「泰昭，昭者，明也，亦壇也。時，四時也，亦謂陰陽之神也。埋之者，陰陽入於地中也。凡此以下，皆祭用少牢。相近，讀爲『禳祈』，卻也，求也。寒於坎，暑於壇。王宮，日壇。夜明，月壇。宗，讀爲『禜』。幽禜，星壇。雩禜，水旱壇。」

蘇氏曰：「此之『禋六宗』、『望山川』、『徧群神』，蓋與『類上帝』爲一禮爾。考之祭法，其泰壇祭天，即此『類上帝』也。祭時、寒暑、日、月、星、水旱，即此『禋六宗』也。『四坎壇，祭四方也[一三]。山林、川谷、丘陵，能出雲，爲風雨，見怪物，皆曰神。有天下者祭百神』，即此『望山川』、『徧群神』也。祭法所敘，舜典之章句義疏也。」

穎達曰：「歐陽及大小夏侯説尚書，皆云所祭者六。上不謂天，下不謂地，旁不謂四方，在六者之間，助陰陽變化，實一而名六宗。孔光、劉歆以六宗謂乾坤六子：水、火、雷、風、山、澤。賈逵以爲六宗者，天宗三：日、月、星；地宗三：河、海、岱。」

馬融云：「萬物非天不覆，非地不載，非春不生，非夏不長，非秋不收，非冬不藏。此其謂六也。」

鄭玄以六宗言禋，與祭天同名，則六者皆是天之神祇。謂星、辰、司中、司命、風師、雨師。星，五緯也。辰，十二次也。司中、司命，文昌第五、第四星也。風師，箕也。雨師，畢也。

晉張髦謂：「祀祖考所尊者六，三昭、三穆是也。」

司馬彪云：「天宗者，日、月、星辰、寒暑之屬。地宗者，社稷、五祀之屬。」

愚按六宗，諸説各異，雖未能的見舜之所尊祭者果爲何祀，但謂是日、月、星辰之類，則祭法所謂王宮、夜明、幽禜者，可以該之矣。謂是山、澤、河、海之類，則「望于山川」又在六宗之外。謂是昭、穆，則古者昭、穆不盡稱宗。皆不可據。獨孔氏舊説有合於祭法，於義爲優。而穎達尚謂「各言其志，未知孰是」。獨朱、蔡從古注。蓋以虞禮無傳，書言簡略，後世紛紛得以肆其臆説。然以先後文義考之唐虞舊典，亦可以見其次第之略。祭法所述，又安知非三代以來相傳之禮邪？由是論之，孔説爲正，審矣。

輯五瑞

周禮大宗伯：「以玉作六瑞，以等邦國。」

王執鎮圭。尺有二寸。

公執桓圭。注云：「公者，二王之後及王之上公也。雙植謂之桓。桓，宮室之象，須桓楹乃安。天子在上，須諸侯乃安。蓋亦以桓爲瑑飾。」圭長九寸，侯、伯七寸，博三寸，厚半寸，剡上左右各寸半〔一四〕。禮書云：「桓，强立不撓，而以安上爲義，故公圭瑑之。」

侯執信圭。七寸。

伯執躬圭。七寸。注云：「信當爲身。身圭、躬圭，蓋皆象以人形，爲瑑飾，文有粗縟耳。欲其慎行以保身。」陸農師新圖云：「信圭直，躬圭屈。爲人形，誤矣。」

子執穀璧。

男執蒲璧。注云：「穀所以養人，蒲爲席，所以安人。二玉蓋或以〔一五〕穀爲飾，或以蒲爲瑑飾。皆徑五寸。不執圭者，未成國也。」

爾雅云：「肉倍好謂之璧。」此五等諸侯各執圭璧，朝於王及自相朝所用也。

又典瑞云：「公執桓圭，侯執信圭，伯執躬圭，繅讀曰藻。皆三采三就。子執穀璧，男執蒲璧，繅皆二采再就。以朝覲宗遇會同於王。」注云：「三采，朱、白、蒼。二采，朱、緑也。鄭司農云：『以圭璧見於王，覲禮曰：侯氏入門右，坐奠圭，再拜稽首。侯氏見於天子，春曰朝，夏曰宗，秋曰覲，冬曰遇，時見曰會，衆見曰同。』繅有五采文，所以薦玉，木爲中榦，用韋衣而畫之。就，成也。一匝爲一就。」賈釋曰：「圭之廣長，木板亦如之。然後用韋衣之，而畫於上。一采爲一匝，二匝爲一就。蒲、穀之璧，繅藉之形亦如之。采，以象德之文；就，以象文之成。内剛外順，於此可見矣。又有五采組繩以爲繫，上以玄爲天，下以絳爲地，用以繫玉，長尺，藉玉不墜，因以爲飾。」

蔡氏曰：「五等諸侯執之以合符於天子，而驗其信否也。」

「周禮『天子執冒，以朝諸侯』，鄭氏注云：『名玉以冒，以德覆冒天下也。』諸侯始受命，天子錫以圭。圭頭斜鋭，其冒下斜刻，小大長短廣狹如之。諸侯來朝，天子以刻處冒其圭頭，有不同者，則辨其僞也。」

愚按諸侯執玉，以朝天子，天子以冒合之，以見爵命出於天子而不可二，又取德能冒下之義。至如左氏所載邾子朝魯執玉之事，其亦上替下陵，又奚取於分符冒下之旨哉？而曰「諸侯自相朝所用」，吾不知其可也。

巡守

岱宗泰山也，在兗州奉符縣。

南岳衡山也，在湖南潭州衡山縣。郭璞爾雅注云：「霍山在廬江灊縣。漢武帝以衡山遼曠，故移於此。」

西岳華山也，在華州華陰縣。　北岳恒山也，在定州常山縣。

柴祀天。　望祀山川。又秩者，其牲幣祝號之次第。

覲東后西、南、北皆然。　協時四時。

月大小。　正日甲乙。

律

漢志曰：「五聲之本，生於黃鐘之律。九寸爲宮，或損或益，以定商、角、徵、羽。九六相生，陰陽之應也。律有十二，陽六爲律，陰六爲呂。律以統氣類物，呂以旅陽宣氣。其傳曰：黃帝使泠綸自大夏之西、昆侖之陰，取竹之解谷孟康曰：『解，脱也。谷，竹溝也。取竹之脱無溝節者。一説谷名也。』生，其竅厚均者，斷兩節間而吹之，以爲黃鐘之宮。制十二筩，以聽鳳之鳴。其雄鳴爲六，雌鳴亦六，比黃鐘之宮而皆可以生之，是爲律本。師古曰：『比，合也。生謂上下相生。』至治之世，天地之氣合以生風，天地之風氣正，十二律定。黄鐘，黄者，中之色，鐘，種也。陽氣施種於黄泉，孳萌萬物，爲六氣元也。以黄色名元氣律者，著宫聲也。始於子，在十一月。大吕，吕，旅也，言陰大，旅助黄鐘宣氣而牙物也。位於丑，在十二月。太蔟，蔟，奏也，言陽氣大，奏地而達物也。位於寅，在正月。夾鐘，言陰夾助太蔟宣四方之氣而出種物也。位於卯，在二月。姑洗，洗，絜也，言陽氣洗物辜絜之也。位於辰，在三月。中吕，言微陰始起未成，著於其中旅助姑洗宣氣齊物也。位於巳，在四月。蕤賓，蕤，繼也，賓，導也，言陽始導陰氣，使繼養物也。位於午，在五月。林鐘，林，君也，言陰氣受任，助蕤賓君主種物，使長大楙盛也。位於未，在六月。夷則，則，法也，言陽氣正法度而使陰氣夷當傷之物也。位於申，在七月。南吕，南，任也，言陰氣旅助夷則任成萬物也。位於酉，在八月。無射，射，厭也，言陽氣究物而使陰氣畢剥落之，終而復始，無厭已也。位於戌，在九月。應鐘，言陰氣應無射，該藏萬物而雜陽閡種也。位於亥，在十月。三統者，天施、地化、人事之紀也。黄鐘爲天統，律長九寸。林鐘爲地統，律長六寸。太蔟爲人統，律長八寸。三正，黄鐘子爲天正，林鐘未之衝丑，爲地正，太蔟寅爲人正。及黄鐘爲宫，則太蔟、姑洗、林鐘、南吕皆以正聲應，無有忽微，不復與他律爲役者，同心一統之義也。非黄鐘而他律，雖當其月自宫者，則其和應之律有空積忽微，孟康曰：『忽微，若有若無，細於髮者。空積，若鄭氏分一寸爲數千。』不得其正。此黃鐘至尊，無與並也。三統相通，故黃鐘、林鐘、太蔟律長皆全寸而亡餘分也。太極元氣，函三爲一。極，中也。元，始也。行於十二辰，始動於子。參之於丑，得三。又參之於寅，得九。又參之於卯，得二十七。又參之於辰，得八十一。又參之於巳，得二百四十三。又參之於午，得七百二十九。又參之於未，得二千一百八十七。又參之於申，得六千五百六十一。又參之於酉，得萬九千六百八十三。又參之於戌，得五萬九千四十九。又參之於亥，得十七萬七千一百四十七。此陰陽合德，氣鐘於子，化生萬物者也。故孳萌於子，紐牙於丑，引達於寅，冒茆於卯，師古曰：『茆謂叢生也。』振美於辰，已盛於巳，咢布於午，昧薆於未，申〔一六〕堅於申，留孰於酉，畢入於戌，該閡於亥。出甲於甲，奮軋於乙，明炳於丙，大盛於丁，豐楙於戊，理紀於己，斂更於庚，悉新於辛，懷任〔一七〕於壬，陳揆於癸。故陰陽之施化，萬物之終始，既類旅於律呂，又經歷於日辰，而變化之情可見矣。陰陽相生，自黃鐘始而左旋，八八爲伍。其法皆用銅。職在太樂，太常掌之。」

蔡傳曰：「凡十二管，皆徑三分有奇，空圍九分。而黃鐘之長九寸，大呂以下，律呂相間，以次而短，至應鐘而極焉。以之制樂而節音聲，則長者聲下，短者聲高，下者則重濁而舒遲，上者則輕清而剽疾。」

通典曰：「六律者，陽月之管。律者，法也，言陽氣施生，各有其法。又律者，帥也，所以帥導陽氣，使之通達。六呂者，陰月之管。呂者，助也，所以助陽成功也。」周禮春官：「太師掌六律六同，以合陰陽之聲。皆文之以五聲：宮、商、角、徵、羽。播之以八音：金、石、土、革、絲、木、匏、竹。」注云：「合陰陽之聲者，聲之陰陽各有合。辰與建交錯貿處如表裏然，是其合也。」

辰建交貿圖

黃鐘，子之氣也，十一月建焉，而辰在星紀。大呂，丑之氣也，十二月建焉，而辰在玄枵。太蔟以下類是。即子與丑合、寅與亥合之類。

黃鐘	子之氣十一月建	辰在	╳	玄枵
大呂	丑之氣十二月建	辰在		星紀
姑洗	辰之氣三月建	辰在	╳	壽星
南呂	酉之氣八月建	辰在		大梁
夷則	申之氣七月建	辰在	╳	實沈
中呂	巳之氣四月建	辰在		鶉尾
太蔟	寅之氣正月建	辰在	╳	析木
應鐘	亥之氣十月建	辰在		娵訾
蕤賓	午之氣五月建	辰在	╳	鶉火
林鐘	未之氣六月建	辰在		鶉首
無射	戌之氣九月建	辰在	╳	降婁
夾鐘	卯之氣二月建	辰在		大火

班志隔八相生圖

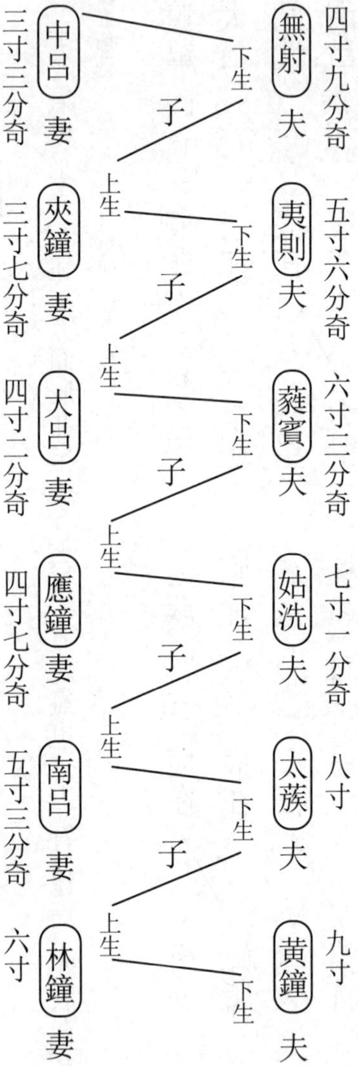

右圖同位者象夫妻，異位者象子母，所謂「律娶妻而呂生子」。此陰陽相生之正也。其法皆陽下生陰，陰上生陽，下生者皆三分去一，上生者皆三分益一。此馬遷、班固所生之寸數也。

律管應月候氣隔八相生次序以漸而短之圖

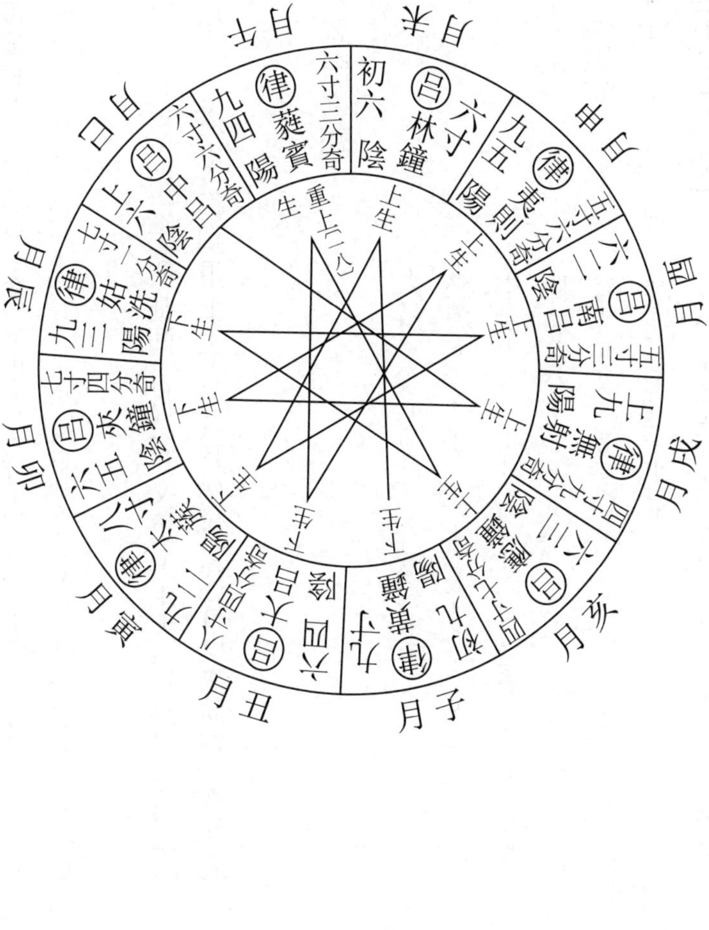

周禮太師鄭氏注云：「黃鐘長九寸，其實一龠，下生者三分去一，上生者三分益一，五下六上，乃一終矣。」此京房以來，自蕤賓已後，陽反上生，陰反下生。蓋以仲春、孟夏正生養之時，其氣舒緩，不容短促，故上生大呂而倍其數。

右圖自黃鐘隔八相生，至蕤賓，與班志所載同，自蕤賓又重上生大呂，爲三分益一。蓋前圖一上一下者，相生之道也，後圖重上生者，按月候氣，律管以次而短，吹候之用也。

鄭氏律管長短忽微之圖

黃鐘長九寸，其實一龠。

大呂長八寸二百四十三分寸之一百四。

太蔟長八寸。

夾鐘長七寸二千一百八十七分寸之一千七十五。

姑洗長七寸九分寸之一。

中呂長六寸萬九千六百八十三分寸之萬二千九百七十四。

蕤賓長六寸八十一分寸之二十六。

林鐘長六寸。

夷則長五寸七百二十九分寸之四百五十一。

南呂長五寸三分寸之一。

無射長四寸六千五百六十一分寸之六千五百二十四。

應鐘長四寸二十七分寸之二十。

愚按十二律以隔八生子，上下計之，則三分損益之法秩然不紊。以一律一呂配之，十二辰之次則自黃鐘至應鐘之管以漸而短，周旋經緯，各有條理。此見律法之妙，有非出於人爲私意之所爲也。

五聲十二律還相爲宮

周禮曰：「文之以五聲。」鄭注云：「文之者，以調五聲，使之相次，如錦綉之有文章。」

通典曰：「先以本管爲均，八音相生，或上或下，取五聲令足。」

「黃鐘之均。以黃鐘爲宮。黃鐘下生林鐘爲徵，林鐘上生太蔟爲商，太蔟下生南吕爲羽，南吕上生姑洗爲角。此黃鐘之調。至姑洗皆三分之次，故用正律之聲。大吕之均。以大吕爲宮。大吕下生夷則爲徵，夷則上生夾鐘爲商，夾鐘下生無射爲羽，無射上生中吕爲角。此大吕之調。至中吕皆三分之次，故用正律之聲。太蔟之均。以太蔟爲宮。太蔟下生南吕爲徵，南吕上生姑洗爲商，姑洗下生應鐘爲羽，應鐘上生蕤賓爲角。此太蔟之調。至蕤賓皆三分之次，故用正律之聲。夾鐘之均。以夾鐘爲宮。夾鐘下生無射爲徵，無射上生中吕爲商，中吕上生黃鐘爲羽。黃鐘正律長，非商損益之次，此用子聲。黃鐘下生林鐘爲角，林鐘子聲短於中吕，故還用林鐘正管。此調有四正聲、一子聲。姑洗之均。以姑洗爲宮。姑洗下生應鍾爲徵，應鐘上生蕤賓爲商。蕤賓上生大吕爲羽，正聲長，故用子聲。大吕下生夷則爲角，夷則子聲短，還用正聲。此調亦四正聲、一子聲。中吕之均。以中吕爲宮。中吕上生黃鐘爲徵，正聲長，故用子聲。黃鐘下生林鐘爲商，子聲短，還用正聲。林鐘上生太蔟爲羽，正聲長，非林鐘三分去一之次，用子聲。

太蔟下生南吕爲角。此調正聲三、子聲二也。蕤賓之均。以蕤賓爲宫。蕤賓上生大吕爲徵，大吕下生夷則爲商。夷則上生夾鐘爲羽，正聲長，用子聲。夾鐘上〔一九〕生無射爲角，子聲短，還用正聲。此調亦二子聲、三正聲也。林鐘之均。以林鐘爲宫。林鐘上生太蔟爲徵，正聲長，故用子聲。太蔟下生南吕爲商。南吕上生姑洗爲羽，正聲長，用子聲。姑洗下生應鐘爲角，子聲短，還用正聲。此調亦子聲二、正聲三也。夷則之均。以夷則爲宫。夷則上生夾鐘爲徵，正聲長，用子聲。夾鐘下生無射爲商，子聲短，還用正聲。無射上生中吕爲羽，正聲長，用子聲。中吕上生黄鐘爲角，正聲長，用子聲。此調正聲二、子聲三也。南吕之均。以南吕爲宫。南吕上生姑洗爲徵，正聲長，用子聲。姑洗下生應鐘爲商，子聲短，用正聲。應鐘上生蕤賓爲羽，亦正聲長，用子聲。蕤賓上生大吕爲角，正聲長，用子聲。此調正聲二、子聲三也。無射之均。以無射爲宫。無射上生中吕爲徵，用子聲。中吕上生黄鐘爲商，用子聲。黄鐘下生林鐘爲羽，用子聲。林鐘上生太蔟爲角，用子聲。此調正聲一、子聲四也。應鐘之均。以應鐘爲宫。應鐘上生蕤賓爲徵，用子聲。蕤賓上生大吕爲商，用子聲。大吕下生夷則爲羽，用子聲。夷則上生夾鐘爲角，用子聲。此調亦正聲一、子聲四也。」

愚按十二均即五聲十二律還相爲宫，周官太師所謂「文之以五聲」者也。其律爲均者爲宫，宫生徵，徵生商，商生羽，羽生角。一均五聲，十二均合爲六十律，京房所謂「十二律之變於六十，猶八卦之變至於六十四也」。然有正聲、有子聲者，通典謂「非三分去一之次，則用子聲」，朱子謂「樂中最忌臣陵君」是也。蓋宫爲君，商爲臣，角爲民，徵爲事，羽爲物，但所生之律長於爲均之宫，則當用子聲。至其用子聲也，又於三分損益之法，亦各有條而不紊。是以五聲相間，清濁高下，自無相奪，故有十二正聲、十二子聲。子聲者，皆以相生所得之律寸數半之。通典曰：「正管長者爲均之時，則自用正聲五音。正管短者爲均之時，則通用子聲五音。亦皆三分益一、減一之次，還以宫、商、角、徵、羽之聲得調。」此樂律與易數皆出於天，而非人力之所能與者也。

變宫變徵

七聲圖

律	聲	相去
黄鐘	宫	相去二律
大呂		
太蔟	商	相去二律
夾鐘		
姑洗	角	相去二律
中呂		
蕤賓	變徵	
林鐘	徵	相去一律
夷則		
南呂	羽	相去二律
無射		
應鐘	變宫	

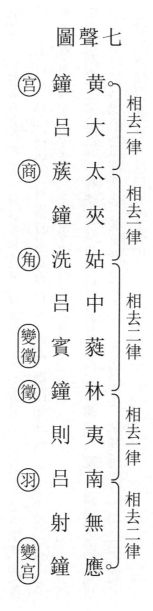

東漢志曰：「伏羲氏作易，紀陽氣之初，以爲律法。建日冬至〔二〇〕之聲，以黄鍾爲宫，太蔟爲商，姑洗爲角，林鍾爲徵，南吕爲羽，應鍾爲變宫，蕤賓爲變徵。此聲之元，五聲之正也。殷已前但有五音，此二者，自周以來，加文、武二聲，謂之爲七。其五聲爲正，二聲爲變。變者，和也。故各統〔二一〕一日。其餘以次運行，當日者各自爲宫，而商、徵以類從焉。」日有五，聲亦有五：甲己角、乙庚商、丙辛徵、丁壬羽、戊癸宫。十二律主十二辰，子爲黄鍾之類。

隋文帝開皇二年，鄭譯考尋樂府鍾石律吕，皆有宫、商、角、徵、羽、變宫、變徵之名。初，周武帝時，有龜兹人曰蘇祗婆，從突厥皇后入國，善胡琵琶。聽其所奏，一均之中，間有七聲。譯因習而彈之，始得七聲之正。

考索曰：「夫五音相生，而獨宫、徵有變聲，何也？宫爲君，商爲臣，角爲民，徵爲事，羽爲物。君者，法度號令之所自出也，宫故生徵。法度號令所以授臣，臣所以奉承者也，徵故生商。君臣一德，以康庶務，則萬物得所，民遂其生矣，故商生羽，羽生角也。然臣有常職，民有常業，物有常形，不可以遷，遷則失其常矣。商、羽、角三聲，此其無所變也。故君總萬務，不可以執於一方；事通萬務，不可以滯於一隅。故宫、徵二聲必有變也。」

新安陳氏曰：「宫聲濁而長，以漸而清且短之序，則爲宫、商、角、徵、羽。如黄鍾爲宫，太蔟爲商，相去一律。又姑洗爲角，至林鐘爲徵，則相去二律。南吕至黄鐘，亦相去二律。相去一律則和，二律則遠。故近徵稍下爲變徵，近宫稍下爲變宫。」又見律吕新書。

蘇夔駁鄭譯曰：「韓詩外傳所載樂聲感人及月令所載五音所中，並皆有五，不言變宫、變徵。又左氏所云『七音六律，以奏五聲』。準此而言，每宫應立五調，不聞更加變宫、變徵二調爲七調。七調之作，所出未詳。」譯答曰：「周有七音之律。漢書律曆志：『天、地、人及四時謂之七始。』黄鐘爲天始，林鐘爲地始，太蔟爲人始，是爲三始。姑洗爲春，蕤賓爲夏，南吕爲秋，應鐘爲冬，是爲四時。四時三始，是以爲七。今若不以二變爲調曲，則是冬、夏聲闕，四時不備。是故每宫須立七調。」於是衆從譯議。

京房六十律法

東漢志：「元帝時郎中京房，字君明，受學故小黄令焦延壽。六十律相生之法：以上生下，皆三生二，以下生上，皆三生四，陽下生陰，陰上生陽，終於中吕，而十二律畢矣。中吕上生執始，執始下生去滅，上下相生，終於南事，六十律畢矣。以黄鐘爲宫，太蔟爲商，姑洗爲角，林鐘爲徵，南吕爲羽，應鐘爲變宫，蕤賓爲變徵。此聲氣之元，五音之正。故各統一日。其餘以次運行，當日者各自爲宫，而商、徵以類從焉。禮運曰：『五聲、六律、十二管還相爲宮。』此之謂也。又以竹聲不可以度調，故作準以定數。準之狀如瑟，長丈而十三弦，隱間九尺，以應黄鐘之律九寸。中央一弦，下有畫分寸，以爲六十律清濁之節。其相生也，皆三分而損益之。故十二律之得十七萬七千一百四十七，是爲黄鐘之實。又以二乘而三約之，爲下生林鐘之實。又以四乘而三約之，爲上生太蔟之實。推此上下，以定六十律之實。律爲寸，於準爲尺。不盈者十之，所得爲分。又不盈，十之，所得爲小分。以其餘正其强弱。截管爲律，吹以考聲，列以物氣，道之本也。術家以其聲微而體難知，其分數不明，故作準以代之。準之聲，明暢易達，分寸又粗。然弦以緩急清濁，非管無以正也。均其中弦，令與黄鐘相得，案畫以求諸律，無不如數而應者矣。」

黄鐘	色育	執始	丙盛	分動	質末	大呂
分否	凌陰	少出	太蔟	未知	時息	屈齊
隨期	形晉	夾鐘	開時	族嘉	爭南	姑洗
南授	變虞	路時	形始	依行	中呂	南中
内負	物應	蕤賓	南事	盛變	離宮	制時
林鐘	謙待	去滅	安度	歸嘉	否與	夷則

解形　去南　分積　南吕　白吕　結躬　歸期
未卯　夷汗　無射　閉掩　鄰齊　期保　應鍾
分烏　遲内　未育　遲時

律法上下相生損益之次

黄鍾下生林鍾上生太蔟下生南吕上生姑洗下生應鍾上生蕤賓上生大吕下生夷則上生夾鍾下生無射上生中吕上生執始下生去滅上生時息下生結躬上生變虞下生遲内上生盛變上生分否下生解形上生開時下生閉掩上生南中上生丙盛下生安度上生屈齊下生歸期上生路時下生未育上生離宫上生淩陰下生去南上生族嘉下生鄰齊上生内負上生分動下生歸嘉上生隨期下生未卯上生形始下生遲時上生制時上生少出下生分積上生爭南下生期保上生物應上生質末下生否與上生形晉下生夷汗上生依行上生色育下生謙待上生未知下生白吕上生南授下生分烏上生南事下生窮

愚按京房以黄鍾之實十七萬七千一百四十七爲律本,其法始於子,歷十二辰,以參乘之,得此數。以其實上下相生,下生者倍其數,以三約之,而用其一。上生者四其數,亦以三約之,而用其一。所謂「以上生下,皆三生二,以下生上,皆三生四」,所謂「二乘而三約之是爲〔三〕下生,四乘而三約之是爲上生」。故黄鍾全數十七萬七千一百四十七，律長九寸，準九尺。下生林鐘，十一萬八千九十八，律六寸，準六尺。上生太蔟，十五萬七千四百六十四，律八寸，準八尺。下生南吕，十萬四千九百七十六，律長五寸三分小分三强，準長五尺三寸六千五百六十一。上生姑洗，十三萬九千九百六十八，律長七寸一分小分一微强，準長七尺一寸二千一百八十七。推此上下，以定六十律之實。故律一寸，於準長一尺，於數九分。黄鐘之實，得一萬九千六百八十三。惟黄鐘、林鐘、太蔟三律無餘分，其餘以一萬九千六百八十三爲一寸之法，二千一百八十七爲一分之法，計其餘分以定準尺之餘數，不盈寸者十之爲律分，不盈分者又十之爲小分，以定律寸之强弱。漢志謂房言律詳於前志劉歆所奏，然至章帝元和元年，官已無曉六十律以準調音者。靈帝熹平六年，召典律者張光等，已不知準意。其可以相傳者，惟大搉常數及候氣而已。今姑撮其大旨，著於此編，使初學者有考焉。

朱子曰：「樂之六十聲如六十甲子。以十干合〔二三〕十二支而成六十甲子，以五聲合十二位而成六十聲，若不相屬，而實相爲用也。」然十二律取法天地之氣。古者於三重密室，以木爲按，取律吕之管，隨十二辰置於按上，以土埋之，上與地平。中實葭莩之灰，以輕緹素覆律口。每地氣至，與〔二四〕律冥符，則灰飛衝素，散出於外。十二律隔八相生，自黄鐘之管，陽皆下生，陰皆上生，自蕤賓之管，陰反下生，陽反上生，以象天地之氣也。若拘古法，而以陽必下生，陰必上生，則以之候氣而氣不應，以之制樂而樂不和。此鄭氏重上生法，所以爲不易之論也。五聲，宫爲君，商爲臣，角爲民，徵爲事，羽爲物，自上而下，降殺有等級。故君有常尊，若臣陵君，則失其卑高之位矣。故黄鐘最長，若自用其宫，則止用正律。若他律爲宫而管短，則生次之律不可長於爲均之宫，故用其子聲，則三分損益，皆得其次。臣不陵君，子不過母，此杜氏減半律之法，所以爲有用之樂也。

又曰：「管有長短，聲有清濁。黄鐘管最長，應鐘管最短。長者聲濁，短者聲清。樂中最忌臣陵君，故有四清聲，減正律之半。如應鐘爲宫，聲最短而清，或蕤賓爲商，則商音高如宫聲，是臣陵君，不可用，遂用蕤賓減半律以應之。雖減半律，然只是此律，故亦自能相應也。」

校勘記

〔一〕「目」，原作「日」，據元史卷一六四郭守敬傳改。

〔二〕「八」，原作「一」，據書纂言卷一改。

〔三〕「四」，原作「五」，據宋書卷一三天文志改。

〔四〕「出赤道」，原作「黄道」，據宋書卷二三天文志改。
〔五〕「赤」，原脱，據舊唐書卷三五天文志補。
〔六〕「宿」，原作「象」，據玉海卷四天道門改。
〔七〕「并」，原作「井」，據玉海卷四天道門改。
〔八〕「圖」，原作「圓」，據元史卷一六四郭守敬傳改。
〔九〕「牲」，原作「特」，據禮記郊特牲改。
〔一〇〕「出」，原作「生」，據上文及通典卷四二郊天改。
〔一一〕「著」，原作「着」，據通典卷四二郊天改。
〔一二〕「後」，原作「上」，據通典卷四二郊天改。
〔一三〕「也」，原作「與」，據禮記祭法及東坡書傳卷二改。
〔一四〕「右各寸半」，原脱，據禮記雜記補。
〔一五〕「以」，原脱，據下文及周禮大宗伯注補。
〔一六〕「申」，原作「中」，據元至正本及漢書卷二一律曆志改。
〔一七〕「任」，原作「壬」，據漢書卷二一律曆志改。
〔一八〕「上」，原脱，據下文及元至正本補。

〔一九〕「上」，原作「下」，據通典卷一四三五聲十二律旋相爲宫改。
〔二〇〕「建日冬至」，原作「建冬日至」，據後漢書卷九一律曆志改。
〔二一〕「統」字下原衍一空格，據元至正本及後漢書卷九一律曆志删。
〔二二〕「爲」，原作「謂」，據上下文及元至正本改。
〔二三〕「合」，原脱，據下文及朱子語類卷九二樂補。
〔二四〕「與」，原脱，據通典卷一四三歷代製造補。

尚書通考卷四

蔡西山黄鐘生十一律解

本文出司馬律書生鐘分，「一爲九寸」之類出西山律吕新書，解則愚説也。

子一分。

一爲九寸。

一爲九寸者，一分全用十七萬七千一百四十七，爲九寸全數。故黄鐘之管長九寸，而上下損益，以生十一律也。

右陽辰當位自得，故子爲黄鐘，居子。他倣此。

丑三分二。「分」字以上，皆黄鐘全數。「分」字以下，乃本律所得之數。後皆倣此。

以十七萬七千一百四十七全數分爲三分，丑得其二分，爲十一萬八千九十八，乃子之十七萬七千一百四十七三分去一之數也。

一爲三寸。

一爲三寸者，丑三，每以一爲三寸，則得三個三，爲九寸全數。

右丑三分得其二分，以一爲三寸，則二爲六寸。故林鐘之管長六寸，爲黄鐘三分去一下生之律。

右陰辰則居其衝，故丑爲林鐘，居未，乃丑之衝。後倣此。

寅九分八。

以十七萬七千一百四十七全數分爲九分，寅得八分，爲十五萬七千四百六十四，乃丑之十一萬八千九十八三分益一之數也。

一爲一寸。

一爲一寸者，寅九，每以一爲一寸，則得九個一，爲九寸全數。

右寅九分得其八分，以一爲一寸，則八爲八寸。故太蔟之管長八寸，爲林鐘三分益一上生之律。

卯二十七分十六。

以十七萬七千一百四十七全數分爲二十七分，卯得十六分，爲十萬四千九百七十六，乃寅之十五萬七千四百六十四三分去一之數也。

三爲一寸。

三爲一寸者，卯二十七，以三爲一寸，則得九個三，爲九寸全數。

一爲三分。

一爲三分者，卯二十七，每以一爲三分，則得二十七個三分，爲八十一分，即寸有九分之全數也。

右卯二十七分得十六分，以三爲一寸，則十五爲五寸，又以一爲三分，則合十六爲五寸三分。故南吕之管長五寸三分，爲太蔟三分去一下生之律也。

辰八十一分六十四。

以十七萬七千一百四十七全數分爲八十一分，辰得六十四分，爲十三萬九千九百六十八，乃卯之十萬四千九百七十六三分益一之數也。

九爲一寸。

九爲一寸者，辰八十一，每以九爲一寸，則得九個九，爲九寸全數。

一爲一分。

一爲一分者，辰八十一，每以一爲一分，則得八十一個一，爲八十一分全數。

右辰八十一分得六十四分，以九爲一寸，則六十三爲七寸，又以一爲一分，則合六十四爲七寸一分。故姑洗之管長七寸一分，爲南吕三分益一上生之律也。

巳二百四十三分一百二十八。

以十七萬七千一百四十七全數分爲二百四十三分，巳得一百二十八分，爲九萬三千三百一十二，乃辰之十三萬九千九百六十八三分去一之數也。

二十七爲一寸。

二十七爲一寸者，巳二百四十三，每以二十七爲一寸，則得九個二十七，爲九寸全數。

三爲一分。

三爲一分者，巳二百四十三，每以三爲一分，則得八十一個三，爲八十一分全數。

一爲三釐。

一爲三釐者，巳二百四十三，每以一爲三釐，則三個二百四十三，得七百二十九釐，爲分有九釐全數。

右巳二百四十三分得一百二十八，以二十七爲一寸，則一百八爲四寸，以三爲一分，則十八爲六分，以一爲三釐，則二爲六釐，合一百二十八則爲四寸六分六釐。故應鐘之管長四寸六分六釐，爲姑洗三分[二]益一，得十六萬五千八百八十八，爲蕤賓重上生之數也。

二百四十三爲一寸。

二百四十三爲一寸者，未二千一百八十七，每以二百四十三爲一寸，則得九個二百四十三，爲九寸全數。

二十七爲一分。

二十七[二]爲一分者，未二千一百八十七，每以二十七爲一分，則得八十一個二十七，爲八十一分全數。

三爲一釐。

三爲一釐者，未二千一百八十七，每以三爲一釐，則得七百二十九個三，爲七百二十九釐全數。

一爲三毫。

一爲三毫者，未二千一百八十七，每以一爲三毫，則得六千五百六十一毫，爲釐有九毫全數。

右未二千一百八十七分得一千二十四，以二百四十三爲寸，則九百七十二爲四寸，又以二十七爲一分，又以三爲一釐，則二十四爲八釐，又以一爲三毫，合一千二十四則爲四寸一分八釐三毫。然大吕在陽，則用倍數，方與氣應。故大呂之管長八寸三分七釐六毫，爲蕤賓三分益一重上生之律。

申六千五百六十一分四千九十六。

以十七萬七千一百四十七全數，分作六千五百六十一分，申得四千九十六分，爲十一萬五百九十二，乃未之十六〔三〕萬五千八百八十八三分去一之數也。

七百二十九爲一寸。

七百二十九爲一寸者，申六千五百六十一，每以七百二十九爲一寸，則得九個七百二十九，爲九寸全數。

八十一爲一分。

八十一爲一分者，申六千五百六十一，每以八十一爲一分，則得八十一個八十一，爲八十一分全數。

九爲一釐。

九爲一釐者，申六千五百六十一，每以九爲一釐，則得七百二十九個九，爲七百二十九釐全數。

一爲一毫。

一爲一毫者，申六千五百六十一，每以一爲一毫，則得六千五百六十一毫，爲釐有九毫全數。

右申六千五百六十一分得四千九十六，以七百二十九爲寸，則三千六百四十五爲五寸，以八十一爲分，則四百五爲五分，以九爲釐，則四十五爲五釐，又以一爲一毫，合四千九十六則爲五寸五分五釐一毫。故夷則之管長五寸五分五釐一毫，爲大呂三分去一下生之律。

酉一萬九千六百八十三分八千一百九十二。

以十七萬七千一百四十七全數，分作一萬九千六百八十三分，酉得八千一百九十二分，爲十四萬七千四百五十六，乃申之十一萬五百九十二三分益一之數也。

二千一百八十七爲一寸。

二千一百八十七爲一寸者，酉一萬九千六百八十三，每以二千一百八十七爲一寸，則得九個二千一百八十七，爲九寸全數。

二百四十三爲一分。

二百四十三爲一分者，酉一萬九千六百八十三，每以二百四十三爲一分，則得八十一個二百四十三，爲八十一分全數。

二十七爲一釐。

二十七爲一釐者，酉一萬九千六百八十三，每以二十七爲一釐，則得七百二十九個二十七，爲七百二十九釐全數。

三爲一毫。

三爲一毫者，酉一萬九千六百八十三，每以三爲一毫，則得六千五百六十一個三，爲六千五百六十一毫全數。

一爲三絲。

一爲三絲者，酉一萬九千六百八十三，每以一爲三絲，則得五萬九千四十九，爲毫有九絲全數。

右酉一萬九千六百八十三分得八千一百九十二，以二千一百八十七爲寸，則六千五百六十一爲三寸，以二百四十三爲一分，則一千四百五十八爲六分，以二十七爲一釐，則一百六十二爲六釐，以三爲一毫，則九爲三毫，以一爲三絲，則二爲六絲，合八千一百九十二則爲三寸六分六釐三毫六絲。然夾鐘在陽，則用倍數，方與氣應。故夾鐘之管長七寸四分三釐七毫三絲，爲夷則三分益一上生之律。

戌五萬九千四十九分三萬二千七百六十八。

以十七萬七千一百四十七全數，分作五萬九千四十九分，戍得三萬二千七百六十八分，爲九萬八千三百四，乃酉之十四萬七千四百五十六三分去一之數也。

六千五百六十一爲寸。

六千五百六十一爲一寸者，戍五萬九千四十九，每以六千五百六十一爲一寸，則得九個六千五百六十一，爲九寸全數。

七百二十九爲一分。

七百二十九爲一分者，戍五萬九千四十九，每以七百二十九爲一分，則得八十一個七百二十九，爲八十一分全數。

八十一爲一釐。

八十一爲一釐者，戍五萬九千四十九，每以八十一爲一釐者，得七百二十九個八十一，爲七百二十九釐全數。

九爲一毫。

九爲一毫者，戍五萬九千四十九，每以九爲一毫，則得六千五百六十一個九，爲六千五百六十一毫全數。

一爲一絲。

一爲一絲者，戊五萬九千四十九，每以一爲一絲，則得五萬九千四十九絲全數。

右戊五萬九千四十九得三萬二千七百六十八，以六千五百六十一爲一寸，則二萬六千二百四十四爲四寸，以七百二十九爲一分，則五千八百三十二爲八分，以八十一爲一釐，則六百四十八爲八釐，以九爲一毫，則三十六爲四毫，以一爲一絲，則八爲八絲，合三萬二千七百六十八則爲四寸八分八釐四毫八絲。故無射之管長四寸八分八釐四毫八絲，爲夾鐘三分去一下生之律。

亥一十七萬七千一百四十七分六萬五千五百三十六。

以一十七萬七千一百四十七全數分之，亥得六萬五千五百三十六分。仲吕用倍數，故爲十三萬一千七十二，乃戊之九萬八千三百四三分益一之數也。

一萬九千六百八十三爲一寸。

一萬九千六百八十三爲一寸者，亥一十七萬七千一百四十七，每以一萬九千六百八十三爲一寸，則得九個一萬九千六百八十三，爲九寸全數。

二千一百八十七爲一分。

二千一百八十七爲一分者，亥一十七萬七千一百四十七，每以二千一百八十七爲一分，則得八十一個二千一百八十七，爲八十一分全數。

二百四十三爲一釐。

二百四十三爲一釐者，亥一十七萬七千一百四十七，每以二百四十三爲一釐，則得七百二十九個二百四十三，爲七百二十九釐全數。

二十七爲一毫。

二十七爲一毫者，亥一十七萬七千一百四十七，每以二十七爲一毫，則得六千五百六十一個二十七，爲六千五百六十一毫全數。

三爲一絲。

三爲一絲者，亥一十七萬七千一百四十七，每以三爲一絲，則得五萬九千四十九個三，爲五萬九千四十九絲全數。

一爲三忽。

一爲三忽者，亥一十七萬七千一百四十七，每以一爲三忽，則五十三萬一千四百四十一忽，爲絲有九忽，合黄鐘九寸之全數。

右亥一十七萬七千一百四十七得六萬五千五百三十六，以一萬九千六百八十三爲一寸，則五萬九千四十九爲三寸，以二千一百八十七爲一分，則四千三百七十四爲二分，以二百四十三爲一釐，則一千九百四十四爲八釐，以二十七爲一毫，則一百六十二爲六毫，以三爲一絲，則六爲二絲，又以一爲三忽，合六萬五千五百三十六爲三寸二分八釐六毫二絲三忽。然仲吕在陽，則用倍數，方與氣應。故仲吕之管長六寸五分八釐三毫四絲六忽，爲無射三分益一上生之律。

西山曰："按黄鐘生十一律，六陽辰當位自得，子、寅、辰、午、申、戌爲陽辰。六陰辰則居其衝。丑、卯、巳、未、酉、亥爲陰辰。其林鐘、南吕、應鐘三吕在陰，無所增損。未、酉、亥月之管。此所謂陰者，以自午至亥皆陰生之月也。其大吕、夾鐘、仲吕三吕在陽，則用倍數，方與十二月之氣應。蓋陰之從陽，自然之理也。丑、卯、巳月之管。此所謂陽者，以自子至巳皆陽生之月也。"

又曰："按十二律之實，實謂本律所得之數。如丑三分二，則二乃實也。下同。至仲吕十三萬一千七十二，以三分之，不盡二算，其數不行，此律之所以止於十二也。"

十二正律管相生長短圖

黃鐘生十一律，全者半律，半者正半律，所謂子聲也。

辰	數	律	生	三分各	衝	半
子	一分	黃鐘		三分各三寸		
丑	三分二	林鐘	下生	三分各二寸	未衝	半三寸不用
寅	九分八	太蔟	上生	三分各二寸六分		半四寸
卯	二十七分十六	南呂	下生	三分各一寸七分	酉衝	半二寸六分不用
辰	八十一分六十四	姑洗	上生	三分各二寸三分三釐		半三寸五分
巳	二百四十三分一百二十八	應鐘	下生	三分各一寸五分二釐	亥衝	半二寸三分三釐不用
午	七百二十九分五百一十二	蕤賓	上生	三分各二寸八釐六毫		半三寸一分四釐
未	二千一百八十七分一千二十四	大呂	上生重	三分各二寸七分二釐五毫	丑衝	半四寸一分八釐三毫
申	六千五百六十一分四千九十六	夷則	下生	三分各一寸七分七釐六毫三絲		半二寸七分二釐五毫
酉	一萬九千六百八十三分八千一百九十二	夾鐘	上生	三分各二寸四分四釐二毫四絲	卯衝	半三寸六分六釐三毫六絲
戌	五萬九千四十九分三萬二千七百六十八	無射	下生	三分各一寸五分八釐七毫五絲六忽		半二寸四分四釐二毫四絲
亥	一十七萬七千一百四十七分六萬五千五百三十六	仲呂	上生	三分各二寸一分八釐七毫一絲五忽	巳衝	半三寸二分八釐六毫二絲三忽

下生者三分損一，上生者三分益一

陽辰當位，自得陰辰各居其衝

一寸	二寸	三寸	四寸	五寸	六寸	五分八釐三毫四絲六忽

一寸	二寸	三寸	四寸	八分八釐四毫八絲

一寸	二寸	三寸	四寸	五寸	六寸	七寸	四分三釐七毫三絲

一寸	二寸	三寸	四寸	五寸	五分五釐一毫

一寸	二寸	三寸	四寸	五寸	六寸	七寸	八寸	二分七釐六毫

一寸	二寸	三寸	四寸	五寸	六寸	二分八釐

一寸	二寸	三寸	四寸	六分六釐

一寸	二寸	三寸	四寸	五寸	六寸	七寸	一分

一寸	二寸	三寸	四寸	五寸	三分

一寸	二寸	三寸	四寸	五寸	六寸	七寸	八寸

一寸	二寸	三寸	四寸	五寸	六寸

一寸	二寸	三寸	四寸	五寸	六寸	七寸	八寸	九寸

一萬	二萬	三萬	四萬	五萬	六萬	七萬	八萬	九萬	十萬	十一萬	十二萬	十三萬	十四萬	十五萬	十六萬	十七萬	七千一百四十七

變律以下並見律吕新書。

黄鐘十七萬四千七百六十二。小分四百八十六。

全八寸七分八釐一毫六絲二忽不用，半四寸三分八釐五毫三絲一忽。

林鐘十一萬六千五百□□八。小分三百二十四。

全五寸八分二釐四毫一絲一忽三初，半二寸八分五釐六毫五絲六初。

太蔟十五萬五千三百四十四。小分四百三十二。

全七寸八分二毫四絲四忽七初不用，半三寸八分四釐五毫六絲六忽八初。

南吕十□萬三千五百六十三。小分四十五。

全五寸二分三釐一毫六絲一初六杪，半二寸五分六釐七絲四忽五初三杪。

姑洗十三萬八千□□八十四。小分六十。

全七寸一釐二毫二絲一初二杪不用，半三寸四分五釐一毫一絲一初一杪。

應鐘九萬二千□□五十六。小分四十。

全四寸六分七毫四絲三忽一初四杪，餘一算。半二寸三分三毫六絲六忽六杪强不用。

按十二律各自爲宫，以生五聲二變。其黄鐘、林鐘、太蔟、南吕、姑洗、應鐘六律則能具足。至蕤賓、大吕、夷則、夾鐘、無射、仲吕六律，則取黄鐘、林鐘、太蔟、南吕、姑洗、應鐘六律之聲，少下不和，故有變律。變律者，其聲近正律而少高於正律也。然仲吕之實一十三萬一千□□七十二，以三分之，不盡二算，既不可行，當有以通之。律當變者有六，故置一而六三之，得七百二十九。以七百二十九因仲吕之實十三萬一千□□七十二，爲九千五百五十五萬一千四百八十八，三分益一，再生黄鐘、林鐘、太蔟、南吕、姑洗、應鐘六律。又以七百二十九歸之，以從十二律之數，紀其餘分，以爲忽杪，然後洪纖高下，不相奪倫。至應鐘之實六千七百一十□萬八千八百六十四，以三分之，又不盡一算，數又不可行，此變律之所以止於六也。變律非正律，故不爲宫也。

律生五聲 禮運鄭玄注附。

宫聲八十一。宫數八十一，黄鐘長九寸，九九八十一也。三分宫去一，生徵。

商聲七十二。商數七十二，太蔟長八寸，八九七十二也。三分商去一，生羽。

角聲六十四。角數六十四，姑洗長七寸九分寸之一，七九六十三，九分寸之一爲六十四也。三分角去一，生變宫，三分變宫益一，生變徵。自此以後，隨月而變，所謂「還相爲宫」也。

徵聲五十四。徵數五十四，林鐘長六寸，六九五十四也。三分徵益一，生商。

羽聲四十八。羽數四十八，南呂長五寸三分寸之一，五九四十五，又三分寸之一爲四十八也。三分羽益一，生角。

按黃鐘之數九九八十一，是爲五聲之本。三分損一，以下生徵。徵三分益一，以上生商。商三分損一，以下生羽。羽三分益一，以上生角。至角聲之數六十四，以三分之，不盡一算，數不可行，此聲之數所以止於五也。或曰：此黃鐘一均五聲之數，他律不然。曰：置本律之實，以九九因之，三分損一，以爲五聲。再以本律之實約之，則宮固八十一，商亦七十二，角亦六十四，徵亦五十四，羽亦四十八矣。假令應鐘九萬三千三百一十二，以八十一乘之，得七百五十五萬八千二百七十二。宮以九萬三千三百一十二約之，得八十一。三分宮損一，得五百□□三萬八千八百四十八，爲徵。以九萬三千三百一十二約之，得五十四。三分徵益一，得六百七十二萬八千四百六十四，爲商。以九萬三千三百一十二約之，得七十二。三分商損一，得四百四十七萬八千九百七十六，爲羽。以九萬三千三百一十二約之，得四十八。三分羽益一，得五百九十七萬一千九百六十八，爲角。以九萬三千三百一十二約之，得六十四。

變聲

變宮聲四十二。小分六。　變徵聲五十六。小分八。

按五聲宮與商，商與角，徵與羽，相去各一律。至角與徵，羽與宮，相去乃二律。相去一律則音節和，相去二律則音節遠。故角、徵之間，近徵收一聲，比徵少下，故謂之變徵。羽、宫之間，近宫收一聲，少高於宫，故謂之變宫也。角聲之實六十有四，以三分之，不盡一算，既不可行，當有以通之。聲之變者二，故置一而兩三之得九。以九因角聲之實六十有四，得五百七十六，三分損益，再生變徵、變宫二聲。以九歸之，以從五聲之數，存其餘數，以爲强弱。至變徵之數五百一十二，以三分之，又不盡二算，其數又不行，此變聲所以止於二也。變宫、變徵，宫不成宫，徵不成徵，古人謂之和繆，又曰「所以濟五聲之不及也」。變聲非正，故不爲調也。

杜佑通典曰：「十二律相生之法，自黄鐘始。黄鐘之管九寸。三分損益，下生林鐘。林鐘上生太蔟，太蔟下生南吕，南吕上生姑洗，姑洗下生應鐘，應鐘上生蕤賓，蕤賓上生大吕，大吕下生夷則，夷則上生夾鐘，夾鐘下生無射，無射上生仲吕。仲吕之管，長六寸一萬九千六百八十三分寸之萬二千九百七十四。此謂十二律長短相生，一終於仲吕之法。又制十二鐘，以準十二律之正聲。又鳧氏爲鐘，以律計自倍半。以子聲比正聲，則正聲爲倍。以正聲比子聲，則子聲爲半。但先儒釋用倍聲有二義。一義云：半十二律正律，爲十二律之子聲之鐘。二義云：從於仲吕之管寸數，以三分益一，上生黄鐘，以所得管之寸數，然後半之，以爲子聲之鐘。其爲變正聲之法者，以黄鐘之管正聲九寸，子聲則四寸半。又上下相生之法者，以仲吕之管長六寸一萬九千六百八十三分寸之萬二千九百七十四，上生黄鐘，三分益一，得八寸五萬九千□□四十九分寸之五萬一千八百九十六，半之，得四寸五萬九千□□四十九分寸之二萬五千九百四十八，以爲黄鐘。又上下相生，以至仲吕，皆以相生所得之律寸數半之，以爲子聲之律。」

按此説黄鐘九寸，生十一律，有十二子聲，即謂正律、正半律也。又自仲吕上生黄鐘，黄鐘八寸五萬九千□□四十九分寸之五萬一千八百九十六，又生十一律，亦有十二子聲，即所謂變律、變半律也。正、變〔四〕及半，凡四十八聲，上下相生，最得漢志所謂黄鐘不復爲他律役之意與律書五聲小大次第之法。但變律止於應鐘，雖設而無所用，則其實三十六聲而已。其間陽律不用變聲，而黄鐘又不用正半聲，陰律又不用正半聲，而應鐘又不用變半聲，其實又二十八聲而已。又曰：律吕散亡，其器不可復見。然古人所以制作之意，則猶可考也。太史公曰：「細若氣，微若聲，聖人因神而存之，雖妙必效。」言黄鐘始於聲氣之元也。班固所謂「使伶倫取竹，斷兩節間吹之，以爲黄鐘之宫」，又曰「天地之風氣正而十二律定」。劉昭所謂「宓羲紀陽氣之初，以爲律法」，又曰「吹以考聲，列〔五〕以候氣」。皆以聲之清濁、氣之先後求黄鐘者也。是古人制作之意也。夫律，長則聲濁而氣先至，極長則不成聲而氣不應律；短則聲清而氣後至，極短則不成聲而氣不應。此其大凡也。今欲求聲氣之中，而莫適爲準，則莫若且多截竹以擬黃鐘之管，或極其短，或極其長，長短之内，每差一分，而爲一管，皆即以其長權爲九寸，而度其圍徑，如黃鐘之法焉。如是而更迭以吹，則中聲可得；淺深以列，則中氣可驗。苟聲和氣應，則黃鐘之爲黃鐘者信矣。黃鐘者信，則十一律與度、量、衡、權者得矣。後世不知出此，而唯尺之求。晉氏而下，則多求之金石，梁、隋以來，又參之秬黍，下至王朴，剛果自用，遂專恃累黍，而金石亦不復考矣。夫金石真僞固難盡信，若秬黍則歲有豐凶，地有肥瘠，種有長短大小圓妥不同，尤不可恃。況古人謂「子穀秬黍中者實其龠」，則是先得黃鐘，而後度之以黍，不足則易之以大，有餘則易之以小，約九十黍之長，中容千二百黍之實，以見周徑之廣，以生度量衡權之數而已。非律生於黍也。百世之下，欲求百世之前之律者，其亦求之於聲氣之元，而毋必之於秬黍，則得之矣。

愚按黃鐘爲萬事根本，律、度、量、衡皆由此始。其長九寸，陽數之極也。分釐、毫、絲、忽，咸以九爲度。故九寸、八十一分、七百二十九釐、六千五百六十一毫、五萬九千四十九絲、五十三萬一千四百四十一忽者，黃鐘一律之長也。又置一而三乘之，三者，天、地、人之定位也。故子一、丑三、寅九、卯二十七、辰八十一、巳二百四十三、午七百二十九、未二千一百八十七、申六千五百六十一、酉一萬九千六百八十三、戌五萬九千四十九、亥十七萬七千一百四十七者，黄鐘一律之實也。以此十七萬七千一百四十七全數三分損益，以生十一律，而各得其管之長短。由是而被之以五聲，則爲六十調。然十二律各自爲均之時，宫長於衆律，則用正律，他律長於宫，則陵犯而不和，故又有正半律，所謂子聲也。又黄鐘君象，不爲他律役，故自仲吕再生黄鐘，不及九寸，爲變律六。然其管長於宫者，亦止用其半，故又有變半律。五聲，九九八十一以爲宫，亦三分損益以生徵、商、羽、角，周加文、武二聲，故又有變宫、變徵。由是均之爲八十四調，清濁高下，相濟相成，所謂「八音克諧，無相奪倫」者也。然易該陰陽之妙，律統天地之和，故二者之數，皆出自然。是以三分之法，正律止於十二，變律止於六，五聲止於五，變聲止於二。自此以上，其數不行，亦猶揲扐之變，參伍錯綜，有非人力所能與於其間也。然自秦漢以來，去古逾邈，尺度隳〔六〕廢而中聲不定，累黍有圓橢之殊，指尺有短長之異，是以代變新樂，議論紛紜，卒無以追還雅正。予嘗考夫二帝三王之盛，皆以仁義教化涵濡天下，及其久也，充暢浹洽，陰陽調，風雨時，無一民一物不遂其性，陵犯之風絶，乖戾之氣消，君臣上下翕然大和。由是而播之歌詠，被之聲音，施之郊廟，朝廷鄉黨無一而不得其宜。故曰樂有本有文，以和爲本，則天地之和應而候氣之法可用，氣正而尺度均，尺度均而中聲得，樂之文無不協矣。斯義也，惟太史公知之。其論律至文帝，曰：「百姓無内外之繇，得息肩於田畝，天下殷富，粟至十餘錢，鷄鳴犬吠，煙火萬里，可謂和樂者乎。」其次則班固因之，曰：「至治之世，天地之氣合以生風，天地之風氣正而十二律定。」淵哉言矣。世之作者，有能求人心之和，以得天地之和，使黄鐘一律既定，而他律無不定，度、量、權、衡亦猶是而協矣。心和則氣和，氣和則律和，天地之大和交應，天下其有不長治久安也哉？

歷代樂名

伏羲樂名扶來，亦曰立基。

神農樂名扶持，亦曰下謀。

黄帝作咸池。咸，皆也。池，施也。言德無不施也。

少昊作大淵。

顓帝作六莖。莖，根也。

帝嚳作五英。英，茂也。

堯作大章。章，明也。

舜作大韶。韶，紹也。言能繼堯之德。

禹作大夏。夏，大也。言能大堯、舜之德。

湯作大護。言護教於人也。

周武王作大武。以武功定天下。

周公作勺。言勺取先祖之道。又有房中之樂，歌后妃之德。春官大司樂：「以樂舞教國子，舞雲門、大卷、大咸、大韶、大夏、大護〔七〕、大武。此周所存六代之樂。〔八〕以六律、六呂、五聲、八音、六舞大合樂，以致鬼神祇，以和邦國，以諧萬民，以安賓客，以説遠人，以作動物。」

秦始皇時，六代廟樂，唯韶、武存焉。二十六年，改周大武曰五行，房中曰壽人，衣服同五行樂之色。

漢樂家有制氏，以雅樂聲律，世世在太樂官，但能紀其鏗鏘鼓舞，而不能言其義。

高帝時，叔孫通因秦樂人制宗廟樂。太祝迎神於廟門，奏嘉至，猶古降神之樂也。皇帝入廟門，奏永至，以爲行步之節，猶古采薺、肆夏也。乾豆上，奏登歌，獨上歌，不以管弦亂人聲，欲在位者偏聞之，猶古清廟之歌也。登歌再終，下奏休成之樂，美神明既饗也。皇帝就酒東廂，坐定，奏永安之樂，美禮已成也。又有房中祠樂，高帝唐山夫人所作也。凡樂，樂其所生，禮不忘本。高祖樂楚聲，故房中樂，楚聲也。六年又作昭容樂、禮容樂。昭容者，猶古之昭夏也，主出武德舞。禮容者，主出文始、五行舞。舞入無樂者，至至尊之前，不敢以樂也。出用樂者，以舞不失節，能以樂終也。大抵皆因秦舊焉。文始舞者，本舜韶舞也，高祖更名文始，以示不相襲也，而五行仍舊。

孝惠二年，使樂府令夏侯寬備其簫管，更名房中樂曰安世樂。

孝文作四時舞，以示天下之安和也。

孝景采武德舞，以爲昭德，以尊太宗廟。文帝也。〔九〕

孝武立樂府，采詩夜誦，有趙、代、秦、楚之謳。以李延年爲協律都尉，舉司馬相如等造爲詩賦，略論律吕，以合八音之調，作十九章之歌。然未有本於祖宗之事，八音調均又不協於鐘律。而内有掖庭才人，外有上林樂府，皆以鄭聲施於朝廷。是時，河間獻王有雅才，亦以治道非禮樂不成，與毛生等共采周官及諸子之樂事者，以著樂記，因獻所集雅樂。天子下〔一〇〕太樂官，常存肄〔一一〕之，歲時以備數，然不常御。

成帝時，謁者常山王禹世受河間樂，能言其義。其弟子宋曅等上書言之，下大夫博士平當等考試，以爲「河間修興雅樂，大儒公孫弘、董仲舒皆以爲音中正雅，立之太樂。春秋鄉射，作〔一二〕於學官，希闊不講。故自公卿大夫觀聽者，但聞鏗鏘，不曉其意，而欲風諭衆庶，其道無由。是以行之百有餘年，德化至今未成。宜風示海内」。事下公卿，以爲久遠難明，當議復寢。是時，鄭聲尤甚。黄門名倡、貴戚五侯淫侈過度，至與人主爭女樂。

哀帝　自爲定陶王時疾之，及即位，罷樂府官，在經非鄭衛之音者，條奏，別屬他官。丞相孔光、大司馬何武奏：「樂人員大凡八百二十九人，其三百八十八人不可罷，可領屬太樂。其四百四十一人，不應經法，或[一三]鄭衛之聲，皆可罷。」奏可。然百姓漸漬日久，又不制雅樂以相變，豪富吏民沉湎自若，陵夷至於王莽也。

後漢　光武　平隴、蜀，增廣郊祀，高帝配食，樂奏青陽、朱明、西皓、玄冥、雲翹、育命之舞。北郊及祀明堂，並奏樂如南郊。迎時氣五郊：春歌青陽，夏歌朱明，並舞雲翹之舞；秋歌西皓，冬歌玄冥，並舞育命之舞；季夏歌朱明，並舞二舞。

明帝　東平王蒼總定公卿之議，曰：「宗廟宜各奏樂，不宜相襲，所以明功德也。」遂采文始、五行、武德爲大武之舞，薦之光武之廟。時樂四品。一曰大予樂，郊廟、上陵之所用焉。二曰雅頌樂，辟雍、鄉射之所用焉。三曰黄門鼓吹樂，天子宴群臣之所用也。四曰短簫鐃歌樂，軍中之所用也。又采百官詩頌[一四]，以爲登歌。

章帝　籍田，玄武司馬班固奏：「籍田，歌辭用商頌載芟，祠先農。」自東京大亂，絶無金石之樂，樂章亡缺，不可復知矣。

魏武帝平荆州，獲杜夔，善八音，常爲漢雅樂郎，尤悉樂事，於是使創定雅樂。又散騎郎鄧静、尹商善調雅樂，歌師尹胡[一五]能歌宗廟郊祀之曲，舞師馮肅能曉知先代諸舞，夔悉領之。考會古樂，始設軒懸鐘磬，復先代古樂，自夔始也。而柴玉、左延年之徒，妙善鄭聲被寵，唯夔好古存正。

文帝改漢巴渝舞曰昭武舞，安世樂曰正世之樂，嘉至樂曰迎靈樂，武德曰武頌，昭容曰昭業，雲翹曰鳳翔，育命舞曰靈應舞，武德舞曰舜頌，文始舞曰大韶，五行舞曰大武舞。其衆歌詩，多則前代之舊，使王粲改作登歌、安世、巴渝詩而已。

明帝太和初，詔曰：「凡音樂以舞爲主，所司之官皆曰太樂。」漢依讖改大予，於是復舊名。於是公卿奏：「請太祖武皇帝宜曰武始之舞，高祖文皇帝曰咸熙之舞。夫歌以詠德，舞以象事。於文，文武爲斌。臣等謹製舞名章斌之舞。有事於天地宗廟，此三舞宜並薦饗，臨朝大享[一六]，宜並舞之。三[一七]舞宜有總名，可名大鈞之樂。」侍中繆襲又奏：「往昔以房中歌后妃之德，以風天下，正夫婦。宜改安世之名爲正始之樂。」襲又省安世歌詩有后妃之義，今享先祖，恐失禮意，可改歌曰享神歌。」奏可。王肅議：「高皇至高祖、文昭廟，皆宜兼用先代及武始、大鈞之舞。」又使繆襲改漢鐃歌十二曲爲詞，述以功德，言代漢之意。

晉武帝禮樂權用魏儀，但使傅玄改樂章詞。又令荀勗、張華等造郊廟諸樂歌詞。荀勗以杜夔所制律呂乖錯，依古尺作新律呂，以調聲韻。造正德、大悅二舞，張華作樂章。又改魏昭武舞曰宣武舞，羽籥舞曰宣文舞。羽籥，本魏武始、咸熙、章斌三〔一八〕舞。又命傅玄改漢鼓吹鐃歌，還爲二十二曲。

懷帝永嘉末，伶官樂器皆没於劉、石。

東晉江左初立宗廟，尚書下太常祭祀所用樂名。太樂賀循答以「舊京荒廢，今既散亡，音韻曲折，又無識者，於今難以意言」。於時以無雅樂器及伶人，省太樂并鼓吹令。是後頗得登歌，食舉之樂猶有未備。

成帝咸和中，復置太樂官，以戴綏爲令，鳩集遺逸，而尚未有金石。

惠帝元康三年，詔荀勗子藩修定金石，以施郊廟，尋遇喪亂。庾亮爲荆州，與謝尚共修復雅樂，亮尋薨。庾翼、桓温等事軍旅，樂器在庫，遂至朽壞。謝尚鎮壽陽，採拾樂人，以備太樂，并製石磬，雅樂始頗具。

孝武太元中，破苻堅，得樂工楊蜀〔一九〕等，閑習舊樂，於是四廂金石始備。乃使曹毗、王珣等增造宗廟歌詩，然郊祀遂不設樂。

宋武帝　廟祀用晉樂。永初元年，撰立新歌詞，改正德舞曰前舞，大悅舞曰後舞。

文帝　元嘉二十年，南郊始設登歌，詔顔延之造歌詩。廟樂猶缺。

孝武帝　孝建元年，建平王宏議：「以凱容爲韶舞，宣烈爲武舞。祖宗廟樂，總以德爲名。祠南郊及廟迎、送神，並奏肆夏。皇帝入廟門，奏永至。南郊初登壇〔二〇〕及廟門詣東壁，奏登歌。初獻奏凱容、宣烈之舞，終獻奏永安之樂。」又使謝莊造郊廟樂舞、明堂諸樂歌辭。又公卿行事，亦奏登歌。

廢帝　元徽中，太樂雅、鄭共千餘人，後堂雜伎不在其數。

齊武帝　有司參議：郊廟雅樂歌辭，太廟登歌用褚彦回辭，餘悉用謝超宗辭。太廟二室及郊配，用王儉辭。祀南郊，群臣出入，奏肅咸之樂；牲出入，奏引牲之樂；薦籩豆、毛血，奏佳薦之樂；迎、送神，奏昭夏之樂；皇帝入壇〔二一〕東門，奏永至之樂；升壇，奏登歌；初獻，奏文德宣烈之樂，次奏武德宣烈之樂；太祖配享，奏高德宣烈之樂；飲福，奏嘉胙之樂；就燎位，奏昭遠之樂；還便殿，奏休和之樂。北郊，初獻，奏地德凱容之樂，次奏昭德凱容之樂；瘞埋，奏隸幽之樂；餘同南郊。明堂，初獻，奏凱容宣烈之樂；餘與南、北郊同。祠廟，皇帝入廟門，奏〔二二〕永至；太祝祼地，奏登歌；諸皇祖，各奏凱容；帝上福酒，奏永胙；送神，奏肆夏；餘同明堂。

梁武帝自制四器，名之爲通，以定雅樂。以武舞爲大壯舞，文舞爲大觀舞。國樂以「雅」爲稱，止乎十二，則天數也。皇帝出入，奏皇雅，郊、廟同用。皇太子出入，奏胤雅；王公出入，奏寅雅；上壽酒，奏介雅；食舉，奏需雅；徹饌，奏雍雅。三朝用之。牲出入，奏牷雅；降神、迎、送，奏諴雅；飲福酒，奏獻雅。北郊、明堂、太廟同用。燎、埋，俱奏禋雅；衆官出入，奏俊雅。二郊、太廟、明堂，三朝同用。並沈約製辭。是時禮樂制度，粲然有序。又去鼓吹充庭十六曲爲十二，合四時也。又制正樂十篇，皆述佛法。又有法樂歌梵唄，設無遮會則爲之。其後臺城淪没。

簡文帝王僧辨破侯景，諸樂並送〔二三〕荊州。經亂，工器頗闕。

元帝詔有司補綴方備。荊州陷没，周人不知用，工人並入關中，隨例多没爲奴婢。

陳武帝初並用梁樂，唯改七室舞辭。

文帝天嘉〔二四〕元年，始定圓丘、明堂、宗廟樂。衆官出入，奏肅咸。牲出入，奏引犧〔二五〕。薦血毛，奏嘉薦。迎、送神，奏昭夏。皇帝入壇，奏永至；升陛，奏登歌。皇帝初獻、太尉亞獻、光禄勳終獻，並奏宣烈。皇帝飲福，奏嘉胙；就燎位，奏昭遠；還便殿，奏休成。

宣帝太建元年，定三朝之樂，采梁故事，奏相和五引。祠〔二六〕用宋曲，宴准梁樂，取神人不雜也。五年，定南北郊、明堂儀注〔二七〕，改齊樂，以「韶」爲名。其鼓吹雜伎，取晉、宋之舊，微更附益。

後主 沉荒於酒，使宫女習北方簫鼓，謂之代北。又於清樂中造〔二八〕黄鸝留、玉樹後庭花、金釵兩臂垂等曲。男女倡和甚哀〔二九〕。

後魏 **道武帝** 天興元年，詔鄧彦海〔三〇〕定律吕，協音樂。追尊祖、考諸帝，用八佾舞、皇始舞。更製宗廟：入廟門，迎神；乾豆上，奏登歌；曲終，下奏神祚〔三一〕；出門，奏揔章、八佾舞，次送神曲。南郊，用皇矣，奏雲和之舞〔三二〕，事訖，奏維皇。北郊，樂用神祚，奏大武之舞。正月上日，饗群臣，備列宫縣正樂，兼用燕、趙、吴、秦之音，五方殊俗之曲。六年，詔太樂、總章、鼓吹增修雜伎，以備百戲。大饗設於殿庭，如漢、晉之舊。

太武帝 破赫連昌〔三三〕，獲古樂，平涼州，得伶人、器服，並擇而存之。後通西域，又以悦般國〔三四〕鼓吹設於樂部署。其後古樂音製罕復傳習，舊工更盡，聲曲多亡。

孝文帝 太和初，詔議定樂事，率無洞曉音律，樂部不能立，其事彌有殘缺。然方樂之制及四夷歌舞，稍列於太樂，金石羽旄之飾，爲壯麗於往時矣。

宣武帝 正始中，詔太常修營樂器。時張陽子等七人頗解雅樂正聲，八佾、文武二舞，鐘磬、管弦、登歌聲調，皆令教習。

孝明帝先是，陳仲儒自江南歸國，頗閑樂事，請依京房立準，以調八音。詔不許。正光中，詔安豐王〔三五〕延明與門生信都芳博采古今樂事。芳後集諸器物准圖〔三六〕二十餘事，而不得在樂署。

武帝永熙二年，祖瑩請改韶、武舞名，宗廟用宫縣，舞人冠服。詔樂以「大成」爲名，二舞依舊爲文、武。

北齊文宣帝初，尚未改舊章。後祖珽采魏安豐王延明、信都芳等所著樂説，而定正聲。始具宫縣之器，仍雜西涼之曲。樂名廣成，而無所號，所謂「洛陽舊樂」也。

武成帝始定四郊、宗廟之樂。群臣入出，奏肆夏。牲入出，薦毛血，奏昭夏。迎、送神，及皇帝初、亞獻，禮五方上帝，並奏高明之樂，爲覆燾之舞。皇帝入壇門，升壇飲福，就燎位，還便殿，並奏皇夏。以高祖配享，奏武德之樂，爲昭烈之舞。裸地，奏登歌。四時祭廟，禘祫六代、五代諸神室，並奏始陛之樂，爲恢祚之舞。神武神室，奏武德，舞昭烈。文襄神室，奏文德，舞宣政。文宣神室，奏文正，舞光大。孝昭神室，奏文明，舞休德。餘同四郊禮。其時郊廟宴享皆魏代故西涼伎，即晉初舊聲，魏太武平涼所得也。鼓吹朱鷺等二十曲，皆改古名，以敘功德。諸州鎮戍，各給鼓吹樂人，多少各以大小等級爲差。其雜樂、琵琶、五絃歌舞之伎，自文襄已來，皆所愛好。至河清以後，傳習尤盛。

後主唯賞胡戎樂，耽愛無已。自能度曲，親執樂器，别采新聲，爲無愁曲，極於哀思。

後周文帝平江陵，大獲梁氏樂器。及建六官，乃令有司詳定郊廟樂歌舞，各有差。

武帝天和初，造山雲舞，以備六代。南北郊、雩壇、太廟禘祫、時享、朝日、夕月：降神、獻熟，以次用大夏、大護〔三七〕、大武、正德、武德、山雲之舞。建德二年，六代樂成，奏於崇德殿。宫縣，依梁三十六架。皇帝出入，奏皇夏。太子出入，奏肆夏。王公出入，奏驁夏。五等諸侯元日獻玉帛，奏納夏。宴族人，奏族夏〔三八〕。大會至尊執爵，奏登歌十八曲。食舉，奏深夏，舞六舞。於是正定雅音，爲郊廟樂。創造鐘律，頗得其宜。其後又得康國、龜兹等樂，更雜以高昌之舊，並於大司樂習焉。

宣帝改前代鼓吹，制爲十五曲，述魏禪及戰功事。帝每晨出夜還，恒陳鼓吹。公私頓弊，以至於亡。

隋文帝初因周樂，俄沛公鄭譯請更修正聲律，詔太常牛弘、博士何妥等議正樂。然淪謬既久，積年議不定。九年，平陳，獲宋、齊舊樂，詔於太常置清商署以受之。求得陳太樂令蔡子元、于普明〔三九〕等，復居其職。隋代雅樂，唯奏黄鐘一宫，郊廟朝享用一調，迎氣用五調。舊工更盡，其餘聲律皆不復通。牛弘又修皇后房内之樂。文帝嘗作歌二首，名地厚、天高，託言夫妻之義，因取爲房内曲。於是牛弘、姚察、虞世基等共議周制，通爲六代之樂。四時祭祀，分而用之，以六樂配十二調。今既與祭法有別，乃以神祇位次分樂配焉。乃奏黄鐘，歌大吕，以祀圓丘。奏太蔟，歌應鐘，以祭方澤。奏姑洗，歌南吕，祀五郊、神州。奏蕤賓，歌林鐘，以享宗廟。奏夷則，歌小吕，以祭社稷、先農。奏無射，歌夾鐘，以祭巡守方岳。同〔四〇〕用文、武二舞。圓丘降神八變，宗廟禘祫降神九變，皆用昭夏。其餘享祀皆一變。皇帝出入，奏皇夏。群官出入，奏肆夏。舉酒上壽，奏需夏。迎、送神，奏昭夏。薦獻郊廟，奏咸夏。宴享殿上，奏登歌。并文、武舞，合爲八曲。又迎氣五郊，奏宫、商、角、徵、羽五引，月令所謂「孟春其音角」是也。合天高、地厚，通爲十五曲。人君食，用當月之律，以調暢四體，令得時氣之和。祭祀既已分樂迎氣，臨軒朝會，并用當月之律，欲感人君性情，允協陰陽之序。並撰歌詩三十首，詔令施用。

煬帝詔修高祖廟樂，唯新造高祖歌九首。禮樂之事，竟無成功。帝頗耽淫曲，搜周、齊、梁、陳樂工子弟三百餘人。倡優雜揉，哀管淫絃，皆出鄴城之下，高齊舊曲也。

唐太宗留心雅正，貞觀之初，合考隋氏南北之樂，乃命太常祖孝孫正宫調，吕才習音韻，張文收考律呂，平其散濫，爲之折衷。漢已來郊社、明堂有夕牲、迎神、登歌等曲，近代加裸地、迎牲、飲福酒。今夕牲、裸地不用樂，公卿攝事又去飲福之樂。周享神以「夏」爲名，宋以「永」爲名，梁以「雅」爲名，後周亦以「夏」爲名，隋氏因之。今國家以「和」爲名。旋宮之樂久喪，漢章帝時，鮑鄴始請用之，順帝陽嘉中復廢。累代爲黄鐘一均，變極七音，則唯擊七鐘。五鐘廢而不擊，反謂之啞鐘。祖孝孫始爲旋宮之法，造十二和樂，合四十八曲，八十四調。初，太宗爲秦王，破劉武周，軍中作秦王破陣樂，名七德舞。又太宗生於慶善宫，貞觀六〔四一〕年幸之，宴從臣，賞賜閭〔四二〕里，作功成慶善樂，號九功舞。元日、冬至朝會慶賀，同奏二舞。

高宗作上元舞。其樂有上元、二儀、三才、四時、五行、六律、七政、八風、九宫、十洲、得一、慶雲之曲。通文、武二舞，謂之三大舞。

玄宗開元中，又造三和，共十五和，曰元和、順和、永和、肅和、雍和、壽和、太和、舒和、休和、昭和、祴和、正和、承和、豐和、宣和。又制文舞，朝廷謂之九功舞，武舞，謂之七德舞。樂用鐘、磬、柷、敔等，謂之雅樂。唯郊廟、元會、冬至及册命大禮，則辨其曲度章服，而分始終之次。初，高祖即位，仍隋制，設九部樂，曰燕樂伎、清商伎、西涼伎、天竺伎、高麗伎、龜兹伎、安國伎、疏勒伎、康國伎。及太宗平高昌，收其樂，揔爲十部樂。開元中，升胡部於堂上。又作龍池樂，以初賜第隆慶坊，坊南地變爲池。又作聖壽樂，小破陣樂，舞者被甲胄。又作光聖樂，以歌王迹所興。又作夜半樂、還京樂，以自潞州還京，夜半誅韋后。凡樂人、音聲、太常子弟生數萬人，教於梨園，謂之梨園弟子。自周、陳以上〔四三〕，雅鄭淆雜，至隋，始分雅、俗二部。唐自高祖、太宗作三大舞，雜用於燕樂，其他諸曲出於一時之作，雖非純雅〔四四〕，尚不至於淫放。玄宗以散樂分爲二部：堂下立奏，謂之立部伎；堂上坐奏，謂之坐部伎。因以生日名節，君臣共爲荒樂。

五代之亂，禮樂之制寂然無聞。

周世宗留意雅樂，時王朴、竇儼俱號知音。顯德六年，詔朴、儼考正雅樂。朴以謂十二律管互吹，莫得其真，乃依京房爲準，以九尺之弦十三，依管長短寸分設柱，用七聲爲均，其樂乃和。朴復以古累黍法審度造律，以定六律、六吕旋相爲宫之義。

宋太祖建隆元〔四五〕年，有司請改一代樂名并太廟四室酌獻、迎送神樂章，詔竇儼撰進。四月，儼新定舞曲樂章，文爲文德之舞，武爲武功之舞，祭天用高安之曲，祭地用靖安之曲，宗廟用理安之曲，天地、宗廟登歌用嘉安之曲，皇帝臨軒用隆安之曲，王公出入用正安，皇帝飲食用和安，皇帝受朝、皇后入宫用順安，皇太子出入用良安，正冬朝會登歌用永安，郊廟俎入用豐安，登享、酌獻、飲福、受胙用禧安。五月，儼上廟室舞名并登歌辭。僖祖舞大善，奏大善之曲；順祖舞大寧，奏大寧之曲；翼祖舞大順，奏大順之曲；宣祖舞大慶，奏大慶之曲。乾德元年，陶穀上祀感生帝樂曲，降神用大安，太尉行禮用保安，奠玉幣用慶安，司徒奉俎用咸安，酌獻用崇安，飲福用廣安，亞、終獻用文安，送神用普安。四年，和峴言：「郊廟殿庭通用文德、武功之舞，其綴兆未稱武、德之形容。陛下以揖遜受禪，宜先奏文舞。殿庭所用文舞，請改爲玄德升聞之舞。又陛下以神武定海內，次奏武舞，請改爲天下大定之舞。而文德、武功二舞，請於郊廟仍舊通用。又按唐貞觀中，張文收采古朱鴈、天馬之義，制景雲河清歌〔四六〕，名曰讌樂，元會第二奏是也。伏見今春有進甘露、嘉禾、紫芝、緑毛龜、白兔，欲依月律，撰五瑞各一曲，朝會登歌首奏之。」先是，帝每謂雅樂聲高，不合中和，因詔和峴討論。峴以王朴律尺短於景表銅臬，知今樂聲之高皆由於此。帝乃令依古法，別造新尺并黄鐘九寸管，令工人品校其聲，果下於朴管一律。乃下尚書集官議定，重造十二律管取聲，自此雅音和暢。後峴又作四瑞樂章，以備登歌。

太宗集萬國朝天樂曲、平晉樂曲、同和之舞、定功之舞，二曲樂譜，二曲樂章。至道元年，新增琴爲九弦，曰君、臣、文、武、禮、樂、正、民、心。阮爲五弦，曰金、木、水、火、土。別造新譜，俾太常樂工肄習之，以備登薦。淳化三年，和嶹上言：「兄峴請改定殿庭舞名。今登歌、五瑞之曲已從改制，請改玄德升聞之舞爲天下化成之舞，天下大定爲威加海内之舞。舞有六變，每變各有樂章，歌詠太祖功德。」詔可。

真宗景祐中，先是，太常燕肅建言金石不調，願以王朴律準更加考校，詔李照、宋祁共領其事。明年，金石一部成。照因言：「金石之音與朴律準已協，然比古樂差高五律，比禁防樂差高二律。臣願制管以調度。」尺成，乃下太常四律。於是詔鄧保信與照改作金石，命聶冠卿檢閲，相府總領焉。帝乃親制雅樂聲譜及郊廟樂章二十一曲。又詔吕夷簡等分造樂章，參施郊祀。其後，議者以李照立黍累尺爲非，乃於樂書删去李照樂事一節，詔張方平與宋祁同共删潤。

仁宗皇祐中，王堯臣等議國朝樂宜名曰大安，其祀感生帝，大安曲請更爲元安。又詔胡瑗、范鎮、司馬光考正大樂，鎮上疏論律尺之法。

神宗元豐中，詔范鎮與劉几定樂。鎮曰：「定樂當先正律。」又乞訪求真黍以定黄鐘。而劉几即用李照樂，加用四清聲而奏樂成。詔罷局。

哲宗即位，鎮欲造樂獻之，乃先請致仕。得謝，請太府銅爲之，逾年乃成。比李照樂下一律有奇，詔以樂下太常。實元祐三年也。

愚按樂者，聖王所以象功德、移風俗、動天地而感鬼神者也。故聲音之和怨，繫邦國之治亂，豈徒以悦耳目、娱心志而已哉？三代以降，帝王雅樂不行於天下。齊王對孟子已謂直好世俗之樂，魏文侯聽古樂，則惟恐卧。聖人所以放鄭聲，正雅頌，其以是歟？然則漢世惟以鄭聲施朝廷，河間雅樂存而不御，非一日之故矣。吁，禮樂不興則刑罰不中，刑罰不中則民無所措手足。後世姦聲靡樂，流爲教坊倡優之一技，而欲求治古，若奚可哉？故歷代樂名，雖非此書所繫，亦備抄録。有志於禮樂者，得以考世變之所趨焉。

度

度，亦以絲起。隋志曰：「蠶所吐絲爲忽，十忽爲秒，十秒爲毫，十毫爲氂，十氂爲分。」周禮玉人：「璧羨度尺，好三寸，以爲度。」蔡西山曰：「其好三寸，所以爲璧也。裁其兩旁，以益上下，所以爲羨也。衺十寸，廣八寸，所以爲度尺也。則周家十寸、八寸皆爲尺矣。」陳氏曰：『以十寸之尺起度，則十尺爲丈，十丈爲引。以八寸之尺起度，則八尺爲尋，倍尋爲常。』説文曰：『周制，寸、咫、尺、尋、常、仞，皆以人體爲法。』又：『周以八寸爲尺，人長八尺，故曰丈夫。』説苑曰：『一粟爲一分，十分爲一寸。』易緯通卦驗以『十馬尾爲一分』。」又九十黍度，黄鐘之長。凡黍實於管中，則十三黍三分黍之一而滿一分，積九十分，則千有二百黍矣。

度者，分、寸、尺、丈、引也，謂之五度，本起黄鐘之長。以子穀秬黍中者，孟康曰：「子，北方。黑，謂黑黍。」顔師古曰：「子穀猶言穀子，秬即黑黍，無取北方爲號。中者，不大不小也。」一黍之廣，度之九十分，黄鐘之長。一爲一分，十分爲寸，十寸爲尺，十尺爲丈，十丈爲引，而五度審矣。見漢志。

周尺説古錢并尺圖附。○武夷清碧杜氏刻本。

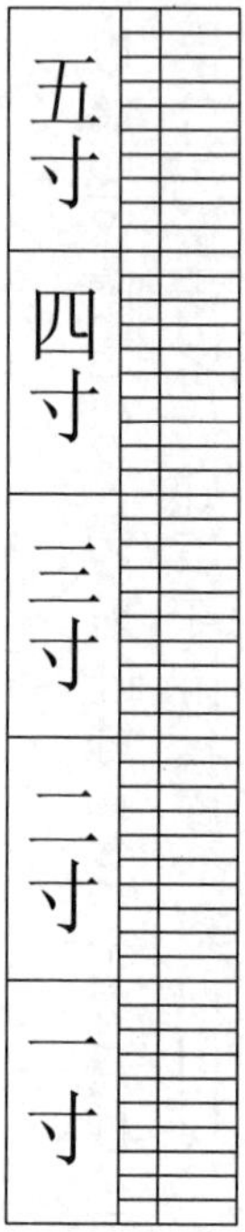

尺以五寸爲準，兩之則一尺。

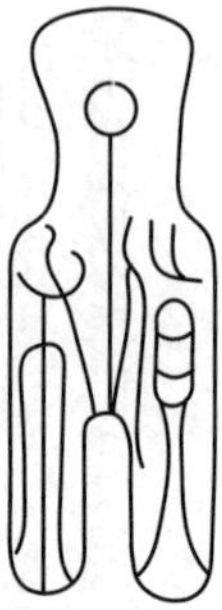

貨布面

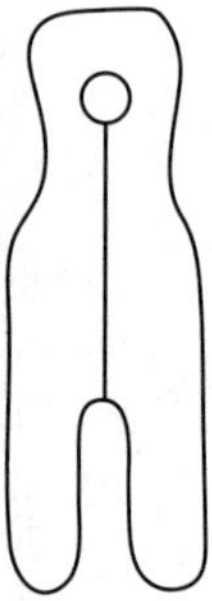

貨布背

貨泉

大泉五十

形而上者謂之道，形而下者謂之器。何器非道，何道非器，初未嘗以精粗別也。土龍固可棄於既禱之餘，而筌蹄不可遽忘於求魚兔之始。予作律本義，欲各從諸法裁管候氣，以求其應。然必度知長短之梗概，而製之可也。自漢亡，世無正尺，於今千有餘載矣。律、度、量、權、衡，靡有孑遺，度無自而起。漢志所謂「秬黍之中者」，空言雖存，定形何在？諸儒心竭於思，口弊於議，卒不能決。蓋不得古物，終不復見古人之制，理勢然也。惟晉太始中，中書監荀勗（四七）尺，校古物七品多合。一曰姑洗玉律，二曰小吕，三曰西京銅望臬，四曰金錯望臬，五曰銅斛，六曰古錢，七曰建武銅尺。依尺鑄律，時得漢時故鐘，吹律命之皆應。然時好推遷，諸代異制，亦莫永傳。隋書載尺有十五等，以荀尺爲本。大概周尺、漢劉歆尺、建武銅尺、宋祖沖之所傳尺，皆與荀氏一體。晉田父玉尺得一尺二分二釐一豪。漢官尺得一尺三分七豪。晉始平中，掘地得古尺，以校荀尺，短四分，與漢官尺相近。先是，阮咸謂荀尺短，管聲高。後得此尺，世遂稱咸爲神解。然識者議之，曰：據無聞之一尺，駁周之二器。魏杜夔尺得一尺四分七釐。魏陳留王景元四年，劉徽注九章云，王莽時劉歆斛尺，弱於今尺四分五釐，比（四八）魏尺其斛深九寸五分五釐，即晉荀勗所云「杜夔尺長於今尺四分半」也。晉後尺得一尺六分二釐。江東所用。魏前尺得一尺二寸七釐，中尺得一尺二寸一分一釐，後尺得一尺二寸八分一釐。即開皇官尺及後周市尺。東魏後尺得一尺五分八豪。銀錯銅龠尺及後周玉尺得一尺一寸五分八釐。宋氏尺得一尺六分四釐。萬寶常水尺得一尺一寸八分六釐。劉曜渾儀尺得一尺五分。梁朝俗間尺得一尺七分一釐。自時厥後，荀尺亦莫傳用。唐有張文收律尺，有景表尺，五代有王朴律尺，雖皆見稱於時，而非古物。宋（四九）則太府寺有尺四等，又高若訥嘗校古尺十五等，李照、胡翼之、鄧保信各有黍尺。崇寧中，魏漢律乞用聖上指尺。紹興中，内出金字牙尺二十八，遂以其中皇祐二年所造大樂中黍尺作景鐘，然不知以何法累黍。伊川程氏定周尺，以爲當省尺五寸五分弱，而省尺之度卒難考詳。紫陽朱氏家禮載司馬氏及考定雅樂黄鐘尺，不明言長短，則周尺之制，迄無成説。獨丁度建言：「歷代尺度屢改，惟劉歆制銅斛之世，所鑄錯刀、大泉五十，王莽天鳳中鑄貨布、貨泉之類，不聞後世有鑄者。遂以此四物參校，分寸正同。伏況經籍制度皆起周世，劉歆術業之博，祖沖之算數之妙，晉荀氏之詳密，既合姬周之尺，則最爲可法者焉。」唐景表尺以貨布等校之，則景表尺長六分有奇。王朴律尺又比漢錢尺長二分有奇。其阮逸、胡氏、鄧保信並李照用太府寺等尺，其制彌長。今據丁議，則與荀尺同，而周漢之制可考。但惜其事尋罷。今不見此四物，則丁尺亦無傳。予偶得大泉五十、貨布、貨泉三品。按漢制，王莽更造大錢，徑寸二分，文曰「大泉五十」，天鳳五年作。貨布長二寸五分，廣一寸，首長八分有奇，廣八分；其圜好徑二分半，足枝長八分，間廣二分；其文右曰「貨」，左曰「布」。貨泉徑一寸，文右曰「貨」，左曰「泉」。試以貨布一分爲率，參較其首、身、足枝長廣之數以爲尺，又以大泉之寸二分、貨泉之徑寸較之，彼此豪髮無差，乃始自信。按慶元令諸度量衡以北方秬黍中者爲準，調鐘律，測晷景，合藥劑，制冠冕，則準式用之。計此則爲丁尺、荀尺、漢尺、周尺，而鐘律可作矣。嗟夫，晉荀氏得古物七而尺初定，丁氏得古物四而尺再定，予又得古物三而尺三定。夫荀氏之尺不能壽於今，而壽荀、丁之尺者又上於荀氏數百載以議者，考古若是之難也。又知遺物之不易得。或者乃曰：「逸巡守禮云：『八寸爲尺。』許氏說文云：『周制以八寸爲尺。』今以十寸爲周尺，可乎？」曰：「周官玉人鎮圭尺有二寸，亘圭九寸。使八寸爲尺，當云亘圭尺有一寸。按鄭氏注王制云：『周以十寸爲尺。』蓋六國時多變亂法度，或云周尺八寸。則逸禮、說文失於未審，鄭氏爲得之。」或又曰：「王制云：『古者以周尺八尺爲步，今以周尺六尺四寸爲步。』白虎通云：『八寸爲尺。』則漢尺當周八寸。今以周、漢同度，可乎？」曰：「王制雖漢儒所錄，然考其文義，乃言步之長短，謂周以八十寸爲步，漢以六十四寸爲步，非以是論尺，則二代之度本不殊也。況荀氏嘗以周、漢七物較之乎。」因爲之記，將有用於協律焉。

量

其法用銅爲之，外圓内方，上爲斛，下爲斗，左耳爲升，右耳爲合龠。

量者，龠、合、升、斗、斛也，謂之五量，所以量多少也。本起於黄鐘之龠，以子穀秬黍中者千有二百實其龠，以井水準其概。十龠爲合，十合爲升，十升爲斗，十斗爲斛，而五量加矣。按「十龠」當作「合龠」。

儀禮聘禮云：「十斗曰斛，十六斗曰藪，色縷切。十藪曰秉。」秉十六斛。左氏昭三年：「齊舊四量：豆、區、釜、鍾。四升爲豆，各自其四，以登於釜，釜十則鍾。」注云：「四豆爲區，區斗六升。四區爲釜，釜六斗四升。鍾六斛四斗。」

衡

衡者，銖、兩、斤、鈞、石也，謂之五權，所以稱物平施，知輕重也。本起於黄鐘之重。一龠容千二百黍，重十二銖。兩之，得二十四銖爲兩，象二十四氣。十六兩爲斤，得三百八十四銖，象易二篇之爻。三十斤爲鈞，象一月。四鈞爲石。象四時。權與物鈞而生衡，衡運生規，規圓生矩，矩方生繩，繩直生準，準正則平衡而鈞權矣。是謂五則。大小有準，輕重有數，各應其象，五權謹矣。

校勘記

〔一〕「分」下原有闕文，元至正本第四卷第四、五兩葉葉碼相連而内容全同。

〔二〕「七」下原衍「分」字，據上下文删。

〔三〕「六」，原作「一」，據元至正本改。

〔四〕「變」，原作「律」，據上下文及律吕新書卷二和聲第五改。

〔五〕「列」，原作「律」，據元至正本及律吕新書卷二造律第一改。

〔六〕「墮」，元至正本作「隳」。

〔七〕「護」，原作「濩」，據上文及元至正本改。

〔八〕「此周所存六代之樂」，原作大字，據通典卷一四一歷代沿革改爲小字。

〔九〕「文帝也」，原作大字，據通典卷一四一歷代沿革改爲小字。

〔一〇〕「下」，原爲空格，據元至正本及通典卷一四一歷代沿革補。

〔一一〕「肆」，原作「隸」，據漢書卷二二禮樂志改。

〔一二〕「作」，原脱，據漢書卷二二禮樂志補。

〔一三〕「彧」，原作「咸」，據漢書卷二二禮樂志改。
〔一四〕「頌」，原作「誦」，據通典卷一四一歷代沿革改。
〔一五〕「尹胡」，原作「尹商」，據四庫本及通典卷一四一歷代沿革改。
〔一六〕「享」，原作「舞」，據四庫本及通典卷一四一歷代沿革改。
〔一七〕「三」，原作「二」，據四庫本及通典卷一四一歷代沿革改。
〔一八〕「三」，原作「二」，據上文及通典卷一四一歷代沿革改。
〔一九〕「蜀」，原作「昜」，據宋書卷一九樂志改。
〔二〇〕「壇」下原衍「奏」字，據四庫本及通典卷一四一歷代沿革删。
〔二一〕「壇」，原脱，據通典卷一四二歷代沿革改。
〔二二〕「奏」，原脱，據四庫本及通典卷一四二歷代沿革改。
〔二三〕「送」，原作「在」，據上下文及隋書卷一三音樂志改。
〔二四〕「天嘉」，原作「元嘉」，據四庫本及通典卷一四二歷代沿革改。
〔二五〕「引犧」，原作「相和五引」，據隋書卷一三音樂志改。
〔二六〕「祠」，原作「辭」，據隋書卷一三音樂志及通典卷一四二歷代沿革改。
〔二七〕「注」，原脱，據隋書卷一三音樂志及通典卷一四二歷代沿革補。

〔二八〕「造」，原作「動」，據四庫本、隋書卷一三音樂志及通典卷一四二歷代沿革改。
〔二九〕「哀」，原作「衆」，據元至正本、隋書卷一三音樂志及通典卷一四二歷代沿革改。
〔三〇〕「鄧彦海」，原作「鄧彦誨」，據通典卷一四二歷代沿革改。
〔三一〕「神祚」，原作「神胙」，據通典卷一四二歷代沿革改。下同。
〔三二〕「雲和之舞」，原作「靈和之舞」，據通典卷一四二歷代沿革改。
〔三三〕「昌」，原脱，據通典卷一四二歷代沿革補。
〔三四〕「悦般國」，原作「般悦國」，據通典卷一四二歷代沿革改。
〔三五〕「安豐王」，原作「王」，據通典卷一四二歷代沿革補。下「安豐王」同。
〔三六〕「諸器物准圖」之「諸」，原作「餘」，據通典卷一四二歷代沿革改。
〔三七〕「大護」，原作「大濩」，據元至正本及通典卷一四二歷代沿革改。
〔三八〕「族夏」，原作「旅夏」，據通典卷一四二歷代沿革改。
〔三九〕「于普明」，原作「於普明」，據元至正本、四庫本及通典卷一四二歷代沿革改。
〔四〇〕「同」，原作「周」，據四庫本及通典卷一四二歷代沿革改。
〔四一〕「六」，原作「二」，據新唐書卷二一禮樂志改。
〔四二〕「閶」，原作「同」，據新唐書卷二一禮樂志改。

〔四三〕「以上」，原作「已後」，據新唐書卷二二禮樂志改。
〔四四〕「雅」，原脱，據新唐書卷二二禮樂志補。
〔四五〕「元」，原作「三」，據宋史卷一二六樂志改。
〔四六〕「景雲河清歌」之「河清」，原誤倒，據舊唐書卷二八音樂志乙正。
〔四七〕「荀勗」，原作「荀旭」，據四庫本改。下同。
〔四八〕「比」，原作「北」，據四庫本及隋書卷一六律曆志改。
〔四九〕「宋」，原作「維」，據宋史卷七一律曆志改。

尚書通考卷五

五禮

吉凶軍賓嘉修之所以同天下之風俗。

孔穎達曰：「周禮大宗伯云：『以吉禮事邦國之鬼神示，以凶禮哀邦國之憂，以賓禮親邦國，以軍禮同邦國，以嘉禮親萬民之婚姻。』知五禮謂此也。帝王之名、古今之禮或殊，而以周之五禮爲此五禮者，以帝王相承，事有損益，後代之禮亦當是前代禮也。」

吉禮之別十有二

以禋祀祀昊天上帝　以實柴祀日、月、星、辰

以槱燎祀司中、司命、飌師、雨師　以血祭祭社稷、五祀、五嶽

以貍沈祭山林川澤　以疈辜祭四方百物

以肆獻祼享先王　以饋食享先王

以祠春享先王　以禴夏享先王

以嘗秋享先王　以烝冬享先王

凶禮之别有五
以喪禮哀死亡　以凶禮哀凶札
以弔禮哀禍烖　以禬禮哀圍敗
以恤禮哀寇亂
賓禮之别有八
春見曰朝　夏見曰宗　秋見曰覲　冬見曰遇
時見曰會　殷見曰同　時聘曰問　殷頫曰視
軍禮之别有五
大師之禮用衆也　大均之禮恤衆也
大田之禮簡衆也　大役之禮任衆也
大封之禮合衆也
嘉禮之别有六
以飲食之禮親宗族兄弟　以冠昏之禮親成男女
以賓射之禮親故舊朋友　以饗燕之禮親四方之賓客
以脤膰之禮親兄弟之國　以賀慶之禮親異姓之國

愚按周禮五禮，吴才老以爲唐虞時無此，只是五典之禮。然吉、凶、軍、賓、嘉，有天下者不能一日闕此，如律、度、量、衡之類，修之恐其廢墜也。但其目之凡，則或損或益，未可知耳。

五玉五等諸侯所執者，即五瑞也。

三帛

諸侯世子執纁，公之孤執玄，附庸之君執黄。

穎達曰：「周禮典命：『凡諸侯之適子誓於天子，攝其君，則下其君之禮一等。未誓，則以皮帛繼子、男之下。公之孤四命，以皮帛眡小國之君。』是諸侯世子、公之孤執帛也。附庸雖則無文，而爲南面之君，是一國之主。春秋時，附庸之君適魯，皆稱來朝。未有爵命，不得執玉，則亦繼小國之君，同執帛也。經言三帛，必有三色。所云纁、玄、黄者，孔云或有所據，未知出何書也。王肅云：『三帛，纁、玄、黄也。附庸與諸侯之適子、公之孤執皮帛，其執之色(一)未詳聞。或曰孤執玄，諸侯之適子執纁，附庸執黄。』王肅之注尚書，其言多同孔傳。周禮孤與世子皆執皮帛，鄭玄云：『皮帛者，束帛而表之以皮爲之飾。皮，虎豹皮也。』此三帛不言皮，於時未以皮爲飾。」

二生

卿執羔，大夫執鴈。

穎達曰：「此皆大宗伯文也。鄭玄曰：『羔，小羊，取其群而不失其類也。鴈，取其候時而行也。雉，取其守介，死不失節也。曲禮云：飾羔鴈者以繢。謂衣之以布而又畫之。雉，執之無飾。士相見禮卿大夫飾贄以布，不言繢。此諸侯之臣與天子之臣異也。』鄭之此言，論周之禮耳。虞時每事猶質，羔、鴈不必有飾。」

一死　贄總言六贄。

士執雉。

穎達曰：「曲禮云：『諸侯圭，卿羔，大夫鴈，士雉。』雉不可生，知一死是雉，二生是羔、鴈也。鄭玄云：『贄之言至，所執以自至也。』」

如五器

劉侍講曰：「如，同也。五器，即五禮之器也。周禮六器、六贄，即舜之遺法也。」

愚按穎達曰：「器謂圭、璧，即五玉是也。」夏氏曰：「以物言則曰玉，以寶言則曰瑞，以形言則曰器。」今云周禮六器，則此五器當是柴望禮神之物。經文序於「五禮」之下，非其次矣。周禮六器，禮天地四方。今闕其一，非其比矣。且「如」者，亦審其同而辨其僞之意。蓋諸侯以五玉來見天子，而天子又合符之。班瑞，受終之事也。如器，巡狩之事也。

五載一巡守群后四朝

一年天子巡守四岳，四方諸侯各覲於方嶽之下。　二年東方諸侯來朝於天子之國。

三年南方諸侯來朝於天子之國。　四年西方諸侯來朝於天子之國。

五年北方諸侯來朝於天子之國。

林氏曰：「天子巡狩，則有『協時月日』以下等事。諸侯來朝，則有『敷奏以言』以下等事。」

肇十有二州封十有二山濬川

冀州其山鎮曰霍山。○分東恒山之地爲并州，分東北醫無閭之地爲幽州。

并州其山鎮曰恒山。

幽州其山鎮曰醫無閭。

兖州其山鎮曰岱山。

青州其山鎮曰沂山。○分東北遼東等處爲營州。

營州

徐州

荆州其山鎮曰衡山。

揚州其山鎮曰會稽。

豫州其山鎮曰華山。

梁州

雍州其山鎮曰嶽山。

周禮職方氏有九州，無徐、梁、營。

爾雅有幽、營，無梁、青。

龜山楊氏曰：「十二州、九州，或分或合，因時而已，不必强爲之説。」

象以典刑流宥五刑鞭作官刑扑作教刑金作贖刑眚災肆赦怙終賊刑欽哉欽哉惟刑之恤哉

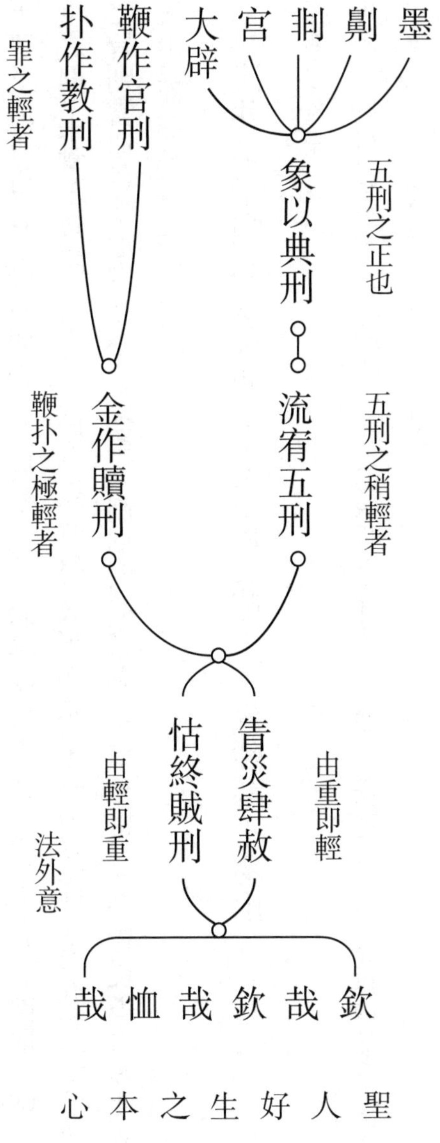

蔡氏曰：「象，如天之垂象以示人。示人以常刑，五刑之正也，所以待夫元惡、大憝、殺人、傷人、穿窬、淫放凡罪之不可宥者也。流宥五刑，所以待夫罪之稍輕，雖入於五刑，而情可矜，法可疑，與夫親貴勳勞而不可加以刑者，則以此而寬之也。鞭作官刑者，木末垂革，官府之刑也；朱子曰：『自有一項刑治官府之胥吏，如周禮治胥吏鞭五百、鞭三百之類。』扑作教刑者，夏、楚二物，學校之刑也，朱子曰：『凡教人之事有不率者，則用此刑鞭扑之，如侯明、撻記之類。』皆以待夫罪之輕者。金作贖刑者，蓋罪之極輕，雖入於鞭、扑之刑，而情法猶有可議者也。此五句者，從重入輕，各有條理，法之正也。眚災肆赦者，過誤而不幸入於刑，則不待流宥、金贖而直赦之也。怙終賊刑者，有恃而再犯，則雖當宥當贖，亦必刑之。此二句或由重而即輕，或由輕而即重，蓋用法之權衡，所謂法外意也。雖其輕重取舍不同，然欽恤之意，則未始不行乎其間也。蓋其輕重毫釐之間，各有攸當者，乃天討不易之定理。而欽恤之意行乎其間，則可以見聖人好生之本心也。」

朱子曰：「流專以宥肉刑，而不下及於鞭、扑。贖專以待鞭、扑，而不上及於肉刑。則其輕重之間，未嘗不致詳[二]也。至於過誤必赦、故犯必誅之法，則又權衡夫五者之內，欽恤之旨則嘗通貫乎七者之中。此聖人制刑明辟之意，至精至密，一一皆從廣大虛明心中流出，而非私智之所爲也。」

流共工于幽洲放驩兜于崇山竄三苗于三危殛鯀于羽山

流如水之流也。

共工「靜言庸違，象恭滔天。」左傳文十八年：「少皞氏有不才子，毀信廢忠，崇飾惡言，靖譖庸違，服讒蒐慝，以誣盛德。天下之民謂之窮奇。」杜預云：「即共工。」

幽洲北裔之地。水中可居曰洲。史記作「幽陵」。括地志云：「故龔城在檀州燕樂縣界，故老傳舜流共工於此。」

穎達曰：「釋水文。李巡曰：『四方有水，中央高，獨可居，故曰洲。』天地之勢，四邊有水。鄒衍書說：『九州之外，有瀛海環之。』是九州居水内，故以州爲名。共在一洲之上，分之爲九耳。州取水内爲名，故引爾雅解『州』也。投之四裔，裔訓遠也，當在九州之外，而言於幽州者，在州境之北邊也。禹貢羽山在徐州，三危在雍州，故知北裔在幽州。流四凶在治水前，於時未作十二州，而云幽州者，史據後定言之。」

放置之於此，不得他適也。

驩兜驩兜曰：「共工方鳩僝功。」○孔氏曰：「黨於共工，罪惡同。」○左傳曰：「帝鴻氏有不才子，掩義隱賊，好行凶德，醜類惡物，頑嚚不友，是與比周。天下之民謂之渾沌。」杜預曰：「即驩兜也。帝鴻，黄帝也。」

崇山南裔之山，在今澧州。○朱子曰：「或云在今澧州慈利縣。」

穎達曰：「禹貢無崇山，不知其處。蓋在衡嶺之南也。」

竄則驅逐禁錮之。

三苗國名，在江南荆、揚之間恃險爲亂者也。○孔氏曰：「縉雲氏之後，爲諸侯，號饕餮。」○左傳：「縉雲氏有不才子，貪於飲食，冒於貨賄，侵欲崇侈，不可盈厭，聚斂積實，不知紀極，不念孤寡，不恤貧匱。天下之民以比三凶，謂之饕餮。」杜預曰：「縉雲，黄帝時官名，非帝子孫，故以比三凶。貪財曰饕，貪食曰餮。」吴起云：「三苗之國，左洞庭，右彭蠡。」今江州、鄂州、岳州，三苗之地也。

三危西裔之地，即雍之所謂「三危既宅」者。○括地志云：「三危山有三峰，故曰三危。俗亦名卑羽山。在沙州燉煌縣東南三十里。」

殛則拘囚困苦之。

鯀「方命圮族，績用弗成。」左傳：「顓頊氏有不才子，不可教訓，不知話言，告之則頑，舍之則嚚，傲狠明德，以亂天常。天下之民謂之檮杌。」杜預云：「即鯀也。檮杌，凶頑無儔匹之謂。」

穎達曰：「祭法以鯀障洪水，故列諸祀典。功雖不就，爲罪稍輕，故後言之。」

羽山東裔之山，即徐之「蒙羽其藝」者。括地志云：「在沂州臨沂縣界。」

穎達曰：「漢書地理志云：羽山在東海郡祝其縣西南。海水漸及，故言在海中也。」

二十有八載帝乃殂落

堯十六歲自唐侯升爲天子，在位七十載，試舜三載，又老不聽政二十有八載。在位通計一百丹一年，壽一百十六歲。

咨二十有二人四岳、九官、十二牧也。周官言：「内有百揆、四岳，外有州牧、侯伯。」蓋百揆者，所以統庶官，而四岳者，所以統十二牧也。

十二牧十二州之牧也。

四岳所領四方諸侯有在朝者也。

伯禹姒姓，崇伯鯀之子也。○穎達曰：「賈逵云：『崇，國名。伯，爵也。』禹代鯀爲崇伯，入爲天子司空。以其伯爵，故稱伯禹。」

稷田正官。稷，名棄，姓姬氏，封於邰。

契臣名，姓子氏，封於商。稷、契皆帝嚳之子。

世系見史記。

黃帝 正妃嫘祖〔三〕，西陵氏女。

玄囂 玄囂是爲青陽，降居江水。括地志云：「在豫州新恩縣。」

玄囂—蟜極—帝嚳

帝嚳 次妃娵訾氏女，次妃陳鋒氏女；次妃簡狄，有娀氏女，元妃姜原，有邰氏女。

帝摯 帝堯 契 稷棄。

昌意 昌意降居若水。索隱云：「降，下也。言帝子爲諸侯。江水、若水，皆在蜀。」

昌意 娶蜀山氏女，曰昌僕。—顓頊高陽。—鯀—伯禹

漢書律曆志云：「顓頊五代而生鯀。」按鯀既仕堯與舜，系代殊懸，舜既顓頊六代孫，則鯀非顓頊之子。

五品

父子 君臣 夫婦 長幼 朋友五者之名位等級也。

五教

有親 有義 有別 有序 有信以五者當然之理而爲教令也。

蔡氏曰：「五者之理出於人心之本然，非有强而後能者。自其拘於氣質之偏，溺於物欲之蔽，始有昧於其理而不相親愛、不相遜順者。於是使之敬以敷教，而又寬裕以待之，使之優游浸漬，以漸而入，則其天性之真自然呈露，不能自已，而無無恥之患矣。」

唐聖任曰：「命稷而後命契，富而後教之序也。」

皋陶臣名。○左傳文十八年太史克曰：「昔高陽氏有才子八人：蒼舒、隤敳、檮戭、大臨、尨降、庭堅、仲容、叔達。」杜氏曰：「此即垂、益、禹、皋陶之倫。庭堅即皋陶字。」

五刑有服五服三就

服，服其罪也。吕刑所謂「上服」、「下服」是也。○孔氏曰：「服，從也。」

孔氏曰：「大罪於原野，大夫於朝，士於市。」穎達曰：「『行刑當就三處』，惟謂大辟罪耳。魯語云：『刑五而已，無有隱者。大刑用甲兵，次刑斧鉞，中刑刀鋸，其次鑽笮，薄刑鞭扑，以威民。大者陳之原野，小者致之市朝。五刑三次，是無隱也。』孔用彼爲説。」

蔡氏曰：「孔氏不知何據。竊恐惟大辟棄之於市，宫辟則下蠶室，餘刑亦就屏處。蓋非死刑，不欲使風中其瘠，誤而至死，聖人之仁也。」

五流有宅五宅三居五等象刑之當宥者也。流雖有五，而宅之但爲三等之居。

孔氏曰：「大罪四裔，次九州之外，次千里之外。」

王十朋曰：「命皋陶次於契，刑所以弼教也。」

夏氏曰：「舜命契，教以一言曰『寬』，命皋陶，教以一言曰『明』，簡而易守也。」

垂臣名。有巧思。莊子曰「攦工垂之指」，即此也。

殳、斨、伯與三臣名也。殳，以積竹爲兵，建兵車者。斨，方銎斧也。古者多以其所能爲名，殳、斨豈能爲二器者歟？

共工曲禮六工有土工、金工、木工、獸工、草工，周禮有攻木之工、攻金之工、攻皮之工、設色之工、摶埴之工，皆是也。

益孔氏曰：「皋陶之子也。」

虞掌山澤之官。周禮虞、衡，屬於夏官。

朱、虎、熊、羆四臣名。

孔氏曰：「垂、益所讓四臣，皆在元、凱之中。」左氏文十八年太史克曰：「高辛氏有才子八人：伯奮、仲堪、叔獻、季仲、伯虎、仲熊、叔豹、季貍。」杜氏曰：「此即稷、契、朱、虎、熊、羆之倫。」

蔡氏曰：「意以獸爲名者，亦以其能服是獸而得名歟？史記曰：『朱、虎、熊、羆爲伯益之佐。』前殳、斨、伯與亦爲垂之佐也。」

伯夷臣名。姜姓。

穎達曰：「鄭語云：『姜，伯夷之後也。』伯夷能禮於神以佐堯，是伯夷爲姜姓也。」

三禮祀天神、享人鬼、祭地祇之禮也。

秩宗主敘次百神之官，而專以秩宗名之者，蓋以宗廟爲主。周禮亦謂之宗伯，而都、家皆有宗人之官以掌祭祀之事，亦此意也。

孔氏曰：「宗，尊也，主郊廟之官。」

穎達曰：「主郊廟之官，掌敘鬼神尊卑，故以秩宗爲名。郊謂祭天南郊、祭地北郊，廟謂祭先祖，即周禮所謂天神、人鬼、地祇之禮是也。」

周禮大宗伯：「掌建邦之天神、人鬼、地祇之禮也，以吉禮事邦國之鬼神祇。」

夔臣名。

詩言志歌永言聲依永律和聲八音克諧無相奪倫

蔡氏曰：「心有所之，必形於言，既形於言，則必有長短之節，既有長短，則必有高下清濁之殊，故曰『聲依永』。聲者，宮、商、角、徵、羽也。大抵歌聲長而濁者爲宮，以漸而清且短，則爲商、爲角、爲徵、爲羽，所謂『聲依永』也。既有長短清濁，則又必以十二律和之，乃能成文而不亂。假令黄鐘爲宮，則太蔟爲商，姑洗爲角，林鐘爲徵，南吕爲羽。蓋以三分損益，隔八相生而得之。餘律皆然。即禮運所謂『五聲、六律、十二管還相爲宮』，所謂『律和聲』也。人聲既和，乃以其聲被之八音而爲樂，則無不諧協，而不相侵亂，失其倫次。」

愚按宮、商、角、徵、羽爲次者，取其聲之高下以漸而短者而言。蓋黄鐘之律九寸，太蔟八寸，姑洗七寸有奇，林鐘六寸，南吕五寸有奇。其寸之長短，皆以三分損益，隔八相生而得之。若以相生之法論之，則當以宮、徵、商、羽、角爲次。假令黄鐘爲宮，下生林鐘爲徵，又上生太蔟爲商，又下生南吕爲羽，又上生姑洗爲角，非以宮、商、角、徵、羽爲隔八相生之次也。

朱子曰：「詩之作，本言志而已。方其詩也，未有歌也。及其歌也，未有樂也。以聲依永，以律和聲，則樂乃爲詩而作，非詩爲樂而作也。詩出乎志者也，樂出乎詩者也。詩者其本，而樂者其末也。」

又曰：「古人作詩，亦是説他心下所存事，人便將他詩來歌。其聲之清濁長短，各依他作詩之語言，却將律來調和其聲。今人却又安排下腔調，然後做言語去合腔子，豈不是倒了？却是永依聲也。古人是以樂去就他詩，後世是以詩去就他樂，如何解興起得人？」又曰：「音律如尖塔樣，闊者濁聲，尖者清聲。宮以下則太濁，羽以上則太清，皆不可爲樂，惟五聲者中聲也。」

新安陳氏曰：「假令黄鐘爲宮，相去一律而太蔟爲商，又相去一律而姑洗爲角，又相去二律而林鐘爲徵。相去二律則音節和，相去三律則音節遠。故角、徵之間，近徵收一聲，比徵稍下，曰變徵。他皆然。所以濟五聲之不及也。詳見律曆志及律吕新書等書。」

八音

周禮春官大師：「播之以八音：金、石、土、革、絲、木、匏、竹。」注云：「金，鐘鎛也。石，磬也。土，塤也。革，鼓鼗也。絲，琴瑟也。木，柷敔也。匏，笙也。竹，管簫也。」

龍臣名。

二十有二人四岳，所領諸侯有在朝者。十二州養民之官。九官：伯禹、棄、契、皋陶、垂、益、伯夷、夔、龍。

王氏曰：「百揆，百官之首，故先命禹。養民，治之先務，故次命稷。富然後教，故次命契。刑以弼教，故次命皋。工立成器，以爲天下利，又治之末，故次命垂。如此，治人者略備矣。然後及草木鳥獸，故次命益。民物如此，則隆禮樂之時也，故次命夷、夔。禮先樂後，故先夷後夔。樂作則治功成矣。群賢雖盛，治功雖成，苟讒間得行，則賢者不安，前功遂廢，故命龍於末，所以防讒間，衛群賢，以成其終，猶命十二牧而終以『難任人』，夫子答『爲邦』而終以『遠佞人』也。」

舜生三十徵庸三十在位五十載陟方乃死

蔡氏曰：「陟方，猶言升遐。竹書紀年帝王之殁皆曰『陟』。舜生三十年，堯方召用，歷試三年，居攝二十八年，通三十年，乃即帝位，又五十年而崩。史記言舜巡狩，崩於蒼梧之野，孟子言舜卒於鳴條，未知孰是。今零陵九疑有舜冢。」皇極經世紀舜丙辰即位，至禹十七年死，通爲一百一十年。

新安陳氏曰：「史於舜即位初，惟載咨岳牧，命九官，即以九載黜陟繼之，篇末總敘舜一生始終結之，中間幾五十年無事可見，何也？孔子曰：『舜有臣五人，而天下治。』又曰：『無爲而治者，其舜也與。』以此觀之，舜惟得聖賢之臣以共爲，故終身可恭己而無爲也。」

愚按經言「三十徵庸，三十在位」，禹謨三十有三載求禹禪位。孟子曰：「舜薦禹於天，十有七年。」正得一百一十年。而孔氏又增服喪三年，其一在三十之數，爲百一十二年。蓋採舜殂落之後有「三載，四海遏密八音」及孟子有「三年之喪畢」之說。然史既以舜始終年數總括於後，爲有明文，又合皇極經世所紀。故朱子曰：「舜年百有十歲。」

六府三事允治萬世永賴時乃功

六府三事圖

「六府」用王炎説，「三事」用蔡傳。

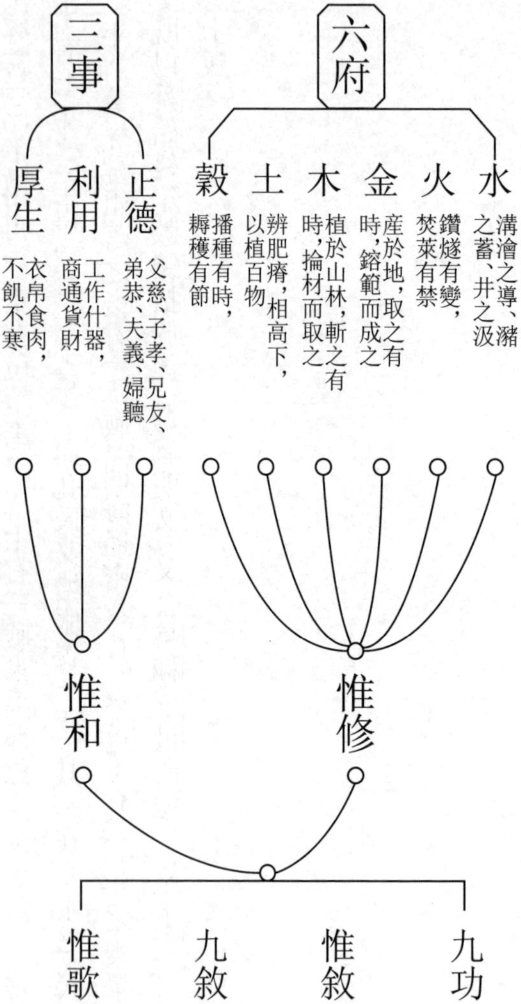
六府
水 溝澮之導、豬之蓄、井之汲
火 鑽燧有變，焚萊有禁
金 産於地，取之有時，鎔範而成之
木 植於山林，斬之有時，掄材而取之
土 辨肥瘠，相高下，以植百物
穀 播種有時，耨穫有節
三事
正德 父慈、子孝、兄友、弟恭、夫義、婦聽
利用 工作什器，商通貨財
厚生 衣帛食肉，不飢不寒
惟修
惟和
九功
惟敘
九敘
惟歌

愚按此圖可見功成作樂之意。蓋始者，六府之所以修，三事之所以和，雖欲作樂，不可强也。及其既修既和，則沐浴膏澤，而歌詠勤苦，皆有自然之樂。於斯時也，聖人乃即其前日歌詠之言，叶之律吕，播之聲音，而後樂始作也。故六府三事之雜然，而獨終之以「九敘惟歌」之一句。傳曰：「必世後仁。」豈不信然？

人心惟危道心惟微惟精惟一允執厥中

帝王道統傳授之圖　堯　允執其中　舜　禹　允執厥中　惟精　惟一　湯　建中　武　建極

愚按中者，無過不及，大公至善之道也。鄉鄰有鬭而閉户，所謂無過也。往救則過矣。同室有鬭，被髮纓冠而救之，所謂無不及也。閉户不救，則不及矣。上帝降衷，不豐於聖，不嗇於愚，所謂大公也。事理當然之極，而無一毫私僞之雜，所謂至善也。常人之情，氣質物欲，流而罔覺，天理民彝，微而莫察，知有人心而不知有道心，所以失其中。聖人則明睿所照，精以不雜，始終無間，一以不貳，道心爲主，而人心聽命，所以得其中。聖愚之相去遠矣，其分則在乎中之存與否耳。故自帝而王，若堯之舍嫡傳賢，舜之殛父興子，湯、武之征誅易位，其變也。爲天地立心，爲生人立命，爲萬世開太平，其常也。聖人所以大過人者，無他，亦時中而已。堯、舜、禹見而知之，口傳面命。湯、武以來，聞而知之，躬行心得。而書簡載述，先後相符，時雖異而聖則同也。然則中之一字，乃聖學相傳之統，千萬世帝王之治法也。後之欲法帝王之治者，可不於是而求之乎？

舞干羽于兩階七旬有苗格

穎達曰：「釋言云：『干，捍也。』孫炎曰：『干，楯，自蔽扞也。』以楯爲人扞，通以干爲楯名。故孔氏云：『干爲楯。』釋言又云：『纛，翳也。』郭璞云：『舞者持以自蔽翳也。』故明堂位云：『朱干玉戚以舞大武。』戚，斧也。是武舞執斧執楯。詩云：『左手執籥，右手秉翟。』是文舞執籥秉羽。故干、羽皆舞者所執。」

天命有德五服五章哉

蔡氏曰：「五等之服，自九章以至一章是也。」

周禮典命：「上公九命爲伯，衣服、禮儀皆以九爲節。侯、伯七命，皆以七爲節。子、男五命，以五爲節。」

司服：「公之服，自衮冕而下，如王之服。侯、伯之服，自鷩冕而下，如公之服。子、男之服，自毳冕而下，如侯、伯之服。孤之服，自希冕而下，如子、男之服。卿大夫之服，自玄冕而下，如孤之服。士之服，自皮弁而下，如大夫之服。」

蔡元度曰：「公九章，侯、伯七章，子、男五章，孤三章，大夫一章，士服皮弁，無章數。」

禹曰予乘四載

蔡氏曰：「水乘舟，陸乘車，泥乘輴，丑輪切。山乘樏。力追切。輴，史記作『橇』，音蕝。漢書作『毳』。其狀如箕，擿行泥上。樏，史記作『橋』，漢書作『梮』。居足切。以鐵爲之，其形似錐，長半寸，施之履下，以上山不蹉跌也。」

予決九川距四海濬畎澮距川

蔡氏曰：「九川，九州之川也。周禮：一畝之間，廣尺，深尺，曰畎。一同之間，廣二尋，深二仞，曰澮。畎、澮之間有遂，有溝，有洫，皆通田間水道，以小注大。言畎、澮而不及遂、溝、洫者，舉小大以包其餘也。先決九川之水，使各通於海，次濬畎、澮之水，使各通於川也。」

愚按畎、澮之制，蔡氏但據周禮言之，蓋虞夏之制已無所考。然少康「有田一成，有衆一旅」，與一甸六十四井五百一十二家之數略同，則田制亦不甚異也。

考工記：「匠人爲溝洫，耜廣五寸，二耜爲耦。一耦之伐，廣尺，深尺，謂之畎。田首倍之，廣二尺，深二尺，謂之遂。九夫爲井，井間廣四尺，深四尺，謂之溝。方十里爲成，成間廣八尺，深八尺，謂之洫。方百里爲同，同間廣二尋，深二仞，謂之澮。專達於川。凡天下之地勢，兩山之間必有川焉，大川之上必有涂焉。」注云：「三夫爲屋，屋，具也。一井之中，三屋九夫，三三相具，以出賦税，共(四)治溝也。方十里爲成，成中容一甸，甸方八里，爲出田税，緣邊一里治洫。方百里爲同，同中容四都，六十四成，方八(五)十里出田税，緣邊十里治澮。」

畎澮　陳祥道曰：「書曰：『濬畎、澮，距川。』詩曰：『惟禹甸之。』語曰：『禹盡力乎溝洫。』春秋傳曰：『少康之在虞思，有田一成，有衆一旅。』則井田、溝洫之制尚矣。周官小司徒：『經土地而井牧其田野，九夫爲井，四井爲邑，四邑爲丘，四丘爲甸，四甸爲縣，四縣爲都，以任地事，以令貢賦。』遂人：『凡治野，夫間有遂，遂上有徑。十夫有溝，溝上有畛。百夫有洫，洫上有涂。千夫有澮，澮上有道。萬夫有川，川上有路，以達於畿。』考工記：『匠人爲溝洫，廣尺，深尺，謂之甽。田首倍之，廣二尺，深二尺，謂之遂。九夫爲井，井間廣四尺，深四尺，謂之溝。方十里爲成，成間廣八尺，深八尺，謂之洫。方百里爲同，同間廣二尋，深二仞，謂之澮。』司馬法：『六尺爲步，步百爲畝，畝百爲夫，夫三爲屋，屋三爲井，井十爲成，成十爲通，通十爲終，終十爲同。』蓋三屋爲井，井方一里，九夫。四井爲邑，邑方二里，三十六夫。十六井爲丘，丘方四里，百四十四夫。六十四井爲甸，甸方八里，五百七十六夫。二百五十六井爲縣，縣方十六里，二千三百四夫。一千二十四井爲都，都方三十二里，九千二百一十六夫。康成以小司徒有邑、甸、縣、都之別，而其〔六〕名與采邑同，匠人有甽、遂、溝、洫、澮之制，而多寡與遂人異，故言采地制井田，鄉遂、公邑制溝洫。又謂鄉遂、公邑之吏，或促民以公，使不得恤其私。諸侯專國之政，或恣爲貪暴，税民無藝。故畿内用夏貢，邦國用商助。賈公彦之徒遂以載師自國中園廛以至甸、稍、縣、都，皆無過十二，是鄉遂及四等公邑皆用貢而無助，以明鄉遂特爲溝洫而已。然先王之爲井田也，使所飲同井，所食同田，所居同廛，所服同事，出入相友，守望相助，疾病相扶持。鄉遂，六軍之所寓，庸豈〔七〕各授之田而不爲井法乎？大田之詩言『曾孫來止』，而歌『雨我公田，遂及我私』。噫嘻之詩言春夏祈穀於上帝，而歌『駿發爾私，終三十里。亦服爾耕，十千維耦』。周官遂人言『興鋤』，旅師有『鋤粟』，此鄉遂井田之事也。鄭氏以鄉遂無井田，而又以遂人之法釋詩，以一井之法釋旅師，是自戾也。孟子曰『鄉田同井』、『請野九一而助』，則鄉遂之爲井田可知矣。載師之所徵賦，非一夫受田之法，而甸、稍、縣、都皆無過十二〔八〕，則采地有不爲井田可知矣。井田之制，方里而井，八家皆私百畝，其中爲公田，而廬舍在焉。公田八十畝，而家治十畝，廬舍二十畝，而家二畝半。廬舍在内，貴人也。公田次之，重公也。私田在外，賤私也。民年二十受田，六十歸田，而任之也有期。强者有所加予，罷者有所罰辱，而勸之也有法。此民所以樂事勸功而無憾於養生送死也。先王之時，上以仁撫下，下以義事上。以仁撫下，故先民而後公，則『駿發爾私』是也。以義事上，故先公而後己，則『雨我公田，遂及我私』是也。又私田稼不善，則非吏。公田稼不善，則非民。庸有鄉遂、公邑之吏，促民以公，使不恤其私者乎？小司徒『九夫爲井』，井間有溝，自井地言之也。遂人『十夫有溝』，兼溝涂言之也。然遂人『百夫有洫』，而匠人『十里爲成』，成間有洫，則九百夫之地。遂人『千夫有澮』，而匠人『百里爲同』，同間有澮，則九萬夫之地。其不同，何邪？成間有洫，非一成之地包以一洫而已，謂其間有洫。同間有澮，非一同之地包以一澮而已，謂其間有澮也。成與同，地之廣者也。洫與澮，溝之大者也。於成舉洫，於同舉澮，亦其大略云耳。」

前漢志曰：「理民之道，地著爲本。故必建步立畝，正其經界。六尺爲步，步百爲畝，畝百爲夫，夫三爲屋，屋三爲井，井方一里，是爲九夫。八家共之，各受私田百畝，公田十畝，是爲八百八十畝，餘二十畝以爲廬舍。出入相友，守望相助，疾病相救。」

夏貢 **商助** **周徹** 校數歲之中以爲常者，夏后氏之貢也。借民力以治公田者，商人之助也。兼貢、助而通行者，周人之徹也。周官載師：「園廛二十而一，近郊十一，遠郊二十而三，甸、稍、縣、都皆無過十二。」閭師：「任農以耕事，貢九穀。」司稼：「巡野觀稼，以年之上下出斂法。」此周之貢法也。詩曰：「雨我公田，遂及我私。」旅師有「鋤粟」，許慎釋「鋤」爲「助」。孟子曰：「九一而助。」穀梁曰：「十一藉而不稅。」此周之助法。藉而不稅，同乎商。王制：「古者公田藉而不稅。」鄭氏以爲商制。其貢法以年上下，則異乎夏。然夏之民耕五十畝而以五畝貢，商之民耕七十畝而以七畝助，皆什内之一。周之民耕百畝，以公田十畝徹[九]，什外之一。孟子言「其實皆什一」者，以其法雖少異，而其實不離什一也。孟子曰：「請野九一而助，國中什一使自賦。」九一，自地言之也。什一，自物言之也。鄭氏釋匠人，謂「通其率以什一爲正」。穎達之徒申之，謂「助則九而貢一，貢則什一[一〇]而貢一，通率爲什一」。是助之所取者重，貢之所取者輕，非孟子之意也。夏、商、周之授田，其畝數不同，何也？禹貢於九州之地，或言「土」，或言「作」，或言「乂」，蓋禹平水土之後，有土見而未作，有作焉而未乂，則於是時，人功未足以盡地力，故家五十畝而已。沿歷商、周，則田浸闢而法備矣，故商七十而助，周百畝而徹。詩曰：「信彼南山，惟禹甸之。畇畇原隰，曾孫田之。我疆我理，南東其畝。」則法略於夏、備於周可知矣。劉氏、皇氏〔一二〕謂：「夏之民多，家五十畝而貢。商之民稀，家七十而助。周之民尤稀，家百畝而徹。」熊氏謂：「夏政寬簡，一夫之地稅五十畝。商政稍急，一夫之地稅七十畝。周政極煩，一夫之地盡稅焉。而所稅皆什一。」賈公彥謂：「夏五十而貢，據一易之地，家二百畝而稅百畝也。商七十而助，據六遂上地百畝、萊五十畝而稅七十五畝也。周百畝而徹，據不易之地，百畝全稅之。」如四子之言，則古之民常多，而後世之民愈少，古之稅常輕，而後世之稅愈重，古之地皆一易，而後世之地皆不易。其果然哉？

力政 古者，府史胥徒有常職而不與，其所與者，軍旅、田役而已。故任之以地之媺惡，辨之以國、野之遠近，均之以歲之上下。小司徒：「上地家七人，可任也者家三人。中地家六人，可任也者二家五人。下地家五人，可任也者家二人。」此任之以地也。鄉大夫：「國中自七尺以及六十，野自六尺以及六十五，皆征之。」此辨之以國、野也。均人：「凡均力政，以歲上下。豐年則公旬用三日，中年則公旬用二日，無年則公旬用一日。凶札則無力役。」此均之以歲也。上地食七人，中地食六人，下地食五人，而任之者僅半而已。蓋以下養上則不足，以上養下則有餘。故凡起徒役，又無過家一人，所謂「施從其厚，事舉其中」，與「食壯者之食，任老者之事」同意。七尺、六尺，征之以其才。六十、六十有五，舍之以其齒。國中近而役多，故晚征而早舍，野遠而役少，故早征而晚舍，欲使勞役輕重均而已矣，與「近郊十一，遠郊二十而三，甸、稍、縣、都無過十二」同意。力政有征於鄉，有征於司徒。征於司徒，則公用之也。故豐年，公旬用三日，則是歲用二十七日。中年，公旬用二日，則是歲用十有八日。無年，公旬用一日，則是歲用九日而已。以均力政在歲成之後，惟用於冬之一時故也。其作之也，在鄉則族師以鼓鐸、旗物帥而至，大司徒以鄉之大旗致之。在遂則酇長以旗、鼓、兵革帥而至，遂人以遂之大旗致之。蓋鄉百家爲族，遂百家爲酇。百家然後致之以旗、鼓，則下於百家者，非必旗、鼓也。司徒之於六鄉，遂人之於六遂，以鄉、遂之大旗致之，則族師、酇長之旗非大旗也。鄉有鄉官致之，遂有遂官致之，至於邦、國、都、鄙、甸、稍、郊、里之地，縣師又備旗、鼓、兵器致之，則所統有其人，所會有其地，所治有其法。此所以如臂使指而無不率從也。其不役者，國中貴者、賢者、能者、服公事者、老者、疾者皆舍。又八十者一子不從政，九十者其家不從政，廢疾非人不養者一人不從政，父母之喪三年不從政，齊衰大功之喪三月不從政，將徙於諸侯者三月不從政，自諸侯徙家期〔二二〕不從政。然則役之，義也，舍之，仁也。義，故民忘其勞。仁，故民悦其德。此所以北山不均之刺不作於下，而餘力之頌日聞於上也。後世踐更之法，雖丞相之子不免戍邊，非所謂舍貴者也，絳之老人辱在泥塗，非所謂舍老者也，豈可與議先王之法哉？周禮均人無年之力政猶至九日，王制「用民之力，歲不過三日」，非周禮也。鄉大夫〔一三〕國、野之役至於六十、六十有五，王制曰「五十不從力政」，祭義曰「五十不爲甸徒」，亦非周制也。然六十不與服戎，恐周亦然。班超傳曰：「古者十五授兵，六十還之。」韓詩説：「三十授兵，六十還兵。」其授兵早晚雖殊，其六十還兵一也。

百畝爲夫

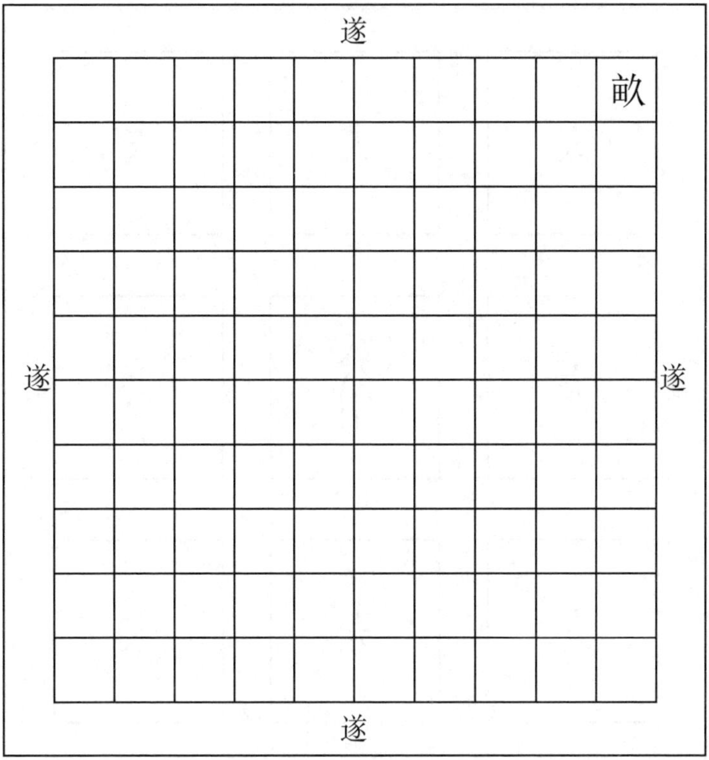

夫間有遂

匠人注曰：「古者耜一金，兩人併發之。其壟中曰甽，甽上曰伐。伐之言發也。田，一夫所佃百畝，畝方百步。遂者，夫間小溝。遂上亦有逕。」廣二尺、深二尺曰遂。

九夫爲井

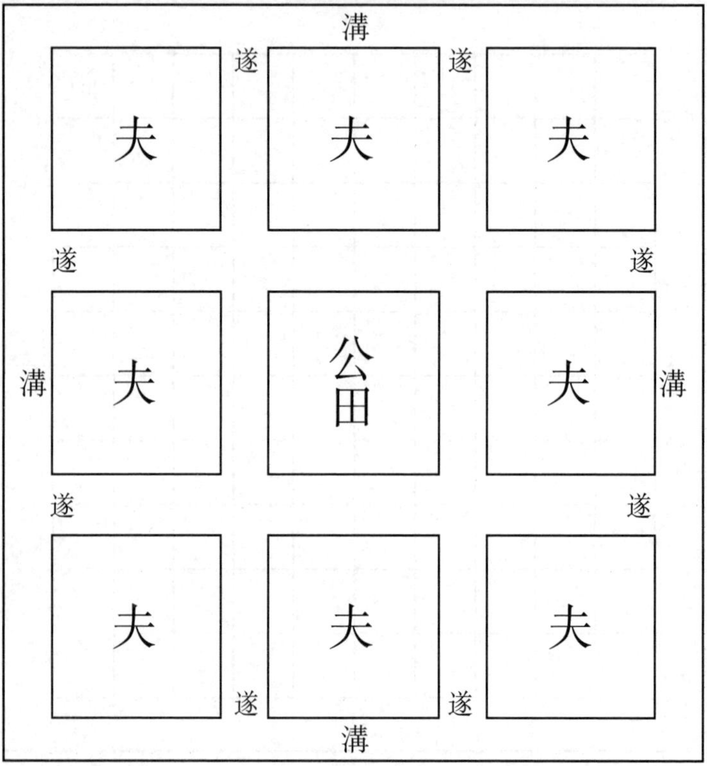

井間有溝

匠人注曰：「此畿内采地之制。九夫爲井。井者，方一里，九夫所治之田也。采地制井田，異於鄉遂及公邑。一井之中，三三相具，出賦稅，共治溝也。」廣四尺、深四尺曰溝。

四丘爲甸

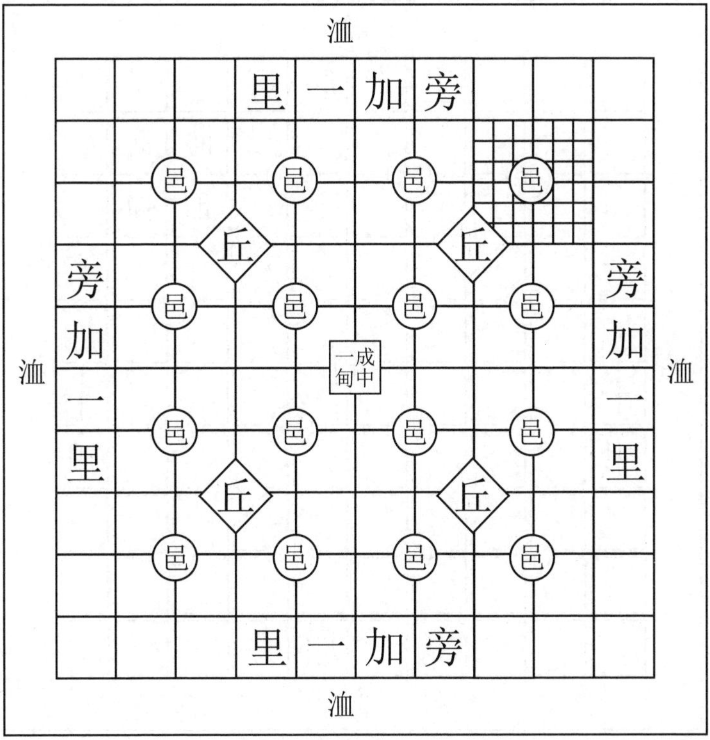

成方十里，成中容一甸。甸方八里，出田稅。緣邊一里治洫。四井爲邑，四邑爲丘，四丘爲甸，爲方八里，旁加一里，故方十里。甸之八里，開方計之，八八六十四井，五百七十六夫，出稅。旁加一里，三十六井，三百二十四夫，

四都爲同

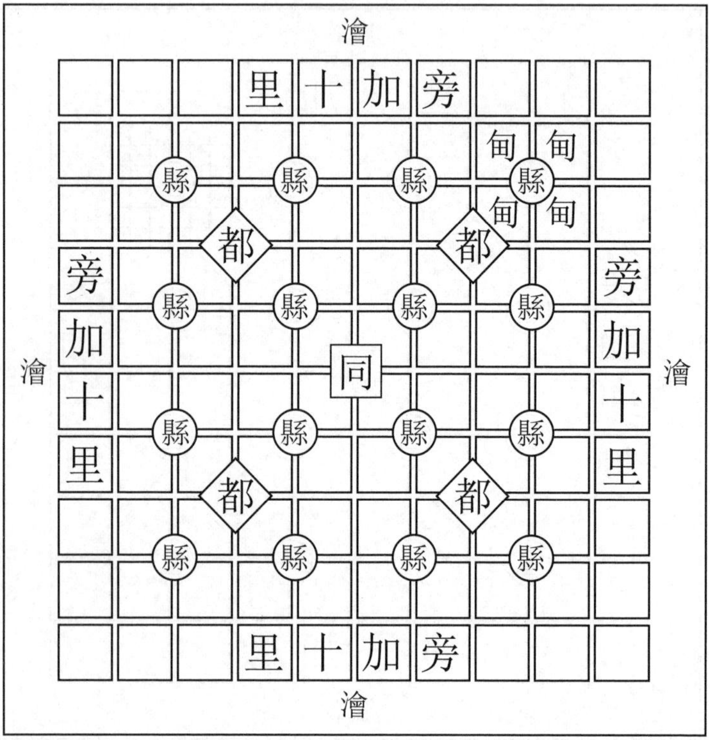

治洫。廣八尺、深八尺曰洫。廣二尋、深二仞曰澮。

同間有澮

注云：「方百里爲同，同中容四都，六十四成，方八十里，出田稅。緣邊十里治澮。」井田之制，備於一同。

遂人職：「凡治野，夫間有遂，遂上有徑。十夫有溝，溝上有畛。百夫有洫，洫上有涂。千夫有澮，澮上有道。萬夫有川，川上有路，以達於畿。」注云：「十夫，二鄰之田。百夫，一酇之田。千夫，二鄙之田。萬夫，四縣之田。遂、溝、洫、澮，皆所以通於川也。萬夫者，方三十三里少半里，九而方一同。以南畝圖之，則遂從溝横，洫從澮横，九澮而川周其外焉。去山陵、林麓、川澤、溝洫、城郭、宫室、涂巷三分之制，其餘如此，以至於畿。則中雖有都鄙，遂人盡主其地。」

莆陽黄四如曰：「鄭司農、盱江李氏皆以爲周之天下不純用井田。其説曰：載師職『近郊十一，遠郊二十而三，甸、稍、縣、都皆無過十二』，安在爲井田之法？周之畿内不用井田，而用井田者，畿外侯國之制。此鄭康成等説也。匠人職『九夫爲井』云云，曰此畿内采地爲井田之制。遂人職『夫間有遂』云云，曰此鄉遂溝洫之法。甸、稍、縣、都十二取民之法，既與畿外井田九一之法不同，縣、都采地一井一溝之法，匠人。又與鄉遂十夫同爲一溝之法不同。誰謂成周盡用井田之法？此亦鄭司農等説也。夫成周實舉天下通用井田，其著於經，本無抵牾。而讀者不知經文有上下相蒙、縱横互見之義，故爲之説耳。吾觀載師職皆指園廛而言，冠『國』與『園廛』三字於其上，而其下者悉蒙上文。今以十二爲田税用，畿内用貢法，以井田爲侯國用之，王畿不用，則經文『九夫爲井』等語皆可棄而不顧矣。遂人言『十夫有溝』，以横言之。匠人言『九夫爲溝』，以方度之。其實則一。是縱横互見，彼此相明而已。而曰匠人溝洫之説，『采地制井田，異於鄉遂』，殊不可曉。載師謂之『任地』，則非田也，謂『園廛』，又非田矣，漆林又非田之所植，豈得謂之田税？周之徹法最爲盡善。『度其隰原，徹田爲糧』，蓋自公劉已然，後特遵而守之耳。或曰：周爲井田，田有不可井者，奈何？曰：所謂井田，其亦可井者井之爾。山川陵谷，所在有之，如不可井，則亦計其夫家與步畝之數授之，取登足而已，何必坦然如一枰，而溝洫縱横於其上乎？經生説經，必欲畫地爲圖，四方平正，以就死法。故其爲説，例皆互異，不能自通，於是立井田、溝洫異制之説。又不能通，則以爲此商制，此夏制。皆不足據也。」

予欲觀古人之象日月星辰山龍華蟲作會宗彝藻火粉米黼黻絺繡

蔡氏曰：「易曰：『黄帝、堯、舜垂衣裳而天下治，蓋取諸乾坤。』則上衣下裳之制，創自黄帝，而成於堯、舜也。」

衣之六章（其序自上而下）	裳之六章（其序自下而上）
日月星辰：取其照臨也	宗彝：虎、蜼，取其孝也
山：取其鎮也	藻：水草，取其潔也
龍：取其變也	火：取其明也
華蟲：雉取其文也	粉米：白米，取其潔也
	黼：若斧形，取其斷也
	黻：爲兩「己」相背，取其辨也
繪之於衣	繡之於裳

白與黑謂之黼

黑與青謂之黻

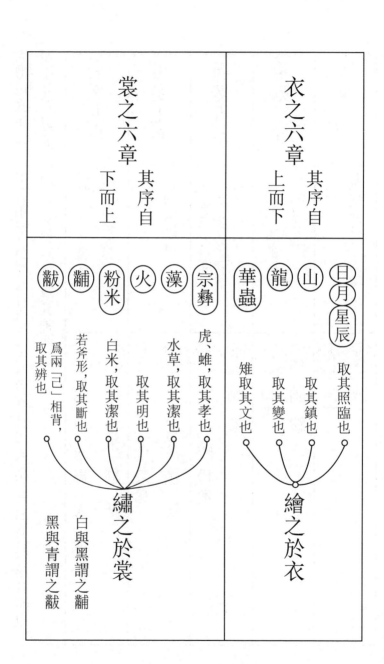

周禮司服注云：「王者相變，至周以日、月、星辰畫於旌旗，所謂『三辰旂旗，昭其明也』。冕服九章，登龍於山，登火於宗彝，尊其神明也。」

衮冕九章	以龍爲首，言龍首卷然。以衮爲名。	衣	龍　山　華蟲　火　宗彝
		裳	藻　粉米　黼　黻
鷩冕七章	以雉爲首。華蟲即鷩雉也。	衣	華蟲　火　宗彝
		裳	藻　粉米　黼　黻
毳冕五章	以虎、蜼爲首。虎、蜼毛淺，毳是亂毛，故名之。	衣	宗彝　藻　粉米
		裳	黼　黻
希冕三章	刺粉米，無畫也。希又作絺。	衣	粉米
		裳	黼　黻
玄冕一章	衣無文。裳刺黻而已。	衣	無文
		裳	黻

凡冕服皆玄衣纁裳。

周禮司服：「王祀昊天上帝，則服大裘而冕，祀五帝亦如之。享先王則衮冕，享先公、饗、射則鷩冕，祀四望、山、川則毳冕，祭社、稷、五祀則絺冕，祭群小祀則玄冕。」又：「公之服，自衮冕而下。侯、伯之服，自鷩冕而下。子、男之服，自毳冕而下。孤之服，自希冕而下。卿大夫之服，自玄冕而下。」注云：「自公之衮冕至卿大夫之玄冕，皆其朝聘天子及助祭之服。諸侯非二王後，其餘皆玄冕而祭於己。」雜記曰：『大夫冕而祭於公，弁而祭於己。士弁而祭於公，冠而祭於己。』」

十二章服　陳祥道曰：「古之服章十有二，而日、月、星辰、山、龍、華蟲繪於衣，宗彝、藻、火、粉米、黼、黻繡於裳。則星，五星也。辰，十二次也。華蟲，雉也。宗彝，虎彝、蜼彝也。粉米，粉其米也。黼，白黑文也。黻，黑青文也。蓋日、月、星辰，在天成象者也。山、龍、華蟲、虎、蜼、藻、火、粉米、黼、黻，在地成形者也。在天成象者，道之運乎上。在地成形者，道之散乎下。道固始終於東北，故山、龍而降，始山終黻，莫不有序。何則？山居東北，冬、春交也，龍，春也，華蟲，夏也，虎，秋也，蜼，冬也，周而復始，則藻，春也，火，夏也，粉米，中央也，黼，秋、冬交也，黻，冬、春交也。龍與華蟲，陽之陽也，故繪而在衣。虎與蜼，陽之陰也，故繡而在裳。然則古者合三辰以在服，備十二章以則天數，故章與四時相順。後世判三辰以在旗，而服止九章，以法陽數，故章與四時相變。鄭康成謂：『周服九章，登龍於山，登火於宗彝，以尊其神明。』理或然也。觀周禮稱『袞冕』，禮記稱『天子龍袞』，又曰『龍卷以祭』，上服言龍袞，不言山，則升龍於山可知矣。司服五章之服曰毳冕。毳，毛物。毛物，虎、蜼也。五章言毳冕，而不言藻，則升火於宗彝可知也。升春物於冬、春交之上，升夏物於春之前，則章與四時相變可知也。禮記曰：『王被袞以象天。』則行天之物，變化不測，天道之象也。左傳臧僖伯曰：『三辰旂旗，昭其明也。火、龍、黼、黻，昭其文也。』子太叔曰：『爲九文、六采、五章以奉五色。』夫僖伯言服，止於火、龍，太叔言色，止於九文，則周之冕服止於九章，而無日、月、星辰，明矣。先儒謂華非蟲，粉非米；宗彝有山、龍、華蟲之飾，而服無宗彝之文；山、龍至華蟲，尊者在上，藻、火至黼、黻，尊者在下，皆臆論也。『五色備爲繡，葛之精者爲絺』，孔穎達申安國之傳，謂古者尚質，絺纚而繡之，以爲祭服，後代無用絺者。此説是也。」

日月 古者日、月、星辰畫於衣，至周，登三辰於旗。

星辰 周禮大宗伯：「以實柴祀日、月、星、辰。」保章氏：「掌天星，以志星、辰、日、月之變動。」鄭氏謂：「星，五緯。辰，日、月所會之次。」孔安國釋書「曆象日月星辰」，謂：「星，四方中星。辰，日、月所會。」鄭氏於書，亦以星、辰爲一。孔穎達曰：「敬授人時，無取五緯之義。鄭氏觀文爲説也。」然則衣之所畫，蓋五星與十二次也。若旂則畫日、月、北斗七星而已。故禮記言「招摇在上」，穆天子傳言「天子葬盛姬，建日、月、七星」。

山 古者衣、韍、尊、圭，皆有山飾。考工記曰：「山以章。」荀卿曰：「天子山冕，諸侯玄冠。」書大傳曰：「山、龍，青也。」

龍 古者衣、韍、旂、旃、儀禮有龍旃。簨、虡、盾、輴、勺、帷，皆飾以龍。周禮曰：「交龍爲旂。」覲禮曰：「升龍、降龍。」爾雅曰：「升白龍於縿〔一四〕。」曲禮曰：「左青龍。」書大傳曰：「山、龍，青也。」龍有升、降，白者升於縿，則青者降矣。白，陰而升；青，陽而降。此交泰之道也。許慎曰：「卷龍繡於下幅，一龍蟠阿上嚮。」然龍繪於上幅，非繡於下幅。慎之説誤矣。

華蟲 翟也。翟不特於王服，而后之車服亦有焉，所謂褘翟、褕翟、闕翟、重翟、厭翟是也。不特后之車服，而舞與喪禮亦用焉。書與周禮言羽舞、詩言秉翟、大記言褕絞是也。孔安國、顧氏以華蟲爲二章，非是。

宗彝 書曰「班宗彝，作分器」，周禮「大約劑，書於宗彝」，則宗彝，宗廟之彝也。先王致孝，有尊有彝，而衣特以彝爲章者，以虎、蜼在焉故也。書謂之「宗彝」，周禮謂之「毳冕」，康成、穎達之徒謂毳畫虎、蜼，因號虎、蜼爲宗彝，其實虎、蜼而已。此説非也。書大傳曰：「宗彝，白。」蓋宗彝白，而虎、蜼各象其色耳。鄭司農以毳爲罽，孔安國謂山、龍、華、蟲爲飾，皆臆論也。

藻　水草也，施於衣與税而已。冕旒與玉璪亦曰藻，皆取其文而且潔也。書大傳曰：「藻、火，赤。」鄭氏釋巾車：「藻，水草，蒼色。」今藻色兼蒼、赤，伏、鄭各舉其一偏耳。

火　左傳曰：「火、龍、黼、黻，昭其文也。」大記曰：「火三列。」明堂位曰：「殷火，周龍章。」則火之所施多矣。考工記曰：「火以圜。」鄭司農曰：「圜形似火。」鄭康成曰：「形如半環是也。」大傳曰：「火赤。」孔安國謂：「火爲火字。」其説與考工記不合。

粉米　鄭氏以粉米爲一章，則粉其米也。粉其米，散利養人之義也。孔安國曰：「粉若粟冰，米若聚米。」顧氏曰：「粉取潔白，米取能養。」然粉亦米爲之一物，而爲二章，與章不類。其説非也。

黼　考工記曰：「白與黑謂之黼。」黼即斧也，刃白而銎黑，有剸斷之義。故裘、裳、席、巾、中衣〔一五〕、潁禪之領、冒之殺、覆槨之冪、飾棺用焉。

黻　考工記曰：「黑與青謂之黻。」施於衣與荒、翣。見大記。其文兩「己」相戾，蓋左青而右黑。此相辨之義也。黻亦作韍、芾，而韍亦作黻。左傳曰：「火、龍、黼、黻，昭其文也。」又曰：「衮、冕、黻、珽，昭其度也。」則黻珽之黻，乃韍也。白虎通曰：「黻，譬〔一六〕君臣可否相濟，見善改惡。」賈公彥曰：「觳，取臣民背惡向善。」

侯以明之

周禮司裘：「王大射，則共虎侯、熊侯、豹侯，皆設其鵠。諸侯則共熊侯、豹侯，卿大夫則共麋侯，皆設其鵠。」

注云：「王將有郊廟之事，以射擇諸侯及群臣與邦國所貢之士可以與祭者。可以觀德行，其容體比於禮，其節比於樂，而中多者，得與於祭。凡大射，各於其射宮。侯者，其所射也。凡此侯道，虎九十弓，熊七十弓，豹、麋五十弓。所射正，所謂侯者，天子中之，則能服諸侯，諸侯以下中之，則得爲諸侯。鄭司農云：『鵠，鵠毛也。方十尺曰侯，四尺曰鵠，二尺曰正，四寸曰質。』玄謂九十弓者，侯中廣一丈八尺。七十弓者，侯中廣丈四尺。五十弓者，侯中廣一丈。尊卑異等。考工記曰：『梓人爲侯，廣與崇方，三分其廣，而鵠居一焉。』然則侯中丈八尺者，鵠方六尺。侯中丈四尺者，鵠方四尺六寸大半寸。侯中一丈者，鵠方三尺少半寸。謂之鵠者，取名於鳱鵠。鳱鵠小鳥而難中，是以中之爲儁。」鳱，音鴈。

王葵初云：「侯之上、中、下皆用布，而兩傍飾以虎，其中設鵠爲的〔一七〕。其鵠眡其弓之數而降殺焉。凡侯，天子以三，諸侯以二，卿大夫以一。又梓人『爲侯』，曰：『張皮侯而棲鵠〔一八〕，則春以功。』皮侯即熊、虎、豹之三侯，天子大射之侯也。『張五采之侯，則遠國屬。』五采即五正之侯，天子賓射之侯。『張獸侯，則王以息燕。』此又天子燕射之侯也。其侯雖不見於經，而鄉射記言『天子熊侯，白質。諸侯麋侯，赤質。大夫布侯，畫以虎豹。士布侯，畫以鹿豕』，即獸侯爾。蓋大射以鵠，賓射以正，燕射以質，不可以不辨。」

畫布曰正，棲皮曰鵠。

校勘記

〔一〕「色」，原作「帛」，據上下文及尚書正義卷三舜典孔疏改。

〔二〕「詳」，原作「辟」，據四庫本及晦庵集卷六七舜典象刑説改。

〔三〕「祖」，原作「姐」，據元至正本改。

〔四〕「共」，原作「其」，據元至正本及周禮注疏卷四二匠人改。

〔五〕「八」，原作「六」，據元至正本及周禮注疏卷四二匠人改。

〔六〕「其」，原作「此」，據元至正本及禮書卷二六畝夫屋井改。

〔七〕「庸豈」，原作「豈庸」，據元至正本及禮書卷二六畝夫屋井乙正。

〔八〕「二」，原作「一」，據元至正本及禮書卷二六畝夫屋井改。
〔九〕「畝徹」，原作「徹助」，據禮書卷二八周徹改。
〔一〇〕「一」，原脱，據毛詩正義卷一四甫田之什孔疏、禮書卷二八夏貢商助周徹補。
〔一一〕「皇氏」，原作「曰王氏」，據下文及禮書卷二八夏貢商助周徹改。
〔一二〕「期」，原作「三月」，據禮記王制及禮書卷三三力政改。
〔一三〕「鄉」，原作「卿」，據四庫本及周禮鄉大夫改。
〔一四〕「縿」，原作「槮」，據爾雅釋天改。下同。
〔一五〕「中衣」，原作「扆」，據禮書卷二黼改。
〔一六〕「襞」，原作「壁」，據元至正本及禮書卷二黻改。
〔一七〕「的」，原脱，據元至正本補。
〔一八〕「鵠」，原作「革」，據周禮梓人改。

尚書通考卷六

弼成五服至于〔一〕五千州十有二師外薄四海咸建五長

蔡氏曰：「五服，甸、侯、綏、要、荒也。言非特平治水土，又因地域之遠近，以輔成五服之制也。五千者，每服五百里，五服之地，東西、南北相距五千里也。」

王肅云：「五千里者，直方之數。若其迴邪委曲，動有倍加之數。是直路五千里也。」

穎達曰：「鄭玄云：『地記書曰：崑崙山東南，地方五千里，名神州。』」穎達曰：「薄者，逼〔二〕近之義。外薄四海，言從京師而至於四海也。釋地云：『九夷、八狄、七戎、六蠻，謂之四海，謂九州之外也。』王制云：『五國以爲屬，屬有長。』故『諸侯五國，立賢者一人爲方伯，謂之五長，以相統治』，欲以共獎帝室故也。方伯，謂周禮『九命作伯』者也。王制云：『千里之外設方伯。』方伯，一州之長，謂周禮『八命作牧』者也。」

蔡氏曰：「十二師者，每州立十二諸侯，以爲之師，使之相牧，以糾群后也。」

夔曰戛擊鳴球搏拊琴瑟以詠祖考來格虞賓在位群后德讓下管鼗鼓合止柷敔笙鏞以間鳥獸蹌蹌簫韶九成鳳凰來儀

蔡氏曰：「戛擊，考擊也。搏，至；拊，循也。」

孔氏曰：「戛擊柷敔，所以作、止樂。搏拊，以韋爲之，實之以糠，所以節樂。」

穎達曰：「戛、擊是作用之名，非樂器也。故以戛、擊爲柷、敔。柷、敔之狀，經典無文。漢初以來，學者相傳，皆云：柷如漆桶，中有椎柄，動而擊其傍也。敔狀如伏虎，背上有刻，戛之以爲聲也。樂之初，擊柷以作之。樂之將末，戛敔以止之。故云『所以作、止樂』。釋樂云：『所以鼓柷謂之止，所以鼓敔謂之籈。』郭璞云：『柷如漆桶，方二尺四寸，深一尺八寸，中有椎柄連底，撞之，令左右擊。止者，其椎名也。敔如伏虎，背上有二十七鉏鋙，刻以木，長一尺，櫟之。籈者，其名也。』是言擊柷之椎名爲止，戛敔之木名爲籈。戛即櫟也。搏拊，形如鼓，以韋爲之，實之以糠，擊之以節樂。漢初相傳爲然也。」

愚按歌者在上，貴人聲也。球也，琴瑟也，皆取其聲之輕清，可以比於詠歌。故堂上之樂以歌爲主，雖與堂下之樂相間代作，然其奏也，又各自爲始終。其始作也，擊柷以合之，其音之有節也，又搏拊以節之。其終也，則戛敔以止之。雖不可以戛、擊爲柷、敔，然戛、擊者，柷、敔之用也。故經言「戛擊，鳴球，搏拊，琴瑟，以詠」，其言相錯成文，意自可見。若以爲考擊，則經文簡質，不當言戛、言擊而又言鳴。拊則明有其制。周禮太師「登歌，令奏擊拊」，則拊正爲堂上之樂，不得謂之「拊，循」矣。

球　玉磬也

周禮考工：「磬氏爲磬，倨句音鉤。一矩有半。注云：『必先度一矩爲句，一矩爲股，而求之弦。既而一矩有半觸其弦，則磬之倨句也。磬有大小，此假矩以定倨句耳。』其博爲一，博，股博也。股爲二，鼓爲三。參分其股博，去一以爲鼓博。參分其股博，以其一爲之厚。鄭司農云：『股，磬之上大者。鼓，其下小者，所當擊者也。』玄謂股外(三)面，鼓內面。假令磬股廣四寸半者，長九寸也。鼓廣三寸，長尺三寸半，厚一寸。已上則摩其旁，鄭司農云：『磬聲大上，則摩鑢其旁。』玄謂大上，聲清。薄而廣則濁。已下則摩其耑。或作端。大下，聲濁也。短而厚則清。」小胥：「正樂縣之位，王宮縣，諸侯軒縣，卿大夫判縣，士特縣。鄭司農云：『宮縣四面，軒縣去其一面，判縣又去一面，特縣又去一面。四面象宮室。三面，其形曲。』玄謂軒縣去南面，辟王也。特縣縣(四)於東方。凡縣鐘磬，半爲堵，全爲肆。鐘磬者編縣之，二八十六枚而在一虡，謂之堵。鐘一堵，磬一堵，謂之肆。諸侯之大夫，半天子之大夫，西縣鐘，東縣磬。士亦半天子之士，縣磬而已。」

薛圖曰：「天子八堵四肆，諸侯六堵三肆，卿大夫四堵二肆，士二堵一肆。」通志曰：「書云：『泗濱浮磬。』泗濱石可以爲磬。唐代用華原石，故白樂天作華原磬以譏之。」〔五〕

搏拊見前。

琴瑟

琴操曰：「伏羲作琴。」世本曰：「神農作琴。」樂記曰：「舜作五弦之琴，以歌南風。」明堂位曰：「大琴，大瑟，中琴，小瑟，四代之樂器也。」樂書曰：「琴長八尺一寸，正度也。」廣雅曰：「琴長三尺六寸六分，象三百六十六日。絃象五行。大絃爲君，寬和而温。小絃爲臣，清廉不亂。文王、武王加二絃，以合君臣之恩。」通典言：「伏羲作琴，以修身理性。」白虎通曰：「琴，禁也。琴止於雅，以正人心也。」通志曰：「桓譚新論曰：『五弦，第一弦爲宫，其次商、角、徵、羽。文王、武王各加一弦，以爲少宫、少商。』説者不同。又琴之始作，或云伏羲，或云神農。諸家所説，莫能詳矣。」「爾雅云：『大琴謂之離。』二十七絃，今無其器。齊桓公曰號鐘，楚莊曰繞梁，相如曰緑綺，伯喈曰燋尾，而傅玄琴賦則曰『非伯喈也』。瑟，世本云：『庖犧作，五十絃。黄帝使素女鼓瑟，哀不自勝，乃破爲二十五絃，具二均聲。』禮圖：『舊云雅瑟長八尺一寸，廣一尺八寸，二十三絃。其常用者十九絃，其餘四絃謂之番。番，嬴也。頌瑟長七尺二寸，廣尺八寸，二十五絃，盡用之。』易通卦驗：『人君冬至日，使八能之士鼓黄鐘之瑟。瑟用槐木，長八尺一寸。夏至日，瑟用桑木，長五尺七寸。』槐取其氣上也，桑取其氣下也。」見通志。

禮書曰：「樂記曰：『清廟之瑟，朱絃而疏越。』尚書傳曰：『大琴練絃達越，大瑟朱絃達越。』蓋越，底孔也；疏、達，通之也。朱絃，練而朱之也。蓋絲不練則勁而聲清，練則熟而聲濁。孔小則聲急，大則聲遲。故疏越以遲其聲，然後不至於太急；練絲以濁其聲，然後不失之太清。」

以詠

郊特牲曰：「歌者在上，匏竹在下，貴人聲也。」

周禮大師：「大祭帥瞽登歌，令奏擊拊。」鄭司農云：「登歌，歌者在堂也。登歌下管，貴人聲也。」

禮仲尼燕居：「升歌清廟，示德也。」

下 堂下之〔六〕樂也。

管

蔡氏曰：「猶周禮所謂陰竹之管、孤竹之管、孫竹之管也。」周禮春官大司樂注云：「孤竹，竹特生者。孫竹，竹枝根之末生者。陰竹，生於山北者。」

大師「下管播樂器，令奏鼓朄」，注云：「管者，貴人氣也。」

周禮小師掌教簫、管，瞽矇掌播簫、管，笙師掌吹篴、管。燕禮、大射皆下管新宮。禮記曰：「下管象。」詩曰：「磬管鏘鏘」，「簫管備舉」。爾雅曰：「大管謂之簥，音嬌。其中謂之篞，乃結反。小者謂之篎。」

鄭司農曰：「管如篪，六孔。」説文亦曰：「管，六孔，十二月之音。」鄭康成曰：「管如篴而小，併兩而吹之。」

通志曰：「爾雅曰：『長尺，圍寸，併漆之，有底。』古者以玉爲管。舜之時，西王母獻白玉琯是也。月令：『均琴、瑟、管、簫。』蔡邕章句曰：『管形長尺，圍寸，有孔，無底。其器今亡。』詩云：『嘒嘒管聲。』」

鼗鼓

蔡氏曰：「如鼓而小，有柄，持而摇之，則旁耳自擊。」世紀曰：「帝嚳命倕作鞞。」先儒謂小鼓有柄曰鞀，大鞀謂鞞。周官小師掌教鼓鼗，瞽矇掌播鼗。蓋鼗之播也，有瞽矇者，有眡瞭者。而其制，鄭氏以爲「如鼓而小，有柄，持而摇之，旁耳自擊」是也。周禮圖曰：「鼗，所以節樂，賓至乃作樂。故知賓至，摇之以作樂也。」通志曰：「世本云：『夷作鼓。』以桴擊之曰鼓，以手摇之曰鼗。」

柷敔又見前「戛擊」下。

詩曰：「鞉磬柷圉〔七〕。」荀卿曰：「鞉、柷、拊、椌、楬。」明堂位曰：「揩擊。」先儒謂之柷敔也。爾雅曰：「所以鼓柷謂之止，所以鼓敔謂之籈。」通典曰：「碎竹以擊其首而逆戛之〔八〕，以止樂。」宋依唐制，以竹爲籈，長二尺四寸，破一端，爲十二莖。樂將止，先擊其首，次三戛之。此以漢大予樂言之。蓋鼓柷謂之止，欲戒止於其早也。鼓敔謂之籈，謂修潔於其後也。柷，方二尺四寸，陰也。敔，二十七鉏語，陽也。樂作，陽也，以陰數成之。樂止，陰也，以陽數成之。固天地自然之理也。聲之所出，以虛爲本。椌以空，然後可擊。及其止，則歸於實焉。故敔爲伏虎之形，則實而已。

樂記曰：「聖人作爲椌、楬。」上苦江切，下苦八切。

笙

蔡氏曰：「笙以匏爲之，列管於匏中，又施簧於管端。」

禮記曰：「女媧之笙簧。」世本曰：「隨作笙。」通典曰：「未知何代人也。」禮曰：「三笙一和而成聲。」周禮：「笙師掌教吹竽、笙。」先儒謂笙列管匏中，施簧管端，大者十九簧，小者十三〔九〕簧，長四尺。簧，金鍱爲之。後世雅樂，和皆〔一〇〕十七簧。外設二管，不定置，謂之義管，每變均易調，則更用焉。由是定置二管於匏中，爲十九簧。笙師祭祀共「鐘笙之樂」，鄭氏曰：「與鐘相應曰笙。」韓非曰：「笙者，五聲之長。」

通典曰：「説文曰：『笙，正月之音。物生，故謂之笙。十三簧，象鳳之身。』列管匏內，施簧管端。宮管在中央。三十六簧曰竽，宮管在左傍。十九簧至十三簧曰笙。其他皆相似也。大笙謂之簧，小笙謂之和。詩傳曰：『吹笙則鼓簧矣。』蓋笙中之簧也。爾雅曰：『笙十九簧者曰巢，十三簧者曰和。』漢章帝時，零陵文學奚景於舜祠得笙，白玉管。後代易之以竹耳。笙，亦匏也。今之笙、竽，以木代匏而漆，殊愈於匏。荆、梁之南，尚仍古制。南蠻笙則是匏，其聲甚劣。」

鏞

蔡氏曰：「鏞，大鐘也。葉氏曰：鐘與笙相應曰笙鐘，與歌相應曰頌鐘。頌，或謂之鏞，詩『賁鼓維鏞』是也。大射禮：『樂人宿懸于阼階東，笙磬西面，其南笙鐘〔一一〕。西階之西，頌磬東面，其南頌鐘。』頌鐘即鏞鐘也。」

考索曰：「明堂位：『垂之和鐘。』世本云：『垂作鐘。』傳曰：『伏羲之孫鼓、延始爲鐘。』考工記：『六分其金而錫居一，謂之鐘鼎之齊。才細切。鳧氏爲鐘，兩欒謂之銑。鐘口兩角也。〔一二〕銑間謂之于，于上謂之鼓，鼓上謂之鉦，鉦上謂之舞，鄭司農云：于，鐘脣之上袪也。鼓，所擊處。舞上謂之甬，甬上謂之衡。此二名者，鐘柄。鐘縣謂之旋，旋蟲謂之幹。玄謂今時旋有蹲熊、蟠龍、辟邪。鐘帶謂之篆，篆間謂之枚，枚謂之景。鄭司農云：枚，鐘乳也。玄謂每處有九，面三十六。于上之攠音摩。謂之隧。攠，所擊之處。鐘已厚則石，已薄則播，侈則柞，聲大外也。弇則鬱。聲不揚。鐘大而短，則其聲疾而短聞。鐘小而長，則其聲舒而遠聞。』」

爾雅曰：「大鐘謂之鏞，其中謂之剽，音漂。小謂之棧。」

通志：「山海經云：『炎帝之孫鼓、延始爲鐘。』禮記云：『垂之和鐘。』鄭康成云：『垂，堯時鐘工。』未知孰是。」

朱子曰：「鎛鐘甚大，特懸鐘也。衆樂未作，先擊此鐘，以發其聲。樂既闋，乃擊特懸磬，以收其韻。」

又曰：「大曰鎛，爾雅謂之鏞。」

簫韶九成

蔡氏曰：「簫，古文作『箾』，舞者所執之物。説文云：『樂名箾韶。』季札觀周樂，見舞韶箾者，則箾韶蓋舜樂之總名也。今文作『簫』，故先儒誤以簫管釋之。九成者，樂之九成也。功有九敘，故樂有九成。九成，猶周禮所謂『九變』也。孔子曰：『樂者，象成者也。』故曰『成』。」

八音見通志。

金一

鐘　棧　鎛　錞于　鐃　鐲　鐸　方響　銅鈸　銅鼓　凡十

鐘見前。棧鐘東晉初得之，則爾雅所謂「鐘小者棧」也。小而編次之，亦曰編鐘。鎛如鐘而大。按前代有大鐘，若周之無射，非一皆謂之鐘也。錞于錞，時旬反。古禮器也，圓如錐頭，大上小下。周禮：「以金錞和鼓。」宋史云：「今人間猶時有其器。」則宋非廟庭所用。廣漢什邡人段祖以淳于獻始興王鑑。其器高三尺六寸六分，圍二尺四寸，圓如筩，音動。銅色黑如漆，甚薄。上有銅馬，以繩懸馬。令去地尺餘，灌之以水，又以器盛水於下，以芒當心跪注錞于。以手震芒，則聲如雷，清響良久乃絶。後周平蜀，得之。斛斯徵觀之，曰錞于也。依干寶周禮注驗之，如其言也。鐃如編鐘而無舌，有柄，摇之以止鼓。漢鼓吹曲有鐃歌。鐲鉦也，形如小鐘，軍行鳴之，以爲鼓節。周禮：「以金鐲節鼓。」近代有如大銅疊，垂而擊之，以節鼓，呼曰鉦。鐸大鈴也。周禮有「以金鐸通鼓」。三禮圖云：「以銅爲之，木舌爲木鐸，金舌爲金鐸。」方響梁有銅磬，蓋今方響之類也。方響，以鐵爲之，修九寸，廣二寸，圓上方下，架如磬而不設業，倚於架上，以代鐘磬。人間所用，纔三四寸。銅鈸亦謂之銅盤，出西戎及南蠻。其圓數寸，隱起如浮漚，貫之以韋，相擊以和樂也。南蠻國大者圓數尺。或謂齊穆士素〔一三〕所造。銅鼓鑄銅爲之，虛其一面，覆而擊其上。南夷扶南、天竺類皆如此。嶺南豪家則有之，大者廣丈餘。

西戎有吹銅角，長可二尺，形如牛角。

石二

磬　䥕虛嬌反。凡二

磬世本云：「叔所造。」不知何代人。又曰：「無句作磬。」古史考曰：「堯時人也。」禮記曰：「叔之離磬。」周禮：「磬師掌教擊磬，教縵樂、燕樂之鐘磬。」䥕爾雅曰：「䥕形似黎管，以玉爲之。」餘見前「鳴球」下。

土三

塤　缶　凡二

塤世本云：「暴辛公所造。」亦不知何代人。周畿内有暴國，豈其時人乎？爾雅曰：「燒土爲之，大如鵝子，鋭上平底，形似稱錘，六孔。小者如雞子，大曰嘂。音叫。」缶説文曰：「瓦器也，所以盛酒漿。秦人鼓之以節歌也。」爾雅曰：「盎謂之缶。」注云：「盆也。」詩云：「坎其擊缶。」

革四

鼓　齊鼓　擔鼓　羯鼓　都曇鼓　毛員鼓　答臘鼓　雞婁鼓　正鼓　節鼓

撫拍　雅　凡十二

鼓 世本云：「夷作鼓。」以桴擊之曰鼓，以手搖之曰鼗。周禮地官：「掌教六鼓四金之音聲，以節聲樂，以和軍旅，以正田役。教爲鼓而辨其聲用，以雷鼓鼓神祀，以靈鼓鼓社祭，以路鼓鼓鬼享，以鼖鼓鼓軍事，以鼛鼓鼓役事，以晉鼓鼓金奏。」禮記云：「夏后之鼓足，殷楹鼓，周懸鼓。」足，謂四足也。楹謂之柱，貫中上出也。懸者，設之簨簴。應鼓在大鼓側，以和大鼓。小鼓有柄曰鞀，大鞀謂之鞞，月令「仲夏修鞀、鞞」是也。然則鞀、鞞即鞉類也。帝王紀曰：「帝嚳命垂作鞞。」又有鼉鼓焉。近代有腰鼓，大者瓦，小者木，皆廣首而纖腹。**齊鼓** 狀如漆桶，大頭，設齊於鼓面，如麝齊，故曰齊鼓。**擔鼓** 如小甕，先冒以革而漆之。**羯鼓** 正如漆筩，兩頭俱擊。以出羯中，故號羯鼓，亦謂之兩杖鼓。**都曇鼓** 似腰鼓而小，以槌擊之。**毛員鼓** 似都曇而稍大。**答臘鼓** 制廣羯鼓而短，以指揩之，其聲甚震，俗謂之揩鼓。**雞婁鼓** 正員，而首尾可擊之處平可數寸。**正鼓**、和鼓者，一以正，一以和，皆腰鼓也。**節鼓** 狀如博局，中間員孔，適容其鼓，擊以節樂也。節，不知誰所造。傅玄節賦云：「黃鐄音橫。唱歌，九韶興舞。口非節不詠，手非節不拊。」此則所從來亦遠矣。**撫拍** 以韋爲之，實之以糠，撫之以節樂也。**雅** 周禮春官：「笙師（一四）掌教雅，以教祴樂。」教，教視瞭也。鄭衆曰：「雅，狀如漆筩而弇口，大二圍，長五尺六寸，以羊韋鞔之，有兩紐，疏畫之。」賈公彦云：「長疏而畫之。賓醉而出，奏祴夏，以此器築地，爲之行節，以明不失禮。」（一五）

絲五

琴 瑟 筑 箏 琵琶 阮咸 箜篌 竪箜篌 **凡八**

琴 **瑟** 見前。**筑** 不知誰所造也。史籍惟云高漸離善擊筑，漢高祖過沛所擊。釋名曰：「筑，似箏，細項。」按今制身長四尺三寸，項長三寸，圍四寸五分，頭七寸五分，上闊七寸五分，下闊六寸五分。**箏** 秦聲也。傅玄箏賦序曰：「世以爲蒙恬所造。今觀其器，上崇似天，下平似地，中空準六合，絃柱擬十二月。設之則四象在，鼓之則五音發。斯乃仁智之器，豈蒙恬亡國之臣能關思哉？」今清樂箏並十有二絃，他樂皆十有三絃。軋箏，以片竹潤其端而軋之。彈箏則用骨爪，長寸餘，以代指。**琵琶** 傅玄琵琶賦曰：「漢遣烏孫公主嫁昆彌，念其行道思慕，故使工人裁箏、筑爲馬上之樂。今觀其器，中虛外實，天地象也；盤圓柄直，陰陽敘也；柱十有二，配律呂也；四絃，法四時也。以方俗語之曰琵琶，取其易傳於外國也。」風俗通曰：「以手琵琶，因以爲名。」釋名曰：「推手前曰批，引手却曰把。」杜摯曰：「秦苦長城之役，百姓絃鼗而鼓之。」並未詳孰實。其器不列兩廂。今清樂奏琵琶，俗謂之「秦漢子」，圓體修頸而小，疑是絃鼗之遺制。傅玄曰：「體圓柄直，柱十有二。」其他皆兑上鋭下，曲項，形制稍大，本出胡中，俗傳是漢制。兼似兩制者，謂之「秦漢」，蓋謂通用秦、漢之法。梁史稱侯景之害簡文帝也，使太樂令彭儁齎曲項琵琶就帝飲，則南朝若無曲項者。五絃琵琶稍小，蓋北國所出。舊彈琵琶皆用木撥撣之，唐貞觀中始有手彈之法，今所謂搊琵琶者是也。風俗通謂「以手琵琶之」，乃知非用撥之義，豈上代固有搊之者？手彈法，近代已廢，自裴洛兒始爲之。**阮咸**亦秦琵琶也，而項長過於今制，列十有三柱。武后時蜀人蒯朗於古墓得之。晉竹林七賢圖阮咸所彈，與此類同，因謂之「阮咸」。咸，世以善琵琶、知音律稱。蒯朗初得銅者，時莫識之。太常少卿元行沖曰：「此阮咸所造。」乃令匠人改以木爲之，聲甚清雅。

箜篌 漢武帝使樂人侯調所作，以祠太乙。或謂侯暉所作。其聲坎坎應節，謂之坎侯，聲訛爲箜篌。侯〔一六〕者，因樂工人姓耳。古施郊廟雅樂，近代專用於楚聲。宋孝武大明中，吴興沈懷遠被徙廣州，造繞梁，其器與箜篌相似。懷遠亡，其器亦絶。或謂師延靡靡樂，非也。舊説一依琴制，今按其形，似瑟而小，絃用撥彈之，如琵琶也。

竪箜篌 胡樂也，漢靈帝好之。體曲而長，二十三絃。竪抱於懷中，用兩手齊奏，俗謂擘箜篌。鳳首箜篌，頸有軫。

木六

柷　敔　舂牘　拍板　凡四

柷敔見前。舂牘周制，笙師掌以教祴樂。虛中如筒，無底。鄭衆曰：「舂牘，以竹大五六寸，長七尺，短者一二尺，其端有兩空，髹畫。以手築地，賓醉而出，以節之。」舉以頓地如〔一七〕舂杵，亦謂之「頓相」。相，助也，以節樂也。或謂梁孝王築睢陽城，擊鼓爲下杵之節。睢陽操用舂牘，後代因之。拍板長闊如手，重十餘枚，以韋連之，擊以代抃。抃，擊其節也。情發於中，手抃足蹈。抃者，因其聲以節舞。龜茲伎人彈指爲歌舞之節，亦抃之意也。

匏七

笙　竽　凡二

笙見前。竽亦匏也。見前。

竹八

簫　管　箎　七星　籥　笛　篳篥　笳　角　凡七

簫世本曰：「舜所造。」其形參差，象鳳翼。十管，長二尺。爾雅曰：「編二十三管，長一尺四寸者曰䇾。音言。十六管，長尺三寸者曰筊。」音交。凡簫，一名籟。前代有洞簫，今無其器。蔡邕曰：「簫，編竹有底，大者二十三管，小者十六管。長則濁，短則清。以蜜蠟實其底而增減之，則和。」然則邕時無洞簫矣。管見前。篪世本曰：「暴辛公所造。」舊制云一曰管，非也。雖不知暴辛公何代人，而非舜前人明矣。舜時西王母獻琯，則是已有此器，辛公安得造篪乎？爾雅曰：「大篪謂之沂。」篪，以竹爲之，長尺四寸，圍三寸。一孔，上出寸三分，名曰翹。横吹之。小者尺二寸。廣雅云：「八孔。」今有胡吹，非雅器也。蔡邕月令章句云：「篪，竹也，六孔，有距。横吹之。」七星不知誰所作。其長盈尋。籥不知誰所造。按禮記：「葦籥，伊耆氏之樂也。」伊耆已有籥矣。周禮有籥師，掌教國子秋、冬吹籥。歷代文舞之樂所執羽籥是也。蓋詩所謂「左手執籥，右手秉翟」。爾雅云：「籥如笛，三孔而短小。」廣雅云：「七孔。大者曰産，中者仲，小者箹。」中，丁仲反。箹，音握。笛馬融長笛賦：「此器起近代，出於羌中。京房備其五音。」又稱「丘仲工其事」，不言所造。風俗通曰：「丘仲造笛，長尺四寸，七孔。武帝時人。後更有羌笛。」二説不同，未詳孰實。今長笛去觜。其加觜者，謂之義觜笛。按横笛，小篪也。漢靈帝〔一八〕好胡笛。宋書云「有胡篪，出於胡吹」，即謂此。胡吹歌云：「快馬不須鞭，拗折楊柳枝。下馬吹横笛，愁殺路傍兒。」此歌元出於北國，知横笛是北〔一九〕名也。篳篥本名悲篥，出於胡中。其聲悲。或云儒者相傳，胡人吹角以驚馬，後乃以笳爲首，竹爲管。笳杜摯有笳賦，云：「李伯陽入西戎所造。」晉先蠶注：「車駕住，吹小菰；發，吹大菰。」菰即笳也。又有胡笳。漢舊箏笛録有其曲，不記所出本末也。角書記所不載，或出羌胡，以驚中國馬。馬融又云出吴越。

八音之外又有三

一桃皮東夷有卷桃皮。二貝大蠡也，容可數升。並吹之，以節樂。亦出南蠻。三葉銜葉而嘯，其聲清震。橘柚尤善。或云卷蘆葉爲之，形如茄首也。

朱子琴律說圖以黃鐘一均之聲爲例。

琴長四尺五寸黃鐘九寸。琴長九尺，折其半，爲四尺五寸。起龍齦，至臨岳。

下生者三分去一，上生者三分益一。以宮、祉、商、羽、角爲序。

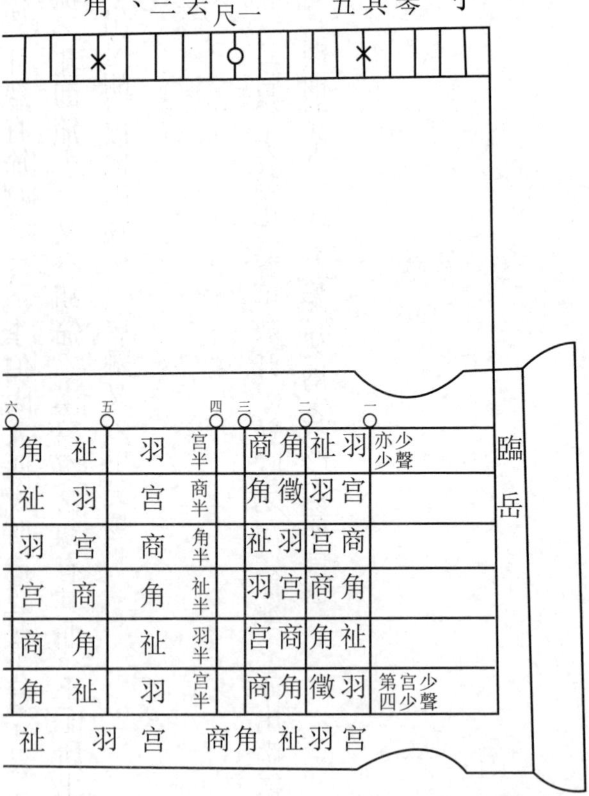

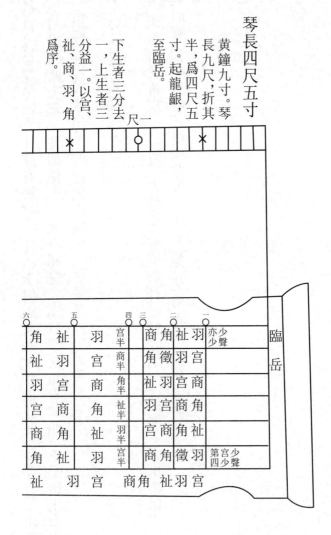

布徽之法，亦皆用三分去一之數。七至一疏密，與七至十三同。

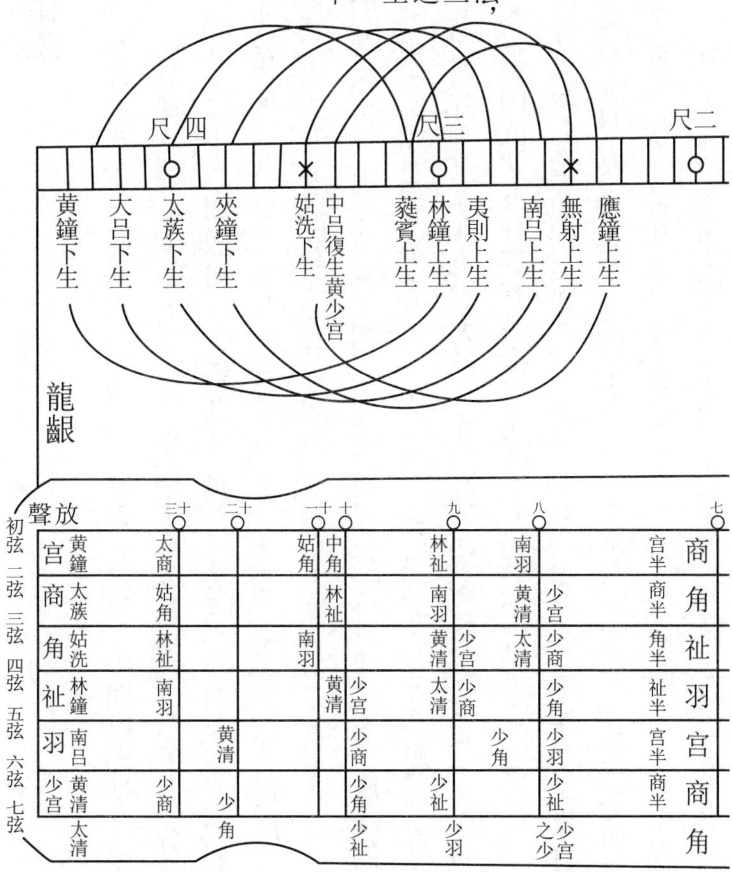

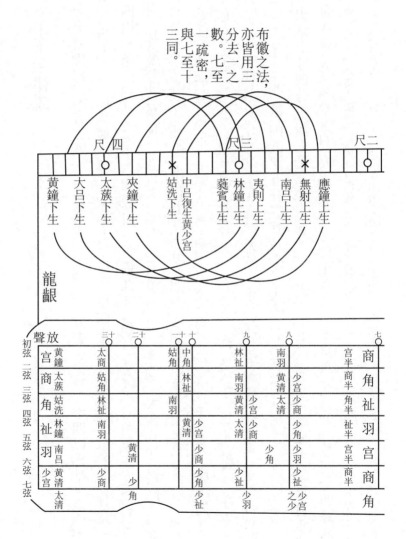

朱子琴律説

太史公五聲數曰：「九九八十一以爲宫。散聲。三分去一，得五十四以爲祉。爲九徽。三分益一，得七十二以爲商。爲十三徽。三分去一，得四十八以爲羽。爲八徽。三分益一，得六十四以爲角。」爲十一徽。十二律數曰：黄鐘九寸，爲宫。琴長九尺，而折其半，故爲四尺五寸，而下生林鐘。林鐘六寸，爲祉。爲第九徽。徽内三尺，徽外一尺五寸。生太蔟。太蔟八寸，爲商。爲第十三徽。徽内四尺，徽外五寸。下生南吕。南吕五寸一分，爲羽。爲第八徽。徽内二尺七寸，徽外一尺八寸。上生姑洗。姑洗七寸一分，爲角。爲第十一徽。徽内三尺五寸，徽外十〔二〇〕寸。下生應鐘。應鐘四寸六分六釐，位在八徽内二寸七分。内二尺四寸，外二尺一寸。上生蕤賓。蕤賓六寸二分八釐，位在十徽、九徽之間。内三尺一寸五分，外一尺三寸五分。上生大吕。大吕八寸三分七釐六毫，在龍齦内二寸半。内四尺二寸半，外二寸半。下生夷則。夷則五寸五分五釐一毫，在九徽、八徽之間。内二尺八寸半，外一尺六寸半。下生夾鐘。夾鐘七寸四分三釐七毫三絲，爲第十二徽。徽内三尺八寸，徽外七寸。下生無射。無射四寸八分八釐八絲，在八徽内。徽内二尺五寸，徽外二尺。上生中吕。中吕六寸五分八釐三毫四絲六忽。爲第十徽，亦〔二一〕爲角。徽内三尺四寸，徽外一尺一寸。復生變黄鐘，八寸七分八釐有奇。今少宫以下即其半聲，爲四寸三分八釐有奇也。○以上十二律，並用太史公九分寸法約定。周禮鄭注以從簡便，凡律，寸皆九分，分皆九釐，釐皆九絲，絲皆九忽。琴尺皆十寸，寸皆十分，分皆十釐，釐以下不收。

按此以上爲自龍齦之内至於七徽左方十二律之位，而七徽以後之説亦附其後。蓋琴之有徽，所以分五聲之位，而配以當位之律，以待抑按而取聲。而其布徽之法，則當隨其聲律之多少、律管之長短而三分損益，上下相生，以定其位，如前之説。今人殊不知此，其布徽，但以四折取中爲法，蓋亦下俚立成之小數，雖於聲律之應若簡切而易知，但於自然之法象，懵不知其所自來，則恐不免有未盡耳。或曰：若子之言聲數也，律分也，徽寸也，三者之相與，皆迂回屈曲而難通，無乃出於牽合之私耶？曰：律之九分也，數之八十一也，琴之八尺一寸也，三者之相與，固未嘗有異焉。今以琴之太長而不適於用也，故十其九而爲九尺，又折其半而爲四尺五寸，則四尺五寸之琴與夫九寸之律、八十一之數，亦未始有異也。蓋初絃黄鐘之宫，次絃太蔟之商，三絃中吕之角，四絃林鐘之祉，五絃南吕之羽，六絃黄清之少宫，七絃太清之少商，皆起於龍齦，皆終於臨嶽，其長皆四尺五寸，是皆不待抑按而爲本律自然之散聲者也。而是七絃者，一絃之中又各有五聲、十二律者凡三焉。且以初絃五聲之初言之，則黄鐘之律固起於龍齦，而爲宫聲之初矣，數八十一，律九寸，琴長四尺五寸。太蔟則應於十三徽之左而爲商，數七十二，律八十，徽内四尺。姑洗則應於十一徽而爲角，數六十四，律七寸一分，徽内三尺五寸。

中吕應於十而爲角，律六寸五分八釐〔一三〕有奇，徽内三尺五寸。但姑洗惟三絃用之，餘絃則皆用中吕。林鐘則應於九而爲祉，數五十四，律六寸，徽内三尺。南吕則應於八而爲羽。數四十八，律六寸，徽内二尺七寸。次絃則太蔟之律固起於龍齦，而爲商之初矣，用宫數。後倣此。而其姑角應於十三之左，用商數。後倣此。林祉應於十，南羽應於九，黄清少宫應於八之右。三絃則姑洗之律固起於龍齦，而爲角之初矣，而林祉應於十三，南羽應於十一，黄清少宫應於九，太清少商應於八。四絃則林鐘之律固起於龍齦，而爲祉之初矣，而南羽應於十三，黄清少宫應於十，太清少商應於九，少角應於八。五絃則南吕之律固起於龍齦，而爲羽之初矣，黄清少宫則應於十二，少商應於十，少角應於八、九之間。六絃之黄清則固起於龍齦，而爲少宫之初矣，少商則應於十三，少角則應於十，少祉則應於九，少羽則應於八。七絃之太清則固起於龍齦，而爲少商之初矣，少角則應於十二，少祉則應於十，少羽則應於九，少宫之少則應於七、八之間。故皆按其應處而鼓之，然後其聲可得而見，而聲數、律分與其徽内之長無不合焉。然此皆黄鐘一均之聲也。若大吕、夾鐘、蕤賓、夷則、無射、應鐘之爲律，則無所用於黄鐘，故必因旋宫而後合於五聲之位。其在於此，則雖有定位，而未當其用也。大在黄、太之間，律八寸七分七釐有奇，内四尺二寸半。夾在太、姑之間，律七寸四分三釐有奇，内三尺八寸。蕤在中、林之間，律六寸二分八釐，内三尺一寸五分。夷在南、林之間，律五寸五分五釐有奇，内二尺八寸半。無在南右，律四寸八分八釐有奇，内二尺五寸。應在無右，律四寸六分六釐，内二尺四寸。蔟宫見本章圖説。若自七徽之後，以至四徽之前，則五聲、十二律之應，亦各如其初之次而半之。初絃七徽承羽而爲宫，六、七間爲商，六右爲角，五爲祉，四、五間爲羽。○次絃七徽承宫而爲商，六左爲角，六右爲祉，五爲羽，四、五間爲宫。○三絃七徽承商而爲角，六爲羽，五爲宫，五右爲商。○四絃承角而爲祉，六左爲角，六右爲羽，五右爲角，四(二三)、五間爲角。○五絃七徽承祉而爲羽，六左爲宫，六右爲商，五左爲角，三、四間爲祉。○六絃承羽而爲宫，七右爲商，五右爲角，五爲祉(二四)，四、五間爲羽。○七絃承宫而爲商，六左爲角，六右爲祉，五爲羽，四、五間爲宫。四徽之後，以至一徽之後，則其聲律之應，次第又如其初，而又半之。此一節聲難取而用處希，不能盡載。然其大概次第，亦與上兩節不異，但加促密耳。○凡五絃起于龍齦，初絃五聲，次絃四聲，三絃三聲，四絃二聲，五絃一聲，凡十五聲，皆正聲。○初絃七徽，次絃八徽，三絃九徽，四絃十徽，五絃十二徽，六絃龍齦以後，爲第二宫，各五聲，七絃龍齦以後，四聲，凡三十四聲，皆少聲。○初絃四徽以下，至七絃八、七間以後，爲第三宫，各五聲，凡三十五聲，皆少少聲。○初絃一徽之後，下至七絃四、五之間，初絃一聲，次絃二聲，三絃三聲，四絃四聲，五絃五聲，六絃五聲，七絃四聲，凡十九聲，猶爲少少，入前三十五聲數内。惟六絃一聲，七絃二聲，凡三聲，爲第四宫，又别爲少少少聲，通爲三十八聲。○合一琴而計之，爲百十有二聲。但七徽之左爲聲律之初，氣厚身長，聲和節緩，故琴之取聲多在於此。七徽則爲正聲正律，初氣之餘，承祉、羽既盡之後，而黄鐘之宫復有應於此者。且其下六徽之爲聲律，亦皆承其已應之次以復於初，而得其齊焉。氣已消而復息，聲已散而復圓，是以雖不及始初之全盛，而君子猶有取焉。過此則其氣愈散，地愈迫，聲愈高，節愈促，而愈不可用矣。此六徽以後所以爲用之少。雖四徽亦承已應之次以復於初，而得其齊，而終有所不能及也。此處但泛聲多取之，自當別論。而俗曲繁聲，亦或有取，則亦非君子所宜聽也。大抵琴徽之分布聲律，正與候氣同是一法，而亦不能無少異。候氣之法，闕地爲坎，盈尺之下，先施木案，乃植十二管於其上，而實土埋之。上距地面，皆取一寸而止。其管之底，則各隨其律之短長以爲淺深。黄鐘最長，故最深而最先應。應鐘最短，故最淺而最後應。今移其法於琴而論之，則所謂龍齦即木案之地也，所謂臨嶽即地面之平也，聲應之處即其律寸之短長、距案之遠近也。故按此鼓之，而其聲可見。此其所同也。但律之次第左起而右行者，以氣應先後爲之序，自地中而言之也。徽之次第右起而左行者，以律管入地淺深爲之序，據人在地上目所見者而言之也。此其似異而實同者也。其甚異者，則管虚而絃實，管有長短而無大小，圍皆九分，徑皆三分。絃有大小而無短長，管上平而下不齊，絃則下齊而同起於龍齦也。是以候氣者異管，而應不同時。既應，則其氣遂達於上，而無復升進之漸。布徽者亦異絃，而應於同時。既應，則各得其量之所受，如以絃大小爲五聲之序。而循序以漸進，至於三周而後已。

此其甚不同者也。然明者觀之，以其所異，乘除[二五]準望，而求其所同，則是乃所以益見其同而無可疑者。但自有琴以來，通儒名師未有爲此説者。余乃獨以荒淺之學、聾聵之耳，一旦臆度而誦言之，宜子之駭於聽聞而莫之信也。然吾豈以是而必信於當世之人哉？姑以記余之所疑焉耳。抑此七絃，既有散絃所取五聲之位，又有按徽所取五聲之位。二者錯綜，相爲經緯。其自上而下者，皆自上絃遞降一等。其自左而右者，則終始循環。或先或後，每至上絃之宫而一齊焉。蓋散聲，陽也，通體之全聲也，無所受命而受於天者也。七徽，陰也，全律之半聲也，受命於人而人之所貴者也。但以全聲自然，無形數之可見，故今人不察，反以中徽爲重，而不知散聲之爲尊。甚矣，其惑也。至其三宫之位，則左陽而右陰，陽大而陰小，陽一而陰二。故其取類，左以象君，右以象臣。而二臣之分，又有左右。左者陽明，故爲君子而近君。右者陰濁，故爲小人而在遠。以一君而御二臣，能親賢臣，遠小人，則順此理而國以興隆。親小人，遠賢臣，則咈此理而世以衰亂。是乃事理之當然，而非人之所能爲也。又凡既立此律以爲宫，則凡律之當徽而有聲者，皆本宫用事之律也，其不當徽而無聲者，皆本宫不用之律也。惟第十二徽有徽無聲，亦不當用，未詳其説。律旋而宫變，則時異而事殊。其遭時而偶俗者，自當進据可爲之會，而發其鳴聲。其背時而忤俗者，自當退伏無人之境，而箝其頰舌。此亦理勢之當然，而其詳則旋宮之圖説盡之矣。

校勘記

〔一〕「于」，原作「於」，據元至正本改。
〔二〕「逼」，原作「通」，據尚書正義卷五益稷孔疏改。
〔三〕「外」，原作「亦」，據四庫本及周禮注疏卷四一磬氏鄭注改。
〔四〕「縣」，原作「二」，據周禮注疏卷二三小胥鄭注改。
〔五〕自「薛圖」至「譏之」，原爲小字注文，附於「縣磬而已」下，據山堂考索前集卷五一樂門改。
〔六〕「之」，原脱，據元至正本及書集傳卷一益稷蔡傳補。
〔七〕「鞉磬柷圉」，原作「鼗鼓柷敔」，據詩有瞽及山堂考索前集卷五一樂門改。
〔八〕「之」，原脱，據下文及通典卷一四四木六補。
〔九〕「三」，原作「二」，據爾雅注疏卷五釋樂郭璞注改。
〔一〇〕「皆」下原衍「二」字，據上下文删。
〔一一〕「鐘」，原作「鏞」，據書集傳卷一益稷蔡傳改。
〔一二〕「鐘口兩角也」，原脱「兩」字，且爲大字正文，據周禮注疏卷四〇鳧氏鄭注補脱文，並改爲小字注。

〔一三〕「穆士素」，原作「穆王素」，據舊唐書卷二九音樂志改。

〔一四〕「師」下原衍「而」字，據四庫本删。

〔一五〕自「教教」至「失禮」，原爲大字正文，據通志樂略第二雅改爲小字注。「教視」上原脱一「教」字，「五尺」原作「三尺」，據周禮注疏卷二四笙詩鄭注補改。

〔一六〕「侯」，原脱，據通典卷一四四絲五補。

〔一七〕「以頓地如」，原脱，據舊唐書卷二九音樂志補。

〔一八〕「漢靈帝」上原衍「出」字，據通典卷一四四竹八改。

〔一九〕「北」，原作「此」，據通典卷一四四竹八改。

〔二〇〕「十」，原作「一」，據元至正本改。

〔二一〕「亦」，原作「六」，據晦庵集卷六六琴律説改。

〔二二〕「釐」，原作「數」，據上文及晦庵集卷六六琴律説改。

〔二三〕「四」，原脱，據上下文及晦庵集卷六六琴律説補。

〔二四〕「祉」下原衍「五右爲角」四字，據晦庵集卷六六琴律説删。

〔二五〕「除」，原作「保」，據晦庵集卷六六琴律説改。

尚書通考卷七

禹敷土隨山刊木奠高山大川

朱子曰：「禹貢所記地理、治水曲折，多不甚可曉。竊意當時治水畢，却總作此一書，故自冀州王都始。禹自言『予決九川，距四海，濬畎澮，距川』，此數語極好細看。今人説禹治水始於壺口鑿龍門，某未敢深信。方河水洶湧，其勢迅激，縱使鑿下龍門，恐仍舊壅塞。又下水未有分殺，必且潰決四出。蓋禹先決九川之水，使各通於海，又濬畎澮之水，使各通於川，使大水有所入，小水有所歸，只是先從低處下手。若下面之水盡殺，則上面之水漸淺，却方可下手。九川盡通，則導河之功已及八分。故某嘗謂禹治水當始於碣石、九河。蓋河患惟兖爲甚。兖州是河曲處，兩岸無山，所以潰決常在此。故自決處導之，用功尤難。蓋皆自下流殺其勢耳。」

按先儒謂禹貢敘治水，以冀、兖、青、徐、揚、荆、豫、梁、雍爲次者，蓋順五行而治之耳。冀居北，於五行爲水。水生木，東方，故次兖、青、徐。木生火，故次南揚、荆。火生土，故次中豫。土生金，故次西梁、雍。所謂「彝倫攸敘」，與鯀之「汨陳五行」異矣。

今考禹貢所書，其次第固如此。然冀州京都，天下根本所在。禹施功先自内始，蓋以重輕而論也。兖、青、徐平田虚壤，泛濫潰决之患視他州尤甚。拯溺捄飢，莫先於此。揚、荆則江、漢下流，次當疏鑿，以泄水勢。豫雖有河、濟、滎、洛之浸，而漸居上流。獨梁、雍居西北，地高，水患差少，用功宜後。此蓋以緩急而論也。所謂順五行而治之者，亦偶合耳。

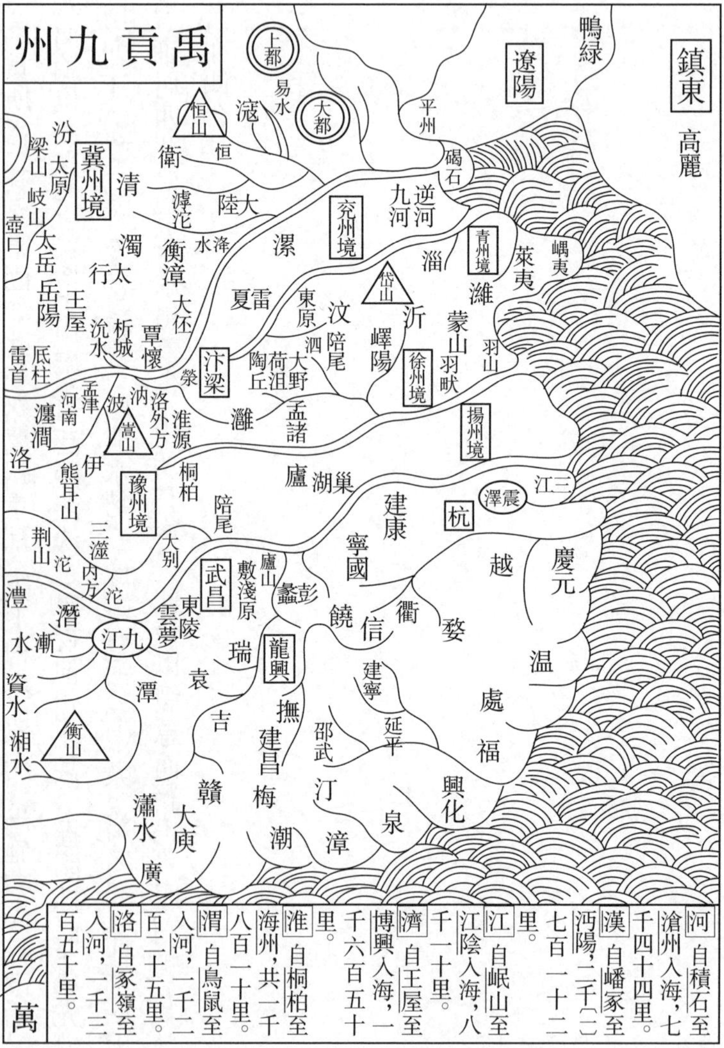
禹貢九州
上都
大都
鎮東
遼陽
鴨綠
高麗
平州
碣石
恒山
易水
滱
恒
衛
冀州境
汾
太原
梁山
岐山
壺口
太岳
岳陽
清
濁
太行
王屋
滹沱
大陸
洚水
衡漳
兖州境
逆河
九河
漯
青州境
萊夷
嵎夷
淄
濰
岱山
沂
蒙山
羽山
羽畎
雷夏
東原
汶
泗
陪尾
嶧陽
徐州境
大伾
覃懷
析城
沇水
雷首
厎柱
汴梁
滎
陶丘
荷澤
大野
孟諸
濉
揚州境
孟津
河南
波
汭
洛
外方
淮源
嵩山
瀍
澗
伊
熊耳山
豫州境
桐柏
陪尾
廬
巢湖
震澤
三江
建康
杭
荊山
三澨
沱
大別
內方
武昌
寧國
敷淺原
廬山
彭蠡
越
慶元
澧
潛
沱
九江
雲夢
東陵
饒
信
衢
婺
水
漸
資水
湘水
衡山
潭
袁
瑞
龍興
撫
建寧
溫
處
延平
邵武
福
吉
建昌
汀
興化
瀟水
贛
梅
泉
大庾
潮
漳
廣
河自積石至滄州入海，七千四十四里。
漢自嶓冢至沔陽，二千(二)七百一十二里。
江自岷山至江陰入海，八千一十里。
濟自王屋至博興入海，一千六百五十里。
淮自桐柏至海州，共一千八百一十里。
渭自鳥鼠至入河，一千二百二十五里。
洛自冢嶺至入河，一千三百五十里。
萬

水土之圖
和寧
金山
陰山
伊吾
高昌
蔥嶺
于闐
蒲昌
玉門
陽關
甘肅
豬野
渠搜
弱水
合黎
三危山
流沙
沙
北河源
吐蕃
析支
崑崙
河源
黑水
麗水
西徼
冉駹
松
江源
積石山
渭
鳥鼠同穴
北條北境之山起此
岍山
汭
岐山
原隰
涇
荊山
沮
漆
龍門
孟門
龍門口
惇物
陝西
太華
華陰
雍州境
北條南境
朱圉
西傾
桓水
斜水
終南
灃
漾
沔
漢
梁州境
滄浪
南條北境之山起此
嶓冢
西漢水
巴
南條南境之山起此
岷山
沱
成都
潛
瀘
黔江
荊州境
酉水
沅水
辰水
敘水
灘水
天竺
蔡山
蒙山
和夷
牂牁江
夜郎
南詔
西南夷
中慶
滇池
順元
雷
交趾
安南
越裳
暹
真臘
瓊
儋
吉陽

愚按禹貢記大禹治洪水、别九州之事，其濬鑿之功，則由下以及上。故始事冀、兖，所以治河、濟之下流。次及青、徐、揚，又以治淮、江之下流。下流既殺，乃漸治其上流，故次及荆、豫、梁之地。雍地最高，水患最少，施功獨後。此濬鑿之序也。其疏導之功，則自上以達下。故導山四條，導水九條，皆自西北以極於東南，順其就下之勢，自源徂流，皆無壅遏之患。此疏導之序也。於是因山川之形便以别州域，因土地之生殖以定貢賦，規模素定，經緯有條，此所以行無事之智也。然自平成以後，歷數千載，兖、豫之間，水多決潰。昔之九河、碣石，今已包淪於海。昔之河趨伾、降，今乃南合清、淮。滎、波已難指實，沮、漯亦非故道。江、漢、沱、潛，出非一所，九江匯澤，名實異同。讀書考古者，每病其難焉。又況州郡沿革，廢置不常，考之傳疏，卒難尋究。乃蒐稡古今書志，規爲小圖，備載禹貢所書山水地名，悉注以今之郡縣，庶乎讀是書者按圖易見。至若南踰嶺粤，東跨遼、驪，和林、陰山以北，流沙、乾竺以西，亦載其略，以見本朝混一之盛，疆理無外，超逾禹蹟。四垂荒漠，部落無數，第非載籍所考，不能殫紀。其中國州郡，非禹貢山水所經者，亦略而不載。深慚掛漏，博洽君子幸改正焉。

右山水地名，注以今日郡縣。圖不可容，備見後山川貢賦圖内詳注。

禹貢山川貢賦之圖

冀州

三面距河。兗河之西，雍河之東，豫河之北。八州皆言疆界，冀不言者，以餘州所至可見。晁氏曰：「亦以尊京師，示王者無外之意。」

山

壺口山。漢地志在河東郡北屈縣東南，今隰州吉鄉縣也。今河東道吉州。

梁山。呂梁山也，在今石州離石縣東北。呂不韋曰：「龍門未闢，呂梁未鑿，河出孟門之上。」酈道元謂呂梁之石崇竦，河流激盪，震動天地。孟門山在吉州。

岐山。在汾州介休縣狐岐之山，勝水所出，東北流注於汾。梁岐二山，河水所經。治之，所以開河道也。

岳。太岳也。周職方：「冀州山鎮曰霍山。」地志謂霍太山即太岳，在河東郡彘縣東，今晉州霍邑也。山南曰陽，今岳陽縣地，堯之所都。霍邑，今霍州。岳陽，今晉寧路縣。

碣石。地志在北平郡驪城縣西南河口之地，今平州之南。酈道元云：「驪城枕海，有石如甬道數十里，當山頂有大石，如柱。韋昭云其山昔在河口。」今爲水所漸，淪入於海，已去岸五百餘里矣。平州，今平灤路。

原隰

太原。河東太原府。今冀寧路。

覃懷。地名。地志：河内郡有懷縣，今懷州也。曾氏曰：「覃懷，平地也，當在孟津之東，太行之西，淶水出其西，淇水出其東。」今懷孟路。

大陸。今邢、趙、深三州之地。爾雅：「高平曰陸。」河過信洚之北，西山勢斷，曠然四平，故謂之大陸。邢，今順德路。又趙州隆平縣有大陸澤，與邢接境。

川

衡漳。地志：漳水二。一出上黨沾縣大黽谷，今平定軍樂平縣少山也，名爲清漳。一出上黨長子縣鹿谷山，今潞州長子縣發鳩山，名爲濁漳，酈道元謂之衡水，東至潞州涉縣，合清漳，東北至定遠軍東光縣，入北河。又按桑欽云：「二漳異源，而下流相合，同歸於海。」唐人亦言漳水能獨達於海，請以爲瀆。而不云入河者，蓋禹之導河，至碣石入海。周定王五年，河徙砱礫，漸遷而東。漢初，漳猶入河。其後河徙日東，而取漳水益遠。至欽時，河自大伾以下，已非故道，而漳自入海矣。故欽與唐人所言如此。樂平，今爲遼州，在平定南。東光，今隸景州。

恒水。地志出常山郡上曲陽縣恒山北谷，在今定州曲陽縣西北恒山也，東入滱水。薛氏曰：「東流合滱水，至瀛州高陽縣入易水。」晁氏曰：「今之恒水，西南流至真定府行唐縣，東入滋水，又南流入衡水，非古徑矣。」定州，今中山府。曲陽，今隸保定路。瀛州，今河間路。

衛水。地志出常山郡靈壽縣東北，即今真定府靈壽縣也，東入滹沱河。薛氏曰：「東北合滹沱河，過信安軍，入易水。」

河水。按漢西域傳張騫所窮河源，云：「河有兩源，一出葱嶺，一出于闐。于闐在南山下，其河北流，與葱嶺河合，東注蒲昌海。蒲昌海〔二〕，一名鹽澤，去玉門、陽關三百餘里。其水停居，冬、夏不增減，潛行地中，南出積石。」又唐長慶中，劉元鼎〔三〕使吐蕃，自隴西成紀縣西南出塞二千餘里，得河源於莫賀延磧尾，曰悶磨黎山〔四〕。其山中高四下，所謂昆侖也。東北流，與積石河相連。河源澄瑩，冬、春可涉。下稍合流，色赤。益遠，他水并注，遂濁。吐蕃亦自言昆侖在其國西南。二説恐劉氏爲是。河自積石三千里而後至龍門，自北而南至華陰，自南而東至厎柱，至孟津，至洛汭，至大伾，又自東而北過洚水，至大陸，又播爲九河，入海之處爲逆河。自洛汭而上，河行於山，其地皆可考。自大伾而下，垠岸高於平地，故決齧流移，水陸變遷，而洚水、大陸、九河、逆河皆難指實。釋水云：「河千里一曲一直。」

愚按漢志葱嶺、于闐皆在沙州西，其水雖與積石河合，然非正源也。蓋漢時止通西域，未至吐蕃界。劉説爲是。其下流，則自周定王五年河徙砱礫，漢武帝元光三年河決瓠子，後又決館陶，爲屯氏河。河水徙從頓丘，東南流入渤海。元帝永光五年，河決清河靈鳴犢口。宋建紹中，河決大野，溢淮、泗，爲南清河。金亡後，河自開封北衛州決，入渦河，河水全入淮，同輸于海。鳴犢口，今東昌。瓠子，今濮州。館陶，今大名。大伾，今濬州。

土

白壤。孔氏曰：「無塊曰壤。」顔氏曰：「柔土曰壤。」白，其色也。壤，其性也。

賦田所出穀、米、兵、車之類。

上上錯。第一等雜出第二等也。賦高於田四等，地廣而人稠也。林氏曰：「冀先賦而後田者，冀，王畿之地，天子所自治，併與場圃、園廛、漆林之類而征之，如周官載師所載，賦非盡出於田也，故以賦屬於厥土之下。餘州皆田之賦也，故先田而後賦。」

愚按蔡氏言：「賦雜出他等者，或以爲歲有豐凶，或以爲户有增減，皆非也。意者地力有上下年分不同，如周官田一易、再易之類，故賦之等第亦有上下年分。若謂歲之豐凶、户之增減，則九州皆然，何獨於冀、揚、豫、梁四州言哉？」按此辨前説雖當，然所謂「地力有上下年分不同」，則亦未必獨四州爲然也。蓋九州之賦，以每州歲入多寡相較，第爲九等。而其爲等也，未必自第一至第九截然以次而寡，正爲九等，必其多寡之數有所近似，故以「錯」而言之。是以冀賦雖第一，而其數近於第二，故曰「上上錯」。豫賦雖第二，而其數近於第一，故曰「錯上中」。梁賦雖第八，而較第九則多於十之三，故曰「下中三錯」。揚賦雖第七，而亦近於第六，故曰「下上上錯」。蓋錯者，雜也，言其數之相近而相雜也。孟子曰：「貢者，校數歲之中以爲常。」樂歲不多取，凶歲不寡取。由是言之，夏貢之法，賦入皆有定，又安有年分之不同者哉？

田

中中。第五等。

貢冀獨不言篚者，天子封内無所事於貢篚也。

皮服。海島之夷以皮服來貢也。王炎曰：「北地寒，故服用皮，非篚貢也。」孔氏曰：「居島之夷，還服其皮，明水害除。」

入貢河道

夾右碣石，入于河。北方貢賦之來，自北海入河，南向西轉，而碣石在其右，轉屈之間，故曰「夾右」也。程氏曰：冀爲帝都，東、西、南三面距河。他州貢賦皆以達河爲至，故此三方亦不必書。而其北境則漢遼東西、右北平、漁陽、上谷之地。其水如遼、濡、滹、易，皆中高，不與河通，故必自北海然後達河也。孔氏曰：「禹夾行此山之右。」唐孔氏曰：「則行碣石山西南。行入河，在碣石之右。顧氏亦云：『山西曰右。』」

兖州

東南據濟，西北距河。兖地最狹，然居河之曲處，其患尤甚，用功尤難。故作十三載，然後賦法同於他州。唐孔氏曰：「據，謂跨之。兖州之境，跨濟而過之。」熊氏曰：「西距河，東距濟，北濱海，南接徐、豫之境。今兖、濟、德、棣〔五〕、魏、博、滄、景等州。」

川

九河。爾雅：一曰徒駭，二曰太史，三曰馬頰，四曰覆鬴，五曰胡蘇，六曰簡潔，七曰鈎盤，八曰鬲津。其一則河之經流也。先儒不知，遂分簡潔爲二。程氏曰：今滄州之地，北與平州接境，相去五百餘里。禹之九河，當在其地，後爲海水淪没，故其跡不存。方九河未没於海之時，從今海岸東北更五百里平地，河播爲九，在此五百里中。又上文言「夾右碣石」，則九河入海之處有碣石在其西北岸。通趾頂皆石，不應仆没。今兖、冀之地既無此石，而平州正南有山，名碣石，在海中，去岸五百餘里，卓立可見，則是九河已淪於海，明矣。

濉水。許愼云：「汳水，受陳留浚儀陰溝，至蒙爲濉水，東入於泗。」陳留，今汴梁路。蒙縣，今睢州。

沮水。水經：濉之下流，入於睢水。地志：睢水出沛國芒縣。睢水，其沮水歟？沛，今徐州。睢水，劉、項戰處。

濟水。發源爲沇，既東爲濟。地志云出河東郡垣縣王屋山東南，今絳州垣曲縣山也。始發源王屋山頂崖下，曰沇水。既見而伏，東出於今孟州濟源縣。二源，東源周迴七百步，其深不測，西源周迴六百八十五步，其深一丈。合流至温縣，是爲濟水，歷虢公臺，西南入於河，復出河之南，溢而爲滎，又東出於陶丘北，又東至濟陰縣菏澤，又東北至東平府壽張縣安民亭，合汶水，又北東至今青州博興縣入海。唐李賢謂濟自鄭以東，貫滑、曹、鄆、濟、齊、青以入於海。樂史謂今東平、濟南、淄川、北海界中有水流入海，謂之清河。先儒皆以濟水性下勁疾，故能入河穴地，流注顯伏。吴興沈氏言：「濟水伏流地中。今歷下凡發地皆是流水，世謂濟水經過其下。」則濟水伏流絶河，乃其物性之常事耳。王屋，在澤州陽城縣，與絳接境。温縣，屬孟州。陶丘，今曹州定陶縣。濟陰，亦屬曹州。博興，今博興州。淄川，今般陽。北海，今益都。歷下，今濟南歷城歷山。

漯水。漯者，河之枝流也。地志曰：漯水出東郡東武陽，至千乘入海。程氏以爲此乃漢河，與漯殊異。通志：「漢武帝元光三年春，河徙從頓丘，東南流入渤海。是爲朝城之漯河。」又：「河至頓丘，分爲二，一曰漯川，出武陽，至千乘入渤海。」又：「漢武帝時〔六〕，河東北過武陽，今大名朝城也，而爲漯河。」東郡，博州，今東昌路，有漯水。千乘，舊屬今益都路。

澤

雷夏。地志：在濟陰郡城陽縣西北。今澤州雷澤縣西北也。山海經云：「澤中有雷神，龍身而人頰，鼓其腹則雷。」然則本夏澤，因雷，故名雷夏。

土

黑墳。墳，土脉墳起也。孔氏曰：「色黑而墳起。」

田

中下。第六等。

賦

貞。第九等。兗賦最薄，言君天下者以薄賦爲正也。

貢篚　貢者，下獻其土所有於上也。篚，竹器，筐屬。古者幣帛則盛之以筐篚而貢焉。

漆絲、織文。兗地宜漆、宜桑，故貢漆、絲。織文，織而〔七〕有文，錦綺之屬。

入貢河道

浮于濟、漯，達于河。舟行水曰浮。兖州之貢賦，浮濟，浮漯，以達於河。帝都三面距河，達河則達帝都矣。

青州

東北至海，西南距岱。岱，泰山，在今襲慶府奉符縣西北三十里。唐孔氏曰：「東北跨海，至遼東皆是。舜分青州爲營州，營州即遼東也。堯時青州當越海而有諸郡也。」熊氏曰：「遼東、朝鮮等處，今岡南之平、灤等州，皆青、營之境。」襲慶府，今兖州。奉符縣，今隸泰安州。

原隰

嵎夷。今登州之地，即堯典之嵎夷。

萊夷。今萊州之地。

川

濰水。地志云出琅琊郡箕縣，今密州莒縣東北濰山也，北至都昌入海，今濰州昌邑也。琅琊，今沂州。莒縣，今莒州。

淄水。地志出泰山郡萊蕪縣原山，今淄州淄川縣東南七十里原山也，東至博昌縣入海，今青州壽光縣也。通志：「淄出泰山梁父縣，西入汶。按梁父，今隸兖州奉符。」此與蔡傳異。萊蕪，今隸泰安州。淄州，今般陽路。壽光縣，今屬益都路。

汶水。出泰山郡萊蕪縣原山，今淄州襲慶府萊蕪縣也，西南入濟，在今鄆州中都縣也。蓋淄水出萊蕪原山之陰，東北而入海。汶水出原山之陽，西南而入濟。鄆州，今東平路。

土有二種。

白墳。色白而性墳，平地之土也。

海濱廣斥。廣漠而斥鹵，海涯之地也。

田

上下。第三等。

賦

中上。第四等。

貢篚

鹽。斥地所出。

絺。細葛也。

海物惟錯。非一種。林氏曰：「錯，蓋別爲一物。如『磬錯』之『錯』。」

絲枲。麻也。

鉛松怪石。可爲器用之飾。

檿絲。山桑之絲，其韌中琴瑟之絃。蘇氏曰：「東萊有之。」

愚按八州言貢，復別言篚者，篚所以盛精緻之物，非織文則纖縞之屬是也。若漆、絲、鹽、絺之類，其重且多，非可以篚盛之，故別言也。

入貢河道

浮于汶，達于濟。不言達河者，因於兖也。

徐州

東至海，南至淮，北至岱。西不言濟者，岱之陽，濟東爲徐，岱之北，濟東爲青，言濟不足以辨也。熊氏曰：「徐州東抵海，南距淮，北跨岱，西接豫州之境。地雖不廣，蘇氏以徐州三面距山，一面背平野曠土。徐即魯境，地連淮、海。」

山

蒙山。地志在泰山郡蒙陰縣西南，今沂州費縣也。

林氏曰：「即語『東蒙』、詩『奄有龜蒙』。」

羽山。地志在東海郡祝其縣南，今海州朐山縣也。

林氏曰：「即殛鯀處。」海州，今海寧州，隸淮東道。

嶧山。地志：東海郡下邳縣西有葛繹山，古文以爲嶧山。下邳，今淮陽軍下邳縣也。下邳，今邳州，隸河南江北道。嶧山，即生孤桐處。

原隰

東原。漢之東平國，即今之鄆州也。後人以其地之平，故謂之東平。又按東原在徐之西北，而謂之東者，以在濟東故也。鄆州，今東平路。

澤

大野。地志在山陽郡鉅野縣北，今濟州鉅野縣也。鉅，即大也。按水經：「濟水至乘氏縣分爲二，南爲菏，北爲濟。」酈道元謂：「一水東南流，一水東北流，入鉅野澤。」則大野爲濟之所絶，其所聚也大矣。何承天曰：「鉅野南導洙、泗，北連清、濟。」又鄆州中都西南有大野陂，皆大野之地也。鉅野縣，今屬濟寧路，有大野澤。

川

淮水。水經云：「出南陽平氏縣胎簪山。」禹只自桐柏山導之耳。桐柏，地志在南陽平氏縣東南，今唐州桐柏縣也。沂入於泗，泗入於淮，東至淮浦入海。曾氏曰：「淮之源出於豫之境，至揚徐之間始大。其汎濫爲患，尤在於徐，故於此言之。」淮，今在海寧州入海。

沂水。地志沂水出泰山郡蓋縣艾山，今沂州沂水縣也，南至下邳，西南入泗。曾氏曰：「徐州水以沂名者非一。酈道元謂水出尼丘山，西北徑魯之雩門，亦謂之沂水。又水出太山武陽之冠石山，亦謂之沂水。而沂水之大，則出太山也。」古沂水入泗，泗水入淮。今泗入河，與淮合矣。

泗水。出魯國汴縣桃虛西北陪尾山。源有泉四，四泉俱導，因以爲名。西南過彭城，又東南過下邳，入淮。卞縣，今襲慶府泗水縣也。泗水縣，今隸兖州。通志云：「其源出泗水縣，西南流，有洙水入焉，又西南至方與縣，菏水入焉。其水出乘氏。方與，今單州魚臺。」又云：「有漷水至高平湖陸入泗水。又南至彭城，名曰沛水，有睢水入焉。又西南至下邳，沂水入焉。又南至楚州山陽，入淮。此水今人謂之清河。或云泗水出鄆州梁山泊。」

許慎説文云：「泗水，受泲水，東入淮。」

按泗受泲者，桑欽云：「濟水至濟陰乘氏縣，分爲二。一水東北流爲北濟，一水南流爲南濟。」通志云「今此水與濟不通」，但菏水亦自乘氏至方與入泗，而菏水通濟，則泗可以達菏，菏可以達濟，而自濟可以通河矣。

土

赤埴墳。埴，土黏曰埴。埴，膩也，黏泥如脂之膩也。

田

上中。第二等。

賦

中中。第五等。

貢篚

土五色。徐土雖赤，而五色之土亦間有之。王建大社於國中，其壝東青土，南赤土，西白土，北驪土，中央釁以黄土。將建諸侯，鑿取其方面之土，苞以黄土，苴以白茅，以爲土封。

夏翟。雉具五色，其羽中旌旄。染人之職「秋染夏」，鄭氏曰：「染夏者，染五色也。」出羽山〔八〕之畎，其名山以此歟？

孤桐。特生之桐，其材中琴瑟。以特生向日者爲貴，出嶧山之陽。

浮磬。出泗水之濱，非必水中。蓋浮生土中，不根着者。

蠙珠。出淮之夷。蠙，蚌之别名。

魚。今濠、泗、楚亦貢淮白魚。

玄。赤黑色幣也。

纖、縞。皆繒也。黑經白緯曰纖。縞，白〔九〕繒。禮曰：「及期而大祥，素縞麻衣。中月而禫，禫而纖。」則纖亦繒也。

入貢河道

浮于淮泗，達于河。灉水受浚儀陰溝，東入於泗，泗入於淮。淮泗之可以達於河者，以灉至於泗也。

揚州

北至淮，東、南至於海。熊氏曰：「北距淮，東、南至海，西抵荆州之境。其地乃淮東西、江東西及兩浙、閩、粤之地。」

澤

彭蠡。地志在豫章彭澤縣東，合江西、江東諸水，跨豫章、饒州、南康軍三州之地，所謂鄱陽者是也。

朱子曰：「彭蠡之澤在大江之南，自今江州湖口縣南跨南康軍、饒州之境，以接於隆興府之北，瀰漫數十百里。其源東自饒、徽、信州、建昌軍，南自贛州、南安軍，西自袁、筠以至隆興府分寧、武寧諸邑，方數千里之水，皆會而歸焉。北過南康揚瀾、左里，則兩岸漸迫山麓，而湖面稍狹，遂東北流，以趨湖口而入於江。以地勢北高南下，故其入江，反爲江水所遏而不得遂，因卻而自豬，以爲是數十百〔一〇〕里之大澤也。」蔡氏曰：「古今記載皆謂彭蠡今之番陽，其澤在大江之南，去漢水入江之處尚七百餘里。其入江之處，西則廬阜，東則湖口，皆石山峙立，水道狹甚，不應漢水入江之後，乃横截而南入於番陽。且番陽合數州之流，初無仰於江、漢而成也。經言『東匯澤』以下，蓋記者之誤。鄭漁仲以爲衍文，是也。」臨川吴氏曰：「『東匯澤爲彭蠡』六字，舊本誤在『導漾』條，遂致紛紜異論。蓋鄂州北對漢陽軍大别山，漢水自北來入江合流，江水與之會。水之合流曰『匯』，故曰『東迤北，會于匯』。不言會於漢者，以漢有漾、漢、滄浪之異名，不可指定而言，故但曰『會于匯』。江、漢合流之後，至江州德化縣又六十里，有水南來入江合流，即『東匯澤爲彭蠡』也。」

震澤。太湖也。周職方「揚州藪曰具區」，地志在吴縣之西南五十里，今蘇州吴縣也。具區之水多震而難定，故謂之震澤。

川

三江。庾仲初揚都賦〔一一〕注：「松江下七十里分流，東北入海者爲婁江，南流者爲東江，併松江爲三江。」其地今亦〔一二〕名三江口。唐孔氏云吴地記，同。蘇氏謂：「岷山之江爲中江，嶓冢之江爲北江，豫章之江爲南江。」然江、漢會於漢陽，數百里至湖口，而後與豫章江合，不復可指爲三矣。顏師古以爲中江、南江、北江。郭景純以爲岷江、浙江、松江。韋昭以爲松江、錢塘江、浦陽江。王介甫以爲一江自義興，一江自毗陵，一江自吴縣。陳氏曰：「皆據所見而言，非禹舊跡也。」薛士龍言：「震澤下有三江入海。」彼以目驗之，恐其説之必然也。

江。出岷山，地志在蜀郡湔氐道西徼外，在今茂州汶山縣東。别流於梁爲沱。又東至長沙下雋縣西北，澧水入焉。又東過九江。九江，今洞庭也。又東至岳州巴陵縣，又東會彭蠡、湖口之水，又東入於海，在今通州靜海縣。長沙，今潭州路。

按漢水至武昌入江，「導江」條何以不記？吴氏謂：「『東迤北，會于匯』，乃漢水合流之處。」其説是也。又經言「東至于澧」，乃澧州界，非澧水也。澧水自入洞庭，與江相遠。今言「下雋西北，澧水入」者，非也。

土

塗泥。水泉濕也。下地多水，其土淖。

田

下下。第九等。

賦

下上上錯。第七等雜出第六等。言「下上上錯」者，以本設賦九等，分爲三品，下上與中下異品，故變言「下上〔一三〕上錯」也。

貢篚

金三品。金、銀、銅也。

瑶、琨。玉石名。

篠。材中於矢之笴。

簜。材中於樂之管，亦可爲符節。

齒、革、羽、毛。象有齒，犀兕有革，鳥有羽，獸有毛。

木。楩、梓、豫章之屬。齒革可以成車甲，羽毛可以爲旌旄，木可備棟宇、器械之用。

卉服。葛越、木綿之屬。

織貝。錦名，織爲貝文。今南夷木綿之精好者，亦謂之吉貝。海島之夷以卉服來貢，織貝之精者則入篚焉。

橘、柚。小曰橘，大曰柚。必錫命而後貢。

沿于江、海，達于淮、泗。順流而下曰沿。沿江入海，自海入淮、泗。不言達河者，因於徐也。禹時江、淮未通，故沿於海。至吴始開邗溝，隋人廣之至江、淮，舟船始通也。

入貢河道

荆州

北距南條荆山，南盡衡山之陽。言陽者，其地不止此山，而猶包其南也。熊氏曰：「荆州之地，北接雍、豫之境，南逾五嶺。越雖上古未通，亦當在要、荒之服。東抵揚州之境，西抵梁州及西南夷等處，皆楚地也。」曾氏曰：「荆及衡陽，即今湖南北之地。今江西亦半屬荆州。」

山

荆山。此南條荆山，地志在南郡臨沮縣北，今襄陽府南漳縣也。

衡山。南嶽也，地志在長沙國湘南縣，今潭州衡山縣也。

川

漢水。始出爲漾，東流爲沔，又爲漢，又爲滄浪之水，實一水而異名也。水經曰：「漾水出隴西郡氐道縣嶓冢山，東至武都。」常璩曰：「漢水有兩源，此東源也，即所謂『嶓冢導漾』者。其西源出隴西嶓冢山，會白水〔一四〕，始〔一五〕源曰沔，逕葭萌入漢。」東源在今西縣之西，西源在今三泉縣之東也，酈道元謂「東、西兩川俱出嶓冢而同爲漢水者」是也。水源發於嶓冢爲漾，至武都爲漢，又東至武當縣北四十里，漢水中有洲曰滄浪洲，水曰滄浪水，至復州景陵縣界，過三澨水，觸大別山，至漢陽軍漢陽縣入江。大別山，在今漢陽軍漢陽縣北，正荆州之域。西縣，今屬興元路。武當，均州縣。景陵，今沔陽府縣。

按武都，今階州，乃出紫泥處。今鳳州乃漢武都郡，去階州千餘里。此武都必鳳州也。

九江。即今之洞庭也。水經言九江在長沙下雋西北。楚地記曰：「巴陵瀟湘之淵在九江之間。」今岳州巴陵縣即楚之巴陵、漢之下雋也，洞庭正在其西北，則洞庭爲九江審矣。今沅水、漸水、元水、辰水、敘水、澧水、資水、湘水、西水皆合洞庭，意以是名九江也。潯陽地記云：「一曰烏白江，二曰蚌江，三曰烏江，四曰嘉靡江，五曰畎江，六曰源江，七曰廩江，八曰提江，九曰箘江。」張須元緑江圖云：「一曰三里江，二曰五洲江，三曰嘉靡江，四曰烏上江，五曰白蚌江，六曰白烏江，七曰箘江，八曰沙堤江，九曰廩江。」漢志九江在廬江郡之尋陽縣。今詳漢九江郡之尋陽乃禹貢揚州之境，而唐孔氏以爲九江之名起於近代，未足爲據。若派別爲九，沙水相間，乃爲十有七道。今尋陽之地，將無所容。反復參考，則九江非尋陽，明甚。胡氏以洞庭爲九江者，得之。曾氏亦曰：「過九江，至於東陵。」東陵，今之巴陵。今巴陵之上即洞庭也。因九水所合，遂爲九江。廬江郡，今廬州。尋陽，今盆城江州。

沱水。爾雅曰：「水自江出爲沱。」今按南郡枝江縣有沱水，然其流入江，而非出於江也。華容縣有夏水，首出於江，尾入於沔，亦謂之沱。枝江，今江陵路縣。華容，今岳州縣。王炎曰：「沱水在今江陵府枝江縣。土人謂枝江爲百里洲，夾江、沱二水之間。其與江分處謂之上沱，與江合處謂之下沱。」

潛水。爾雅曰：「水自漢出爲潛。」王炎曰：「隋志南郡松滋縣有涔。涔，即古『潛』字。今松滋分爲潛江縣矣。」孔氏於梁州「沱、潛」下注云：「沱、潛發源此州，入荆州。」唐孔氏曰：「以二州沱、潛爲一者，然彼州山水古今不可移易。孔爲武帝博士，地理志無容不知。蓋以水從江、漢出者皆曰沱、潛，但地勢西高東下，雖於梁州合流，還從荆州分出，猶如濟水入河，還從河出。故孔舉大略爲發源梁州耳。」松滋、潛江，今江陵路二縣名。

澤

雲夢。周官職方「荆州其澤藪曰雲夢」，方八九百里，跨江南北。華容、枝江、江夏、安陸皆其地也。左傳「楚子濟江入於雲中」，又「楚子以鄭伯田於江南之夢」，合而言之則爲一，别而言之則二澤也。

朱子曰：「江陵之下連岳州是雲夢。」江夏，屬武昌，在江南。安陸，屬德安府，在江北。

土

塗泥。與揚州同。

田

下中。第八等。

賦

上下。第三等。賦高於田五等者，地闊而人工修也。

貢篚

羽毛、齒革、金三品。荆之貢大抵與揚州同。

杶幹。木似樗，可爲弓幹。

栝柏。栝，柏葉松身。柏，木名。

礪砥。礪，磨石之麤者。砥，磨石之細者。

砮。石，中矢鏃之用，「肅慎氏貢石砮」是也。

丹。丹砂也。

箘簵。竹名。竹之堅者，材中矢笴。

楛。木名，可以爲矢，「肅慎氏貢楛矢」是也。

菁茅。有刺而三脊，所以供祭祀縮酒之用。既包而又匣之，所以示敬也。管子云：「江淮之間，一茅三脊。」今辰州麻陽縣苞茅山出苞茅，有刺而三脊。

玄纁。玄見上。纁，絳色幣也。

璣組。璣，珠不圓者。組，綬類。

大龜。尺有二寸，所謂「國之守龜」，非可常得，若偶得，則納錫於上。納錫者，下與上之辭，重其事也。

入貢河道

浮于江、沱、潛、漢，逾于洛，至于南河。江、沱、潛、漢其水道之出入不可詳，而大勢則自江、沱而入潛、漢。逾，越也。漢與洛不通，故舍舟而陸，以達於洛，自洛而至於南河也。

豫州

熊氏曰：「豫州居天下之中，四方道里〔一六〕適均。湯之亳，今河南偃師。成王之洛邑，今河南洛陽縣。其地北距河，南抵荆山，東抵徐，西抵雍、梁。今爲河南府、虢、陜、鄭、汝、陳、蔡、唐、鄧、汴、宋等州之地。」

川

伊水。山海經云：「熊耳之山，伊水出焉，東北至洛陽縣南，北入洛。」熊耳在上洛縣南，今商州上洛縣。

伊水出熊耳山，東北入洛。洛水出冢嶺山，至鞏縣入河。瀍水出潛亭，東南入洛。澗水出新安，亦入洛。

洛水。地志出弘農郡上洛縣冢嶺山，水經謂之讙舉山，今商州洛南縣冢嶺山，至鞏縣入河，今河南府鞏縣。

瀍水。地志云出河南郡穀城縣潛亭北，今河南府河南縣西北有古穀城縣，其北山實瀍水所出也，至河南府偃師縣入洛。

澗水。地志云出弘農郡新安縣，東南入於洛。新安，在今河南府新安、澠池之間，今澠池縣東二十三里新安城是也。城東北有白石山，即澗水所出。酈道元云：「世謂之廣陽山。」然則澗水出今之澠池，至新安入洛也。

今按唐孔氏引地理志云：「伊水東北入洛，瀍水東南入洛，澗水東南入洛。」則瀍、澗二水各入洛。通志以爲澗水東南入瀍，瀍水至河南入洛。則瀍、澗合流，而後入洛。二説不同，當考。澠池縣，今屬陝州。

滎水。濟水自今孟州温縣入河，潛行絶河，南溢爲滎，在今鄭州滎澤縣西五里敖倉東南。敖倉者，古之敖山也。按今濟水但入河，不復過河之南。滎瀆水受河水，有石門，謂之滎口石門。鄭康成謂滎「今塞爲平地，滎陽民猶謂其處爲滎澤」。酈道元曰：「禹塞淫水，於滎陽下引河，東南以通淮、泗，濟水分河，東南流。漢明帝使王景即滎水故瀆注浚儀，謂之浚儀渠。」漢志謂「滎陽縣有狼蕩渠，首受濟」者是也。南曰狼蕩，北曰浚儀，其實一也。滎澤，今隸汴梁。滎陽，隸鄭州。

今按通志：「汴水，一名鴻溝，一名官度水，一名通濟渠，一名狼蕩渠。或云狼蕩渠別汴，首受河水，自汜水縣東南過滎陽、陳留、睢陵、符離，至泗州入淮。」又云：「睢水首受汴水。班云：『首受狼蕩水。』疑狼蕩即汴也。自浚儀縣東經陳留、梁、譙、沛、彭城縣，入泗水。浚儀近改爲祥符。」然則浚儀渠亦名狼蕩渠，即王景所注之渠，非鴻溝之汴，即或云「別汴」者是也。汜水，屬鄭州。陳留，屬汴梁。符離，今宿州。睢陵，今歸德有睢陽縣。梁，今歸德。沛，今徐州。祥符，屬汴梁。譙，屬亳州。

波水。周職方：「其川熒、雒，其浸波、溠。」爾雅云：「水自洛出爲波。」山海經曰：「婁涿之山，波水出其陰，北流注於穀。」二說不同。

按通志：「穀水出澠池縣陽穀谷，東南至河南入洛。」則波水當在河南之地。澠池，今屬陝州。

澤

菏澤。地志在濟陰郡定陶縣東，今興仁府濟陰縣南三里。其地有菏山，故名其澤爲菏澤也。蓋濟水所經，水經謂南濟「東過冤句縣南，又東過定陶縣南，又東北菏水東出焉」是也。定陶、濟陰並屬曹州。

按通志云：「菏水首受濟，東南入泗。」蓋上流通濟也。

孟豬。爾雅作「孟諸」，地志在梁國睢陽縣東北，今南京虞城縣西北孟諸澤是也。梁國、南京，今歸德府。

土有二等。

壤。不言色者，其色雜也。

下土墳壚。壚，疏也。顏氏曰：「玄而疏者謂之壚。」

高地則壤，下地則壚。

田

中上。第四等。

賦

錯上中。第二等雜出第一等。

貢篚

漆、枲、絺紵、纖纊。纊，細綿也。

磬錯。治磬之錯，非常用之物，故錫命然後納。

入貢河道

浮于洛，達于河。豫去帝都最近。豫之東境徑自入河，豫之西境則浮於洛而後至河也。

梁州

東距華山之南，西據黑水。熊氏曰：「梁州，今全蜀之地，成都、潼川、興元、利州、夔州等路五十四州之地是也，北與秦、隴接境，實爲天下要脊。」

山

岷山。地志在蜀郡湔氐道西徼外，在今茂州汶山縣，江水所出也。晁氏曰：「蜀以山近江源者，通爲岷山，連峰接岫，重疊險阻，不詳遠近。青城、天彭諸山之所環遶，皆古之岷山，青城乃其第一峰也。」

嶓山。嶓冢山，地志在隴西郡氐道縣，漾水所出。又云在西縣，今興元府西縣、三泉縣也。蓋嶓冢一山跨於兩縣。

蔡山。輿地記在今雅州嚴道縣。

蒙山。地志蜀郡青衣縣，今雅州名山縣。酈道元謂：「山上合下開，沫水徑其間。溷崖水脉漂疾，歷代爲患。蜀郡太守李冰發卒鑿平溷崖。」則此二山，在禹爲用功多也。

華山。即太華，地志在京兆華陰縣南，今華州華陰縣二十里也。

西傾山。地志在隴西郡臨洮縣西，今洮州臨潭縣西南。今臨洮縣西疆山。

川

沱水。此江別流之在梁州者。地志蜀郡郫縣江沱在東，西入大江。郫縣，今成都府郫縣也。又地志蜀郡汶江縣江沱在西南，東入江。汶江縣，今永康軍導江縣也。永康，今灌州。

潛水。地志巴郡宕渠縣潛水西南入江。宕渠，今渠州流江縣也。酈道元謂：「宕渠縣有大穴，潛水入焉，通罡山〔一七〕下，西南潛出，南入於江。」又地志漢中郡安陽縣鬻谷水出西南，入漢。灊，音潛〔一八〕。安陽縣，今洋州真符縣也。按潛水西南入漢者，入葭萌之西漢，非沔水之漢也。

愚按荆、梁二州皆言沱、潛，而地志、水經所指各異者，蓋名同耳。荆州之沱、潛則可以逾洛至河，梁州之沱、潛則自入江。孔氏以爲發源梁州入荆州者，附會之説也。故穎達但言孔氏必見地志，「猶濟入河，還從河出」，皆非的論。大抵天下之水，有名同而流異者，有水同而名異者，不可牽合以求其必同。但不知禹所道者，的指何水耳。

黑水。地志出犍爲郡南廣縣汾關山，水經出張掖雞山，南至燉煌，過三危山，南流入南海。唐樊綽云：「西夷之水南流入南海者凡四：曰區江，曰西珥河，曰麗水，曰瀰渃江，皆入南海。其麗水者，即古之黑水也，三危山臨峙其上。」蔡氏曰：「按梁、雍二州西邊皆以黑水爲界，是黑水自雍之西北而直出梁之西南也。中國山勢岡脊，大抵皆自西北而來，積石、岷山、西傾岡脊以東之水既入於河、漢、岷江，其岡脊以西之水即爲黑水，而入於南海。地志、水經、樊氏之説雖未詳的實，要是其地也。程氏曰：『樊綽以麗水爲黑水者，恐其狹小，不足爲界。其所稱西珥河者，與漢志葉榆澤相貫，廣處可二十里，既足以别界二州，其流又正趨南海。又漢滇池即葉榆之地。武帝初開滇嶲時，其地古有黑水舊祠，而綽及道元皆謂此澤以榆葉所積得名，則其水之黑，似榆葉積漬所成。且其地乃在蜀之正西，又東北距宕昌不遠。宕昌即三苗種裔，與三苗之敘於三危者又爲相應。其證驗莫此之明也。』」張掖，今甘州。燉煌，今沙州。

愚按李氏聲教圖：「烏海自三危至吐蕃，南合麗水，川徑天竺之東，以入南海。」在雍、梁二州之西，必黑水也。又李京雲南志：「西珥河即葉榆水，在大理點蒼山下，方圍三百餘里，勢如人耳，故名。」其源不出三危，且在中慶西境，去梁、雍絶遠，不可以别界二州矣。樊説雖未備，頗爲近之。

桓水。水經曰：「西傾之南，桓水出焉。」

潛水。酈道元曰：「自西傾而至葭萌，浮於西漢。西漢即潛水也。」葭萌，今西川廣元路，水至重慶路入江。

沔水。蘇氏曰：「漢始出爲漾，東南流爲沔，至漢中，東行爲漢〔一九〕。」漢中，今興元府路。

原隰

和夷。地名。嚴道以西有和川，有夷道，或其地也。

晁氏曰：「和、夷，二水名。和水，今雅州滎經縣北和川水，自蠻界羅嵒州東西來，逕蒙山，所謂青衣水而入岷江者也。夷水出魚復縣，東南過佷山縣南，又東過夷道縣北，東入於江。」今詳二說，皆未可必。但經言「厎績」者三，覃懷、原隰既皆地名，則此或地名因水，未可知也。唐孔氏亦曰：「和夷，平地之名。」

土

青黎。黎，黑也。孔氏曰：「沃壤也。」

田

下上。第七等。

賦

下中三錯。第八等雜出第七、第九等。

貢

璆、鐵。璆，玉磬。鐵，柔鐵。

銀。鐵先於銀者，鐵多於銀也。

鏤。剛鐵可以刻鏤者。

砮磬。石磬。

熊、羆、狐、狸織皮。四獸之皮，製之可以爲裘。其毳毛，織之可以爲罽。

愚按梁、雍二州言貢不言篚者，蓋篚所以盛精緻之物，隨所出有無而言也。

入貢河道

西傾因桓是來，浮于潛，逾于沔，入于渭，亂于河。

酈道元曰：「自西傾而至葭萌，浮於西漢。西漢即潛水也。自西漢遡流，而屆〔二〇〕於晉壽界，阻漾枝津，南歷岡北，迤邐接漢、沔，歷漢川，至於褒水，逾褒而暨於衙嶺之南溪，灌於斜川，屆於武功，而北以入於渭。」經言沔、渭而不言褒、斜者，因大以見小也。褒、斜之間，絶水百餘里，故曰「逾」。然於經文則當曰「逾于〔二一〕渭」，今曰「逾于沔」，此又未可曉也。絶河而渡曰「亂」。

雍州

西據黑水，東距西河。西河者，主冀都而言也。

熊氏曰：「雍州，秦地，周之岐、豐、鎬京，漢之三輔，皆此焉。據地勢之上流，當天下之要脊，四塞以爲固。書以黑水、西河爲界，而又西接弱水、流沙之地，則土地之廣漠可知。大抵關中之地固是形勢，但其地迫近西戎，周、秦、漢、唐世有羌、胡之患，必盡陰山與唐三受降城及靈夏、河西五郡爲塞地乃可爾。」

山

荆山。即北條之荆，地志在馮翊懷德縣南，今耀州富平縣掘陵原也。

岐山。地志在扶風美陽縣西北，今鳳翔府岐山縣東北十里也。

終南山。地志古文以太一山爲終南山，在扶風武功縣，今永興軍萬年縣南五十里也。永興，今奉元路。

惇物山。地志古文以垂山爲惇物，在扶風武功縣，今永興軍武功縣也。

鳥鼠山。地志在隴西郡首陽縣西南，今渭州渭源縣西也，俗呼爲青雀山。渭州，今鞏昌路。渭源，今隸臨洮府。

三危山。即舜竄三苗之地。或以爲燉煌，未詳其地。歸軒鄒氏曰：「按後漢西羌傳注：『三危山在今沙州燉煌縣東南，山有三峰，故曰三危。』」

積石山。地志在金城郡河關縣西南羌中，今鄯州龍支縣界。金城，今蘭州。

龍門山。地志在馮翊夏陽縣，今河中府龍門縣。

崑崙山。即河源所出，在臨羌。

析支。唐孔氏引鄭玄云：「衣皮之民居此崑崙、析支、渠搜三山之野。」則析支、渠搜皆山也。析支在河關西千餘里。河關縣，今積石州。析支，唐吐蕃居此水上，亦曰賜支。

渠搜。水經曰：「河自朔方東轉，經渠搜縣故城北。」蓋近朔方之地也。朔方，在銀葭西北，古夏州，今寧夏路等處。

川

弱水。柳宗元曰：「西海之山有水焉，散渙無力，不能負芥，投之則委靡墊没，及底而後止，故名曰弱。」地志云在張掖删丹縣。薛氏曰：「弱水出吐谷渾界窮石山，自删丹西至合黎山，與張掖縣河合。」又按通鑑：魏太武擊柔然，至栗水，西行至菟園水，分軍收討，又循弱水西行至涿邪山。則弱水在菟園水之西，涿邪山之東矣。

涇水。地志出安定郡涇陽縣西，今原州百泉縣岍頭山也，東南至馮翊陽陵縣入渭，今永興軍高陵縣也。安定，今涇州。原州，今鎮原州。

渭水。地志出隴西郡首陽縣西南，今渭州渭原縣鳥鼠山西北南谷山也，東至京兆船司空縣入河，今華州華陰縣也。渭州，今鞏昌路。

汭水。地志作芮，扶風汧縣弦蒲藪〔二〕，芮水出其西北，東入涇，今隴州汧源縣弦蒲藪有汭水焉。周職方「雍州其川涇、汭」，詩曰「芮鞫之即」，皆謂是也。孔氏曰：「水北曰汭。」

漆水。寰宇記自耀州同官縣東北界來，經華原縣合沮水。華原，今耀州。唐孔氏引地志云：「漆水出扶風漆縣西。」晁氏曰：「此豳之漆也。」通志云：「出鳳翔普潤縣東。」或云出岐山，經華原縣與沮水合，南至富平縣入於渭。」程氏曰：「普潤之漆入渭，在澧水之上，節次與經不合。」富平，今屬耀州。

沮水。地志出北地郡直路縣東，今坊州宜君縣西北境也。寰宇記沮水自坊州昇平縣北子午嶺出，俗號子午水，下合榆谷、慈馬等川，遂爲沮水，至耀州華原縣合漆水，至同州朝邑縣東南入渭。坊州，今鄜州。

灃水。地志作酆，出扶風鄠縣終南山，今永興軍鄠縣山也，東至咸陽縣入渭。鄠縣、咸陽，並屬奉元路。

原隰

原隰。廣平曰原，下濕曰隰。詩曰「度其隰原」，即指此也。鄭氏曰：「其地在豳。」今邠州也。

豬野。地志武威縣東北有休屠澤，古文〔一三〕以爲豬野，今涼州姑臧縣也。今西涼州。

土

黃壤。黃者，土之正色也。林氏曰：「物得其常性者尊貴。雍州之土黃壤，故其田非他州所及。」

田

上上。第一等。

中下。第六等，地狹而人功少也。

愚按賦等高下者，地有廣狹也。雍東止西河，西盡黑水，不爲狹矣。而千里沃壤，惟關中之地。積石以西，析支之地，寒早收薄，不足以供，故賦入寡也。

貢無篚。

球琳。美玉也。

琅玕。石之似珠者。爾雅曰：「西北之美者，有昆侖虛之球琳、琅玕。」今南海有青琅玕，珊瑚屬也。山海經云：「昆侖山有琅玕樹。」

入貢河道

浮於積石，至于龍門、西河，會于渭、汭。雍之貢道有二。其東北境則自積石至于西河，其西南境則會于渭、汭。言渭、汭不言河者，蒙梁州之文也。他州貢賦亦當不止一道，發此例以互見耳。熊氏曰：「正道皆從渭達河，惟山脊西北之地渭道不可通處，必自積石之河經涉龍門而達于西河也。」

愚按五服之制，田賦所入於天子者，不過甸服而已。其外則以封建諸侯，其入貢河道，惟記八州之貢篚與諸侯朝會之所經耳。

校勘記

〔一〕「千」，原作「十」，據元至正本改。

〔二〕「蒲昌海」，原脱，據書集傳卷二禹貢蔡傳補。

〔三〕「劉元鼎」，原作「薛元鼎」，據舊唐書卷一九六吐蕃傳改。下「劉氏」、「劉説」同。

〔四〕「悶磨黎山」，原作「閻磨黎山」，據書集傳卷二禹貢蔡傳改。

〔五〕「棣」，原作「隸」，據董鼎書傳輯録纂注卷二引熊氏文改。

〔六〕「時」，原脱，據通志地理略四瀆補。

〔七〕「而」，原作「爲」，據四庫本及書集傳卷二禹貢蔡傳改。

〔八〕「羽山」，原作「人羽」，據四庫本及書集傳卷二禹貢蔡傳改。

〔九〕「白」，原作「曰」，據元至正本及尚書正義卷六禹貢孔傳改。

〔一〇〕「百」，原脱，據晦庵集卷七二九江彭蠡辨補。

〔一一〕「庚仲初」，原作「唐仲初」，據四庫本及水經注卷二九沔水改。「揚」，原作「吴」，據水經注卷二九沔水改。

〔一二〕「亦」，原作「已」，據書集傳卷二禹貢蔡傳改。

〔一三〕「下上」，原脱，據書集傳卷二禹貢蔡傳補。

〔一四〕「白水」，原作「泉」，據華陽國志卷二漢中志改。

〔一五〕「始」，原作「治」，據華陽國志卷二漢中志改。

〔一六〕「里」，原作「理」，據元至正本、四庫本改。

〔一七〕「罡山」，原作「四正山」，據四庫本及水經注卷二九潛水改。

〔一八〕「音潛」，原作小字注，據上下文改爲大字正文。

〔一九〕「漢」下原衍「沔」字，據東坡書傳卷五禹貢删。

〔二〇〕「屆」，原作「留」，據四庫本及水經注卷三六桓水改。下「屆於武功」同。

〔二一〕「于」，原作「於」，據元至正本及尚書禹貢改。下「逾于沔」同。

〔二二〕「弦蒲藪」之「弦」，原脱，據下文及漢書卷二八上地理志補。

〔二三〕「文」，原作「今」，據漢書卷二八下地理志改。

尚書通考卷八

鄭氏通志地理略序

州縣之設，有時而更。山川之形，千古不易。所以禹貢分州，必以山川定經界，使兗州可移，而濟、河之兗不能移，使梁州可遷，而華陽、黑水之梁不能遷。是故禹貢爲萬世不易之書。後之史家主於州縣，州縣移易，其書遂廢。今之地理，以水爲主。水者，地脉絡也。郡縣碁布，州道瓜分，皆由水以別焉。中國之水，則江、河、淮、濟爲四瀆，諸水所歸。苟明乎此，則天下可運於掌。

江水出岷山，一名瀆山，一名汶阜山，今屬茂州汶山縣，古冉、駹、氐，漢汶山郡。發源不一，亦[二]甚微，所謂濫觴者也。東南百餘里至天彭山，亦謂之天谷，亦謂之天彭門。兩山相對，水徑其間。其山屬今彭州。又東南過成都郫縣，又東南過江陽，有湔水從西北來入焉。江陽，隋并入隆山，唐改爲彭山，今屬眉州。又南過嘉州犍爲，今嘉定路。又南過戎州僰道縣北，今敘州。若水、淹水從西來入焉。又東南至巴郡江州縣，有羌水、涪水、巴水、白水、潛水、渝水合流入焉。故庾仲雍謂「江州縣對二水口，右則涪内水，左則巴内水」是也。江州縣，今渝州江津縣是。今重慶路江津縣。又東過涪州、忠州、萬州，又東過雲安軍。雲安，故朐䏰縣，後周改名。今雲陽州。又東過魚復。魚復，今夔州奉節也。逕永安宫在奉節縣，蜀先主卒於此。及諸葛亮圖壘南，八陣圖在奉節西南七里，聚細石爲之，各高五丈。又東南過赤岬城，即杜詩「赤甲」、「白鹽」，皆山名。又東過巫峽，巫溪水入焉。又東過秭歸，今歸州。又東過夷陵，今峽州路。又東過宜都，峽州宜都縣。又東過禹斷江，又東過枝江，今江陵府枝江縣。有沮水入焉。又東過石首，今江陵府石首縣。又東過華容，今岳州華容縣。有涌水入焉。又東至巴陵，今岳州巴陵縣。合於洞庭之陂。其陂有澧水從西來入焉，次有沅水從西南來入焉，次有湘水從南來入焉，共而東出，由武昌出，與漢水合而爲大江。東過九江，今江州路，非禹貢之九江也。有九江水合而爲彭蠡陂，今鄱陽。從南來入焉。又東右過江寧，有丹陽水從南來入焉。今鎮江路。又東左過江都，今揚州江都縣。邗溝出焉。又東過江陰、今江陰州。許浦入海。按入海在今通州靜海縣。班云：行二千六百六十里。謬矣。

淮水　出唐州桐柏縣大復山，東過義陽，今信陽也。今信陽州。又東過褒信，今息州。楚封白公於褒信，在此。汝水出今汝州。自西北來入焉。又東過安豐，決水自南來入焉。又東北，有窮水從北來入焉。又東過下蔡，下蔡縣，舊屬潁州，今隸安豐路。潁水從西北來入焉。又東過壽春，今安豐路。有肥水從東南來入焉。又東北，有豪水入焉。又北，汴水入焉。酈道元云：「汴即蒗蕩渠也。」又東過鍾離，今臨濠府。又東過盱眙，今臨淮府盱眙縣。有汴水從北來入焉。又東至山陽，今淮安路。通邗溝。又東，泗水自東北來入焉。又東至海州東海今海寧州。入海。班云：行三千二百四十里。

濟水 從滎陽縣北，今鄭州滎陽縣。又東過敖山北，在鄭州，仲丁遷此。又東合滎瀆。滎瀆〔二〕今無水。又東，索水入焉。又東過陽武縣北，今延州陽武縣。又東過封丘縣，今汴梁封丘縣。又東過酸棗縣今滑州。之烏巢澤北，又東過乘氏縣南，舊屬今曹州。分爲菏水。又東北過鉅野，今濟寧路鉅野縣。濮水入焉。又東北過壽張，今東平路壽張縣。汶水從東北來入焉。又東過須城今東平路須城縣。漁山之東，左合馬頰水。又北過臨邑，舊屬濟南。又東北過故盧城北，今濟寧路有故盧縣。又東北，濼水入焉。又東北過華不注山，華水入焉。在濟南路。又東北過蒲臺縣北，今般陽路，古淄州。又東北過鄒平，今濟南路鄒平縣，元屬淄州。時水入焉。又東北過樂安故城南，今益都路樂安縣。又東北過利縣西。地理志曰：「利縣在濟城北五十里。」又東北過甲下邑，河分一枝入焉。又東北入於海。聞今濟水多涸竭。

河水 自西域來，其大原有三。正原出昆侖山東北陬而東行，一原出天竺葱嶺，一原出于闐南山，北行與葱嶺河合，而東入於昆侖河。或云張騫窮河源至葱嶺河爾，故西域傳云河有兩源，一出葱嶺，一出于闐，而没其正原也。三河合而東過蒲昌。或云入蒲昌海而復東出，於理不然，乃東至積石山下，有石門，河水冒以西南流，是爲中國河。積石山屬鄯州，今積石州。禹之所道自此始，故其詳得聞焉。遂過西平，即鄯州。又東南過枹罕，河州也，有洮水從西來入焉。又東過臨洮，洮州也，今臨洮府。有離水從西來入焉。又東過金城允吾縣，湟水從西來入焉。金城，蘭州也。遂轉而北，過武威，涼州也。今西涼州。又北至朔方，故夏州也。今寧夏路。遂轉而東南，又南過上郡白土縣，圁水從西來入焉。上郡，綏州也。今綏德州。又南過隰州太寧縣壺口山，又南過北屈，今慈州吉鄉也，漢北屈，今吉州。而爲采桑津。又南過龍門，有汾水從東來入焉。龍門縣，今隸河中。又南過夏陽梁山之東，又南過汾陰縣西、郃陽縣東，又南過蒲阪縣雷首山西。蒲阪，今河東也，有涑水從東北來入焉。又南過華陰縣潼關，今華州華陰縣。渭水從西來入焉。遂轉而東，過河北縣，今陝州平陸也。又東過陝縣砥柱山。山在河中，分流包山而過，湍急，多覆溺舟船。又東，崤水從右入焉，是謂崤津，亦謂之茅津。又東左過絳州垣曲縣，湛水從北來入焉。又東而爲孟津，又東過河陽縣今孟州縣。南、洛陽縣北，今河南府縣。又東過溫縣，今孟州縣。沮水從西北來入焉。又東右過鞏縣，今河南府縣。洛水從西南來入焉。左過成皋縣北，沇水從北來入焉。成皋，今孟州汜水。又東過大伾山下，又東，汜水從南來入焉。又東過滎陽縣今鄭州縣。西北，而爲棘津。又東過滎陽縣，鴻溝出焉。鴻溝，一名官度水，一名蒗蕩渠，今謂之汴河。大禹塞滎澤，開之以引河水，東南通淮、泗。蒗蕩渠，據桑欽所説，即此也。而班固又云蒗蕩渠受濟水，至陳入潁。未詳其實。又東北過懷州武陟，沁水入焉。又東過酸棗縣西，舊屬今滑州。濮水東出焉。或云漢文帝時，河決酸棗，東潰金隄，發卒塞之，其水遂絕。又東北而爲延津，又東北左過黎陽大伾山。黎陽，今通利軍治也，今濬州。有淇水從西來入焉。淇水，即降水也。又東北過濮陽縣，今濮州。別出而爲瓠子河。漢武帝時，河決瓠子，水注鉅野，通於淮、泗，發卒塞之。又東北過東武陽，今大名朝城也，而爲漯河。又東北過大名館陶縣，別出而爲屯氏河。又東北過清河靈縣，別出而爲鳴犢河。靈縣，隋省入博平，今隸博州。今東昌州博平縣。鳴犢至瀛州今河間路。蓨縣，與屯氏河通。三河今皆絕矣。又北過德州平原，又東北過棣州厭次，又東北過濱州渤海，又東北過青州千乘，舊屬今益都路。又東北過甲下邑，別出一枝入濟。又東北入於海。舊説禹道河至頓丘，舊屬魏州，今大名路。分爲二渠。一曰漯川，出武陽，大名。至千乘入渤海。今濱州。一曰北瀆，出貝丘，恩州。至大陸北，播爲九河，同爲逆河，入於海。舊云大陸在鉅鹿北，鉅鹿，古邢州，今順德路。乃故大陸縣，唐改爲昭慶，宋開寶改爲隆平，近省爲鎮，入趙州臨城。今趙州隆平縣有大陸澤。然禹貢大陸當只是汲郡今衛州。吴澤，非趙州大陸縣也。鄭氏云：「九河，齊桓公塞之。」而北瀆至王莽時亦絕，故世謂王莽河，今在永靜軍。今景州。

然臣每疑禹之所道無二河。按禹貢文：「東過洛汭，至于大伾，北過洚水，至于大陸，又北播爲九河，同爲逆河，入于海。」又按武帝元光三年春，河水徙從頓丘，東南流入渤海，是爲朝城舊屬魏州，今大名路。之漯河。然則今河之入海者，入渤海爾。禹貢所謂「入于海」者，由碣石之海。碣石，今在平州。北瀆者，乃禹所道之河。其後河犇〔三〕漯川，入於渤海，故瀆遂絶，九河不復通。蓋故瀆在北，漯川在東，河決而東，勢則然也，恐非齊桓公所塞。自河決漯川之後，北瀆遂微，九河皆絶。但王莽河上承北瀆，下入逆河，爲一河微通，奈北勢高，故後亦絶，但由漯川爾。大抵河自西戎入塞，經秦、隴、陝、洛，夾山而行，故少有決徙之患，自河陽今孟州。以下東至海，千里平田虛壤，故多奔決無定流。

漢水 名雖多而實一水，説者紛然。其原出興元府西縣嶓冢山，爲漾水。東流爲沔水，故地曰沔陽。又東至南鄭，爲漢水，有褒水從武功今乾州武功縣。來入焉。南鄭，興元治。興元，故漢中郡也。又東左與文水會，又東過西城，今金州。旬水入焉。又東過鄖鄉縣今均州縣。南，又屈而東南，過武當縣，今均州縣。又東過順陽縣，有淯水自虢州盧氏縣北來入焉。又東過中廬，別有淮水自房陵今房州縣。淮山東流入焉。又東過南漳今襄陽路縣。荆山而爲滄浪之水。或云在襄陽即爲滄浪之水。又東南過宜城，今襄陽路縣。有鄢水入焉。又東過鄀，敖水入焉。又東南，臼水入焉。又東過雲杜而爲夏水，有溳水入焉。雲杜，後并入安州安陸，舊屬江夏郡。今安陸府。又東至漢陽，觸大別山，南入於江。漢陽，故夏口之地。今漢陽府。班云：行一千七百六十里。

泗水 舊云出卞縣故城東南，桃虛西北。卞縣，今兗州泗水縣是。説文云：「泗水，受濟水。」桑欽亦云：「濟水至濟陰今曹州。乘氏縣分爲二，一水東北流爲北濟，一水南流爲南濟。」按今此水與濟已不通矣。其源出泗水縣，西南流，有洙水入焉。又西南至方與縣，菏水入焉。其水出乘氏，班固亦謂之泗水。方與，今單州魚臺。魚臺縣，今隸濟寧。又云有漷水至高平湖陸入泗水。又南至彭城，今徐州。名曰沛水，有睢水入焉。又西南至下邳，今邳州。沂水入焉。又南至楚州山陽今淮安路山陽縣。入淮。此水今人謂之清河。或云泗水出鄆州今東平路。梁山泊。

洛水 出商州上洛縣冢嶺山。桑欽云出讙舉山，恐是上洛舊名讙舉。東過熊耳山，又東過盧氏縣，今嵩州盧氏縣。又東過河南縣，穀水從西來入焉。又東過洛陽南，伊水從西來入焉。又東過偃師，瀍水從西來入焉。又東過鞏縣東，河南、洛陽、偃師、鞏皆河南府縣名。又北入於河。班云：行千七十里。

渭水 舊云出隴西首陽縣渭首亭南鳥鼠山。首陽，唐省入渭源，隸渭州，今鞏昌府路即渭州。今隸熙州，在州之東。今臨洮府即古熙州。其水東過隴州汧源，汧水從西北來入焉。又東過鳳翔郿縣，斜水從南來入焉。又東過槐里縣南，澇水入焉。槐里，今永興興平縣。今奉元路興平縣。又東北過咸陽縣，灃水入焉。又東北過高陵，涇水入焉。咸陽、高陵皆奉元路縣。又東北過富平縣，隸耀州，今輝州。漆水入焉。又東，洛水入焉。此洛水出同州蒲城縣洛水谷，谷在荆山。又按洛水出鄜州界，至富平與漆、沮合。又東過臨潼縣，今奉元臨潼縣。灞水入焉。又東至船司空縣入河。船司空，後省入華陰，今隸華州。班云：渭水行千八百七十里。

汾水 出太原今冀寧路。汾陽縣北管涔山。今管州。汾陽，今太原治陽曲也。東南過晉陽縣東，晉水從縣南東流入焉。又南與文水合。又西南過高粱。高粱，今屬洪洞。洪洞，屬平陽，今晉寧路。遂西行過臨汾，臨汾，屬晉寧。又西過絳縣今絳州縣。西四十里虒祁宮北，又西過王澤，有澮水從東來入焉。又西至汾陰縣北，西入於河。汾陰，今河中滎河縣也。班云：汾水西南行千三百四十里，冀州浸也。

清漳水 班云出上黨沾縣大黽谷。出平定州樂平少山。樂平，今遼州。東北過磁州武安，與濁漳合而衡流，故名曰衡漳。濁漳出今潞州長子縣發鳩山。又東北過洺州今廣平路。曲周、平恩縣，又東北過冀州武邑，又東北過弓高縣。弓高，今爲鎮，隸永靜東光。今景州。又東北過成平。成平，今爲景城鎮，隸瀛州今河間。樂壽。今獻州。又東北過故平舒縣，今河間路。東入海。入海者，桑欽説也。班云：至邑成入河，行千六百八十里。

易水 出北新城，東至文安入滱。新城，今隸涿州。

滱水 出靈丘縣高氏山。靈丘，今隸蔚州。班云：東至文安入大河，過郡五，行九百四十里。按文安，今隸霸州。

滹沱水 班云：出代郡鹵城，東至文安入海，過郡六，行千三百七十里。按鹵城，今代州今堅州。繁峙縣。其水東經定州今中山府。深澤縣深澤，今隸祁州。東南，即光武所度處，今俗謂之危度口。又東過瀛州東城、平舒。二縣，今河間路。開元中，盧暉於此引滹沱東入淇，道溉漕。文安，今隸霸州。若是，入海當在滄州界。

禹貢五服之圖

五百里甸服分爲五等。

百里賦納總　二百里納銍　三百里納秸服　四百里粟　五百里米

五百里侯服分爲三等。

百里采　二百里男邦　三百里諸侯

五百里綏服分爲二等。

三百里揆文教　二百里奮武衛

五百里要服分爲二等。

三百里夷　　二百里蔡

五百里荒服分爲二等。

三百里蠻　　二百里流

禹貢五服，陳祥道曰：「夏之服，甸、侯、綏、要、荒。自甸至荒，凡五服。服五百里，則面二千五百里矣。面二千五百里，則爲方五千里矣。弼成五服，至于〔四〕五千。周之服，侯、甸、男、采、衛、蠻、夷、鎮、藩。自侯至藩，凡九服。服五百里，則面二千七百五十里矣。面二千七百五十里，則爲方五千五百里矣。蓋夏服先甸後侯，而甸即畿也。周服先侯後甸，而畿非侯也。夏之侯以當周之侯、甸，而綏以當周之男、采。周之衛、蠻以當夏之要，而夷、鎮以當夏之荒，特藩服在禹貢之外。然則周之斥大中國，不過增夏五百里而已。書曰：『弼成五服，至于五千。』此夏五服之域也。『東漸于海，西被于流沙，朔南暨聲教』，此夏五服之外也。孔氏謂地理志言漢之土境〔五〕，東西九千三百二〔六〕里，南北萬三千三百六十八〔七〕里。其言山川，不出禹貢之域，而數不同者，直而計之以鳥跡，曲而量之以人跡，異耳。此說是也。」

蘇氏曰：「獨言甸服之賦，內詳王賦之法，而諸侯可推也。」

蔡氏曰：「禹聲教所及則地盡四海，而其疆理則止以五服爲制。至荒服之外，又別爲區畫，如所謂『咸建五長』是已。若周、漢，則盡其地之所至而疆畫之也。」

馬氏曰：「甸、侯、綏爲中國，要、荒已爲夷狄。聖人之治，詳内略外，觀五服名義可見。治中國，則法度宜詳，治以必治也。治蠻夷，則法度宜略，治以不治也。觀『至于五千』，見德化之遠。及觀要、荒二服，見法度之不泛及。聖人不務廣地而勤遠，略可見矣。」

校勘記

〔一〕「亦」上原衍一空格，據元至正本删。

〔二〕「滎瀆」，原脱，據通志地理略濟水補。

〔三〕「犇」，原作「決」，元至正本漫漶，據内閣文庫本及通志地理略河水改。

〔四〕「于」，原作「於」，據尚書益稷改。下「至于五千」同。

〔五〕「境」，原作「竟」，據尚書正義卷六禹貢孔疏及禮書卷三二周九服改。

〔六〕「二」下原衍「十」字，據尚書正義卷六禹貢孔疏及禮書卷三二周九服删。

〔七〕「八」，原作「六」，據尚書正義卷六禹貢孔疏及禮書卷三二周九服改。

尚書通考卷九

咸有一德七世之廟可以觀德

蔡氏曰：「天子七廟，三昭三穆，與太祖之廟七。七廟親盡則遷，必有德之主則不祧毀，故曰『七世之廟可以觀德』。」

穎達曰：「王者祖有功，宗有德，雖七世之外，其廟不毁。漢世以來，論七廟者多矣。其文見於記傳者，禮器、家語、荀卿書、穀梁傳皆曰天子立七廟，以爲天子常法，不辨其廟之名。王制云：『天子七廟，三昭三穆，與太祖之廟而七。』祭法云：『王立七廟，曰考廟，曰王考廟，曰皇考廟，曰顯考廟，曰祖考廟，皆月祭之。遠廟爲祧，有二祧，享嘗乃止。』漢書韋玄成議曰：『周之所以七廟者，后稷始封，文王、武王受命而王，是以三廟不毁。與親廟四，而七也。』鄭玄用此爲説，故王制注云：『此周制。殷則六廟，契及湯與二昭二穆。夏則五廟，無太祖，禹與二昭二穆而已。』良由不見古文，故爲此謬。此篇乃商書，已云七世之廟，則天子七廟，王者常禮，非獨周人始有七廟也。所言二祧者，王肅以爲高祖之父及祖也。并高祖已下，共爲三昭三穆耳。」

通典曰：「昔在先王，感時代謝，思親立廟，曰宗廟。廟，貌也。宗廟者，先祖之尊貌也。因新物而薦享，以重孝敬。遠祖非一，不可偏追，故親盡而止。唐虞立五廟，鄭玄按禮緯元命包云：『天子五廟，二昭二穆，與始祖而五。』夏氏因之，夏太祖無功而不立，自禹與二昭二穆也。殷制七廟。王制云：『天子七廟。』鄭玄復云：『殷制六廟，自契及湯、二昭二穆。』」

周制，小宗伯掌建國之神位，左宗廟。庫門内、雉門外〔一〕之左。王立七廟。鄭玄云：「周制七廟，太祖及文王、武王之祧與親廟四，并而七。」王肅云：「尊統於上，故天子七廟。其有殊功異德，非太祖而不毀，不在七廟之數，其禮與太祖同，則文、武之廟是。」按鄭玄注王制，據禮緯元命包云：「唐虞五廟，殷六廟，周七廟。」又注祭法云：「天子遷廟之主，以昭、穆合藏於二祧之中。」王肅非之，曰：「周之文、武，受命之主，不遷之廟。殷之三宗，宗其德而存其廟，僉不以爲常數也。孫卿子曰：『有天下者事七廟，有一國者事五代，所以積厚者流澤廣，積薄者流澤狹也。』祭法曰『遠廟曰祧』，親盡之上，猶存二廟也。文、武百代不遷者，祭法不得云『去祧爲壇』。又云『遷主所藏曰祧，先公遷主藏后稷之廟，先王遷主藏文、武之廟』，是爲三祧，而祭法云『有二祧』焉。祭法又曰：『王下祭〔二〕殤五，嫡子、嫡孫、嫡曾孫、嫡玄孫、嫡來孫〔三〕。』此爲下祭五代來孫，則無親之孫，而上祭何不及無親之祖乎？」馬昭非王曰：「喪服小記：『王者立四廟。』王制曰：『天子七廟。』是則立廟之正〔四〕，以爲親限不過四也。親盡之外，有大功德，可祖宗者也。有其人則備，無其人則少。故夏則五，殷則六，周則七。禮器云『周旅酬六尸』，一人發爵，則周七尸七廟明矣。肅言文、武不得稱遠廟，不得爲二祧者，凡別遠近，以親爲限，親内爲近，親外爲遠。文、武適在親外，當毀，故言遠廟。自非文、武，親外無不毀者。」

評曰：禮有以多爲貴。王制云：「天子七廟，諸侯五廟。」祭法云：「遠廟爲祧，有二祧焉，享嘗乃止。」而鄭玄以文、武之廟曰祧，不亦踈乎？若天子之祖無功德，則不立二祧，二祧不廟數，與諸侯同，何以爲降殺哉？成王六年制禮，七廟已有見數。文王爲祖，武王爲禰，非遠廟也。不可於成王之代，以文、武逆云爲遷主所藏矣。

漢元帝丞相韋玄成奏議：「禮，王者始〔五〕受命，諸侯始封之君，皆爲太祖。以下諸廟皆迭毀，毀廟之祖藏於太祖。父爲昭，子爲穆，孫復爲昭，古之正禮也。今高帝爲太祖，文帝爲太宗，世世不毀，餘則五廟迭毀。景帝爲昭，武帝爲穆，昭帝與宣帝俱爲昭，皇考廟親未盡。」陳禮書曰：「漢宣以從孫繼昭帝，患昭穆之體一也，於是立悼皇考〔六〕廟，以當一代之穆，固不合禮。若特立廟，乃庶子王〔七〕之所當立者。」悼皇，即史皇孫也。於是罷昭靈后、武哀王、昭哀后、衛思后、戾太子、戾后園，皆不奉祠，裁置吏卒守焉。罷郡國廟，時玄成等曰：「臣聞惟聖人爲能饗帝，孝子爲能饗親。立廟京師之居，躬親承事。春秋之義，父不祭於支庶之宅，君不祭於臣僕之家。臣等以爲宗廟在郡國，宜勿復修。」奏可。

唐貞觀九年，高祖崩，增修太廟。中書侍郎岑文本議曰：「祖鄭玄者則陳四廟之制，述王肅者則引七廟之文，貴賤混而莫辨，是非紛而不定。春秋穀梁傳及禮記王制祭法禮器、孔子家語並云『天子七廟，諸侯五廟，大夫三廟，士二廟』。尚書咸有一德曰：『七世之廟可以觀德。』至於孫卿、孔安國、劉歆、班彪父子、孔晁、虞喜、干寶之徒，商較今古，咸以爲然。故其文曰：『天子三昭三穆，與太祖之廟而七。』是以晉、宋、齊、梁皆依斯義，立親廟六，豈非〔八〕有國之茂典，不刊之休烈乎？然若使違群經之正說，從累代之疑議，背子雍之篤論，述康成之舊學，則天子之禮下逼於人臣，諸侯之制上僭於王者，非所謂尊卑有序、名位不同者也。臣等參詳，請依晉、宋故事，立親廟六〔九〕，其祖宗之制，式遵舊典。」制從之。

朱子語録曰：「古廟制，自太祖以下，各是一室。陸農師禮象圖可考。西漢時，高祖廟、文帝顧成廟，猶各在一處。但無法度，不同一處。至東漢明帝謙貶，不敢自當立廟，祔於光武廟，其後以爲例。至唐，太廟及群臣家廟悉如今制，以西爲上也。至禰處謂之『東廟』，只作一列。今太廟之制亦然。」

或問：「『遠廟爲祧』，如何？」曰：「天子七廟，如周文、武廟不祧。文爲穆，則凡後之屬乎穆者皆歸於文之廟。武爲昭，則凡後之屬乎昭者皆歸乎武之廟也。」

又曰：「太祖之廟，始封之君居之。昭之北廟，二世之君居之。穆之北廟，三世之君居之。昭之南廟，四世之君居之。穆之南廟，五世之君居之。廟皆南向，各有門、堂、室、寢，而墻宇四周焉。太祖之廟，百世不遷。自餘四廟，則六世之後，每一易世而一遷。其遷之也，新主祔於其班之南廟，南廟之主遷於北廟。北廟親盡，則遷其主於太廟之西夾室，而謂之祧。廟主在本廟之室中皆東向，至其祫於太廟之室，則惟太祖東向自如，而爲最尊之位。群昭之入乎此者，皆列於北牖之下而南向。群穆之入乎此者，皆列於南牖之下而北向。南向者，取其向明，故謂之昭。北向者，取其深遠，故謂之穆。蓋群廟之列，則左爲昭，右爲穆。祫祭之位，則北爲昭，而南爲穆也。」按此中庸或問以諸侯之五廟言之。

又曰：「宗廟之制，但以左右爲昭穆，而不以左右爲尊卑。故五廟同爲都宮，則昭常在左，穆常在右，而外有以不失其序。一世自爲一廟，則昭不見穆，穆不見昭，而内有以各全其尊。必大祫而會於一室，然後序其尊卑之次，則凡已毁未毁之主，又畢陳而無所易。惟四時之祫，不陳毁廟之主，則高祖有時而在穆。」

又答吴晦叔曰：「古人廟堂南向，室在其北，東户西牖。皆南向。室西南爲奥，尊者居之，故神主在焉，詩所謂『宗室牖下』是也。主既在西壁下，即須東向，故行事之際，主人入户，西向致敬。取儀禮特牲、少牢饋食等篇讀之，即可見矣。今通典開元禮釋奠儀猶於堂上西壁下設先聖東向之位，故三獻官皆西向，彷彿古制。今神位南向，而獻官猶西向，失之矣。凡廟皆南向，而主皆東向。惟祫祭之時，群廟之主皆升，合食於太祖之廟，則太祖之主仍舊東向，而群昭南向，群穆北向，列於太祖之前。此前代禮官所謂太祖正東向之位者，爲祫祭時言也。非祫時，則群廟之主在其廟中無不東向矣，廟則初不東向也。」

又禘祫議〔一〇〕曰：「王制：『天子七廟，三昭三穆，與太祖之廟而七。』諸侯、大夫、士，降殺而兩。而祭法又有『適士二廟』、『官師一廟』之文。大抵士無太祖，而皆及其祖考也。其制在中門外之左，外爲都宫，内各有寢廟，別有門垣。太祖在北，左昭右穆，以次而南。天子太祖百世不遷，一昭一穆爲宗，亦百世不遷，二昭二穆爲四親廟。高祖以上親盡，則毁而遞遷。昭常爲昭，穆常爲穆。諸侯則無二宗，大夫又無二廟。其遷毁之次，則與天子同。儀禮所謂『以其班祔』，檀弓所謂『祔於祖父』者也。三代之制，其詳不得聞，然其大略不過如此。漢承秦弊，不能深考古制，諸帝之廟各在一處，不容合爲都宫，以序昭穆。貢禹、韋玄成、康衡之徒雖欲正之，而不能盡合古制，旋亦廢罷。後漢明帝又欲遵儉自抑，遺詔無起寢廟，但〔一一〕藏其主於光武廟中更衣別室，其後章帝亦復如之。後世遂不敢加，而公私之廟皆爲同堂異室之制。」

儀禮廟寢辨名圖

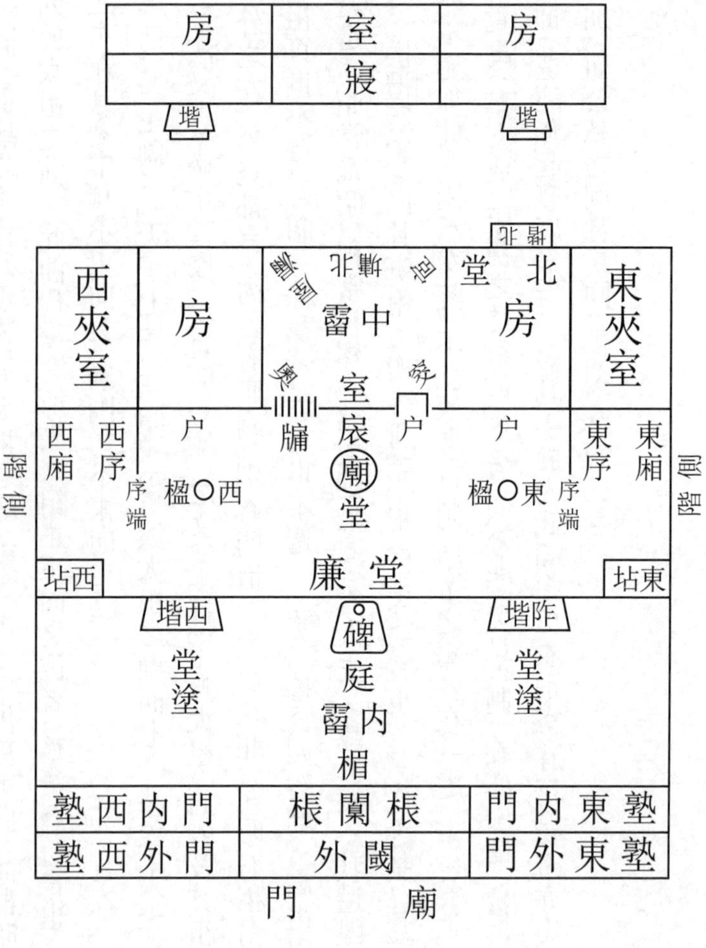
房
室
房
寢
堦
堦
北堦
西夾室
房
北墉
中霤
室
北堂
房
東夾室
西廂
西序
戶
牖
扆
戶
戶
東序
東廂
側階
序端
西楹
廟堂
東楹
序端
側階
西坫
堂廉
東坫
西堦
碑
阼堦
堂塗
庭
內霤
楣
堂塗
西塾內門
棖闑棖
門內東塾
西塾外門
外閾
門外東塾
廟門

爾雅曰：「室有東西廂曰廟。無東西廂有室曰寢。西南隅謂之奥，西北隅謂之屋漏，東北隅謂之宧，盈之切。東南隅謂之窔。一弔切。東西墻謂之序。牖户之間謂之扆。宫中之門謂之闈。門側之堂謂之塾。廟中路謂之唐。堂途謂之陳。唐與陳皆堂下至門之徑，特廟、堂異其名耳。」

又曰：「柣謂之閾。柣，于結切。棖謂之楔。革轄、先結二切。橛謂之闑。魚列反。」蓋界於門者，柣也，亦謂之閾。旁於門者，棖也，亦謂之楔。中於門者，橛也，橛，巨月切。亦謂之闑。士喪疏云：「房户之外，由半以南謂之堂。」士昏疏云：「其内由半以北，亦謂之堂。」堂中北牆謂之墉，士昏「尊於室中北墉〔一二〕下」是也。堂下之牆曰壁，士虞「饎爨在東壁」是也。坫有東坫、西坫，士喪疏云「堂隅有坫，以土爲之」是也。塾有内、外，士冠注云「西塾，門外西堂」是也。

月令曰：「其祀中霤。」古者複穴以居，是以名室爲中霤。

又有東霤。燕禮：「設篚，當東霤。」此言諸侯四注屋之東霤。

又有門内霤。燕禮「賓執脯，以賜鐘人於門内霤」是也。

玉藻「公事自闑西，私事自闑東」，疏云：「闑，謂門之中央所竪短木也。」

諸侯五廟之圖

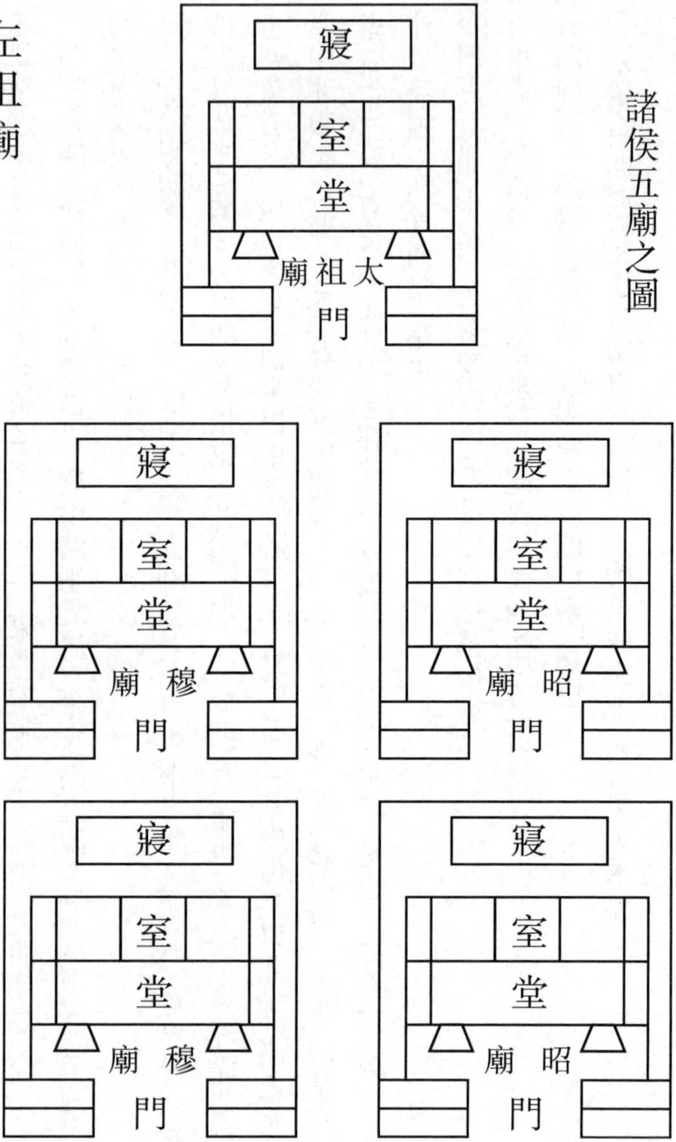

左祖廟

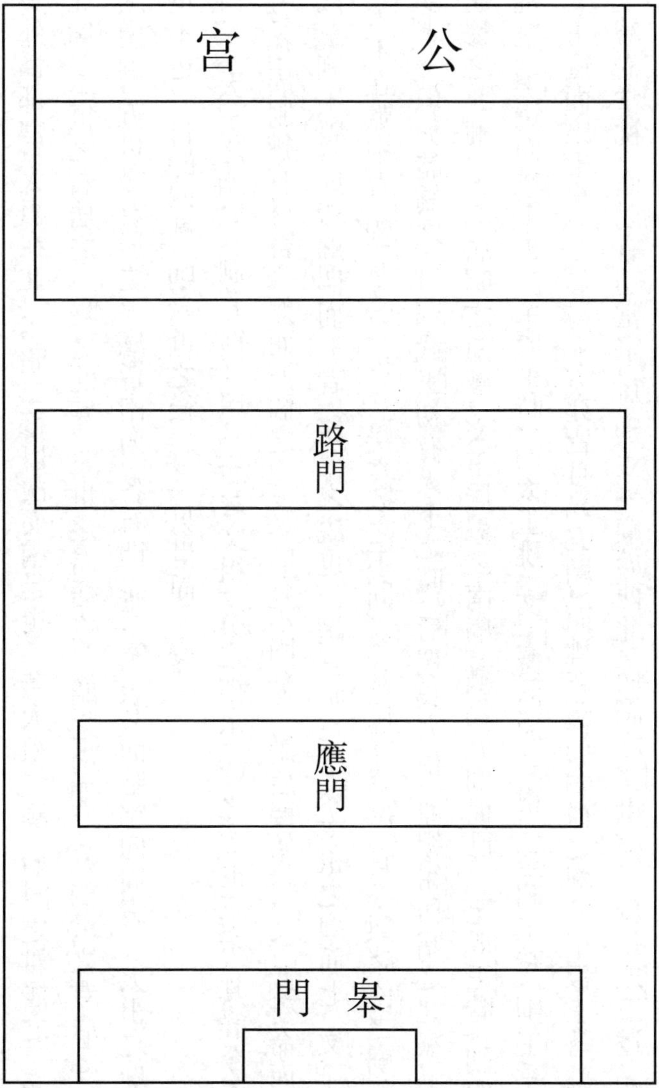
公宮
路門
應門
皐門

朱子曰：「周禮『建國之神位，左宗廟』，則五廟皆當在公宫之東南矣。其制，則孫毓以爲外爲都宫，太祖在北，二昭二穆以次而南是也。蓋太祖之廟，始封之君居之。昭之北廟，二世之君居之。穆之北廟，三世之君居之。昭之南廟，〔一三〕四世之君居之。穆之南廟，五世之君居之。廟皆南向，各有門、堂、室、寢，而牆宇四周焉。太祖之廟，百世不遷。自餘四廟，則六世之後，每一易世而一遷。」

又曰：「天子之廟，其制若何？曰：唐之文祖，虞之神宗，商之七世三宗，其詳今不可考，獨周制猶有可言。然而漢儒之記，又已有不同矣。謂后稷始封，文、武受命而王，故三廟不毀，與親廟四而七者，諸儒之説也。謂三昭三穆與太祖之廟而七，文、武爲宗，不在數中者，劉歆之説也。雖其數之不同，然其位置遷次，宜亦與諸侯之廟無甚異者。但如諸儒之説，則武王初有天下之時，后稷爲太祖，而組紺居昭之北廟，太王居穆之北廟，王季居昭之南廟，文王居穆之南廟，猶爲五廟而已。至成王時，則組紺祧，王季遷而武王祔。至康王時，則太王祧，文王遷而成王祔。至昭王時，則王季祧，武王遷而康王祔。自此以上，亦皆且爲五廟，而祧者藏於太祖之廟。至穆王時，則文王親盡當祧，而以有功當宗，故别立一廟於西北，而謂之文世室。於是成王遷，昭王祔，而爲六廟矣。至共王時，則武王親盡當祧，而亦以有功當宗，故别立一廟於東北，謂之武世室。於是康王遷，穆王祔，而爲七廟矣。自是以後，則穆之祧者藏於文世室，昭之祧者藏於武世室，而不復藏〔一四〕於太廟矣。如劉歆之説，則周自武王克商，即增立二廟於二昭二穆之上，以祀高圉、亞圉。如前遞遷，至於懿王而始立文世室於三穆之上，至孝王時始立武世室於三昭之上。此爲少不同耳。曰：然則諸儒與劉歆之説，孰爲是？曰：前代説者多是劉歆，愚亦意其或然。」

又曰：「大夫、士之制，奈何？曰：大夫三廟，則視諸侯而殺其二，然其太祖、昭穆之位，猶諸侯也。適士二廟，則視大夫而殺其一，官師一廟，則視大夫而殺其二，然其門、堂、室、寢之備，猶大夫也。曰：廟之爲數，降殺以兩，而其制不降，何也？曰：降也。天子之山節、藻棁、複廟、重檐，諸侯固有所不得爲者矣。諸侯之黝堊、斲礱，大夫有不得爲矣。大夫之倉楹、斲桷，士又有不得爲矣。曷爲而不降哉？獨門、堂、室、寢之合，然後可名於宮，則其制有不得而殺耳。蓋由命士以上，父子皆異宮。生也異宮，而死不得異廟，則有不得盡其事生事存之心者，是以不得而降也。」以上並見中庸或問。

諸儒廟制之說

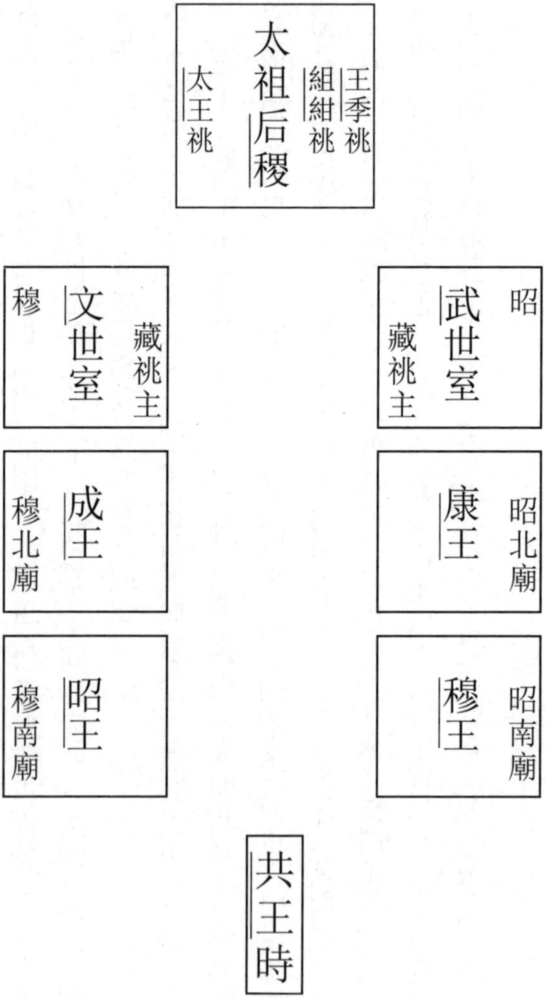
太祖后稷
王季祧
組紺祧
太王祧
昭
武世室
藏祧主
藏祧主
文世室
穆
康王
昭北廟
成王
穆北廟
穆王
昭南廟
昭王
穆南廟
共王時

劉歆廟制之說

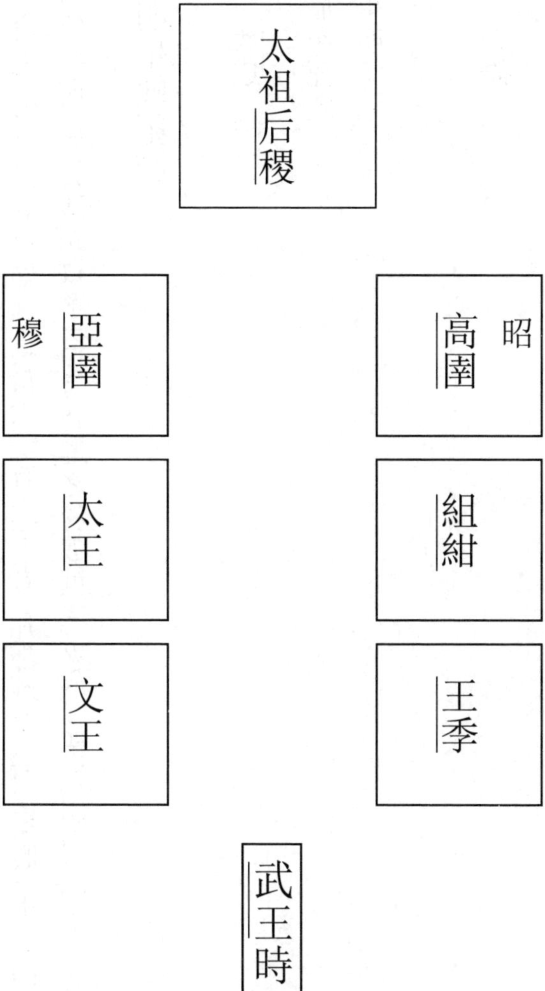

愚按德厚者流光，德薄者流卑，禮之定分也。故天子七廟，諸侯以下，降殺以兩，示民有尊也。如諸儒之説，則周必待傳至共王，而後始全天子之制。伊尹時，自湯至太甲方四傳，言七廟，則已立可知。且爲天子有天下者，凡都城、宮室、冕服、車輿即有等威，以別於諸侯，何於奉先致孝之地，乃遲之於數世之後哉？聖人制禮，必不其然。

生明生魄望朏

武成〔一五〕

惟一月壬辰旁死魄。

厥四月哉生明。

既生魄。

召誥

二月既望。

三月丙午朏。

四月哉生魄。

蔡氏曰：「死魄，朔也。二日，故曰旁死魄。○哉，始也。始生明，月三日也。○生魄，望後也。○日月相望謂之望。既望，十六日也。○朏，孟康曰：『月出也。』三日明生之名。始生魄，十六日。」

朱子曰：「日爲魂，月爲魄。魄是黯處，魄死則明生，書所謂『哉生明』是也。老子所謂『載營魄』，載如車載人之載。月受日之光，魂加於魄，魄載魂也。明生之時，大盡則初二，小盡則初三。月受日之光常全，人望在下，却在側邊了，故見其盈虧不同。或云月形如餅，非也。筆談云，月形如彈丸，其受光如粉塗一半。月去日近，則光露一眉，漸遠則光漸大。且如日〔一六〕在午，月〔一七〕在酉，則是近一遠三，謂之弦。至日、月相望，則日在西，月在東，人在中，得以望見其光之全。月之中有影者，蓋天包地外，地形小，日在地下，則月在天中，日光甚大，從地四面衝上，其影則地影也。地礙日之光，世所謂『山河大地影』是也。如星亦受日光。凡天地之光，皆受日光也。自十六日生魄之後，其光之遠近，如前之弦，謂之下弦。至晦，則日與月相沓，月在日後，光盡體伏矣。」

東漢志略曰：「日月相推，當其同，謂之合朔。近一遠三，謂之弦。相與爲衡，分天之中，謂之望。以月及日，光盡體伏，謂之晦。」

朔蘇也。

渾儀説曰：「晦而復蘇，明於是乎生焉，是之謂朔。」

上弦

律曆志：「日先月後，近一遠三，謂之弦。」渾儀説曰：「月行漸遠於日，以周天言之，其近日也，九十一度有奇，其遠日也，二百七十四度有奇。是近一遠三。上弦在八日，其常也。或退在九日，其變也。」

望

律曆志：「相與衡，分天之中，謂之望。」渾儀説曰：「月行甚遠，而與日對，相去百八十二度六十二分有奇，謂衡，分天之中，爲望。望在十五日，其常也。或進在十四日，或退在十六日，其變也。」穎達曰：「望者，於月之半，月當日衝，光照月光圓滿，面鄉相當，猶人之相望，故名望也。望之在月十六日爲多。大率十六日，四分之三，十五日者，四分之一耳。」

下弦

渾儀説曰：「月行過中，遠於日也，二百七十四度有奇，其近日也，九十一度有奇。亦近一遠三。下弦在二十二日，其常也。下弦或進，則在二十一日，或退，則在二十三日，其變也。」〔一八〕

生明圖

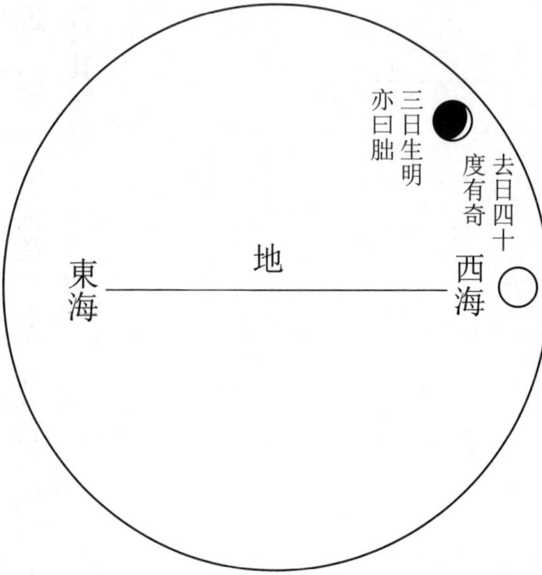

旁死魄。○旁，近也。穎達曰：「魄者，形也，謂月之輪郭無光之處名死魄也。朔後明生而魄死。律曆志云：『死魄，朔也。』是一日爲始死魄，二日爲近死魄也。」

哉生明。○哉，始也。始生明，月三日。朱子曰：「月小，初三日生〔一九〕明。月大，初二日生明。」陳大猷曰：「朔日，月已生明，但其明極微，明生則魄死矣。魄死則明生，故爲哉生明。」

朏。○月出也，明生之名，與「哉生明」同。

穎達曰：「周書月令云：『三日粵朏。』朏字從月、出，是入月三日明生之名也。」

生魄圖

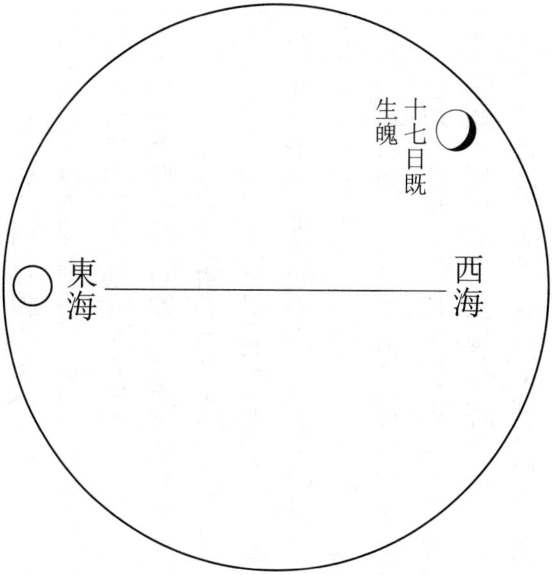

哉生魄。

始生魄，十六日。

穎達曰：「望後明死而魄生。」故望後一日爲始生魄。

陳大猷曰：「望後一日則月生魄。望或在十五日，或十六日，或十四日，不可定指十六日爲生魄也。」

既生魄。

新安陳氏曰：「既，乃，已然之辭。十六日始生魄，則既生魄實十七日也，與『既望』之『既』同。」

校勘記

〔一〕「外」，原作「内」，據周禮注疏卷一九小宗伯鄭注改。

〔二〕「下祭」，原誤倒，據禮記祭法乙正。

〔三〕「嫡曾孫嫡玄孫嫡來孫」，原脱，據禮記祭法補。

〔四〕「正」，原作「止」，據元至正本改。

〔五〕「始」，原脱，據漢書卷七三韋玄成傳補。

〔六〕「考」，原脱，據禮書卷六八王者立四廟補。

〔七〕「王」下原衍「子」字，據禮書卷六八王者立四廟删。

〔八〕「非」，原脱，據舊唐書卷二五禮儀志補。

〔九〕「六」，原作「七」，據舊唐書卷二五禮儀志改。

〔一〇〕「禘祫議」之「禘祫」，原誤倒，據晦庵集卷六九禘祫議乙正。

〔一一〕「但」，原作「俱」，據晦庵集卷六九禘祫議改。

〔一二〕「墉」，原作「牖」，據儀禮士昏禮改。

〔一三〕「三世之君居之。昭之南廟」，原脱，據中庸或問補。

〔一四〕「藏」，原脱，據中庸或問補。

〔一五〕「武成」，原脱，據元至正本補。

〔一六〕「日」，原作「月」，據朱子語類卷七九康誥改。
〔一七〕「月」，原作「日」，據朱子語類卷七九康誥改。
〔一八〕此葉下，元至正本尚有一筒子葉，爲生明圖、生魄圖。據書前目次，卷九當有此二圖，據元至正本補。
〔一九〕「生」，原作「坐」，據下文及朱子語類卷二理氣下改。

尚書通考卷十

洪範 九疇之綱

初一曰五行。在天惟五行。不言用者，無適而非用也。

次二曰敬用五事。在人惟五事。以五事參五行，天人合矣。

次三曰農用八政。人之所以因乎天。

次四曰協用五紀。天之所以示乎人。

次五曰建用皇極。君之所以建極也。不言數者，非可以數明也。

次六曰乂用三德。治之所以應變也。

次七曰明用稽疑。以人而聽於天也。

次八曰念用庶徵。推天而徵之於人也。

次九曰嚮用五福，威用六極。嚮，所以勸也。威，所以懲也。

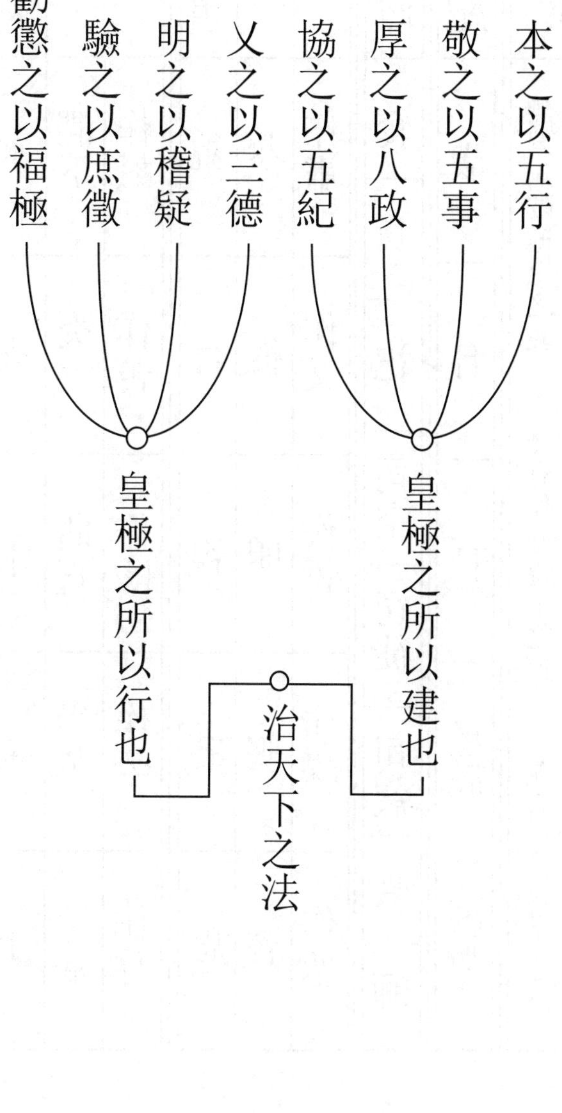
本之以五行
敬之以五事
厚之以八政
協之以五紀
乂之以三德
明之以稽疑
驗之以庶徵
勸懲之以福極
皇極之所以建也
皇極之所以行也
治天下之法

九疇之目

一五行	水	火	木	金	土
	潤下	炎上	曲直	從革	稼穡
	作鹹	作苦	作酸	作辛	作甘

二五事	貌	言	視	聽	思
	恭	從	明	聰	睿
	作肅	作乂	作哲	作謀	作聖

三八政	食	貨	祀	司空	司徒	司寇	賓	師

四五紀	歲	月	日	星辰	曆數

五皇極	無偏無陂遵王之義 無偏無黨王道蕩蕩	無有作好遵王之道 無黨無偏王道平平	無有作惡遵王之路 無反無側王道正直

六三德	正直	剛克	柔克
	平康	彊弗友	爕友
		沈潛	高明

七稽疑	雨	霽	蒙	驛	克	貞	悔
	卜五					占二	

八庶徵	雨	暘	燠	寒	風	
休徵	肅	乂	哲	謀	聖	時若
咎徵	狂	僭	豫	急	蒙	恒若

九五福	壽	富	康寧	攸好德	考終命

六極	凶短折	疾	憂	貧	惡	弱

孔安國曰：「天與禹洛出書，神龜負文而出，列於背，有數至於九。禹遂因而第之，以成九類。」

劉歆云：「禹治洪水，錫洛書，法而陳之，洪範是也。河圖、洛書相爲經緯，八卦、九章相爲表裏。」

關子明云：「洛書之文，九前一後，三左七右，四前左，二前右，八後左，六後右。」

朱子曰：「大戴禮明堂篇有『二九四七五三〔二〕六一八』之語，而鄭氏注云『法龜文』也。然則漢人固以九數爲洛書矣。」

邵子曰：「方者，土也。畫州井地之法，其放於此乎？方者，洛書之文，禹、箕敘之以作範也。」

蔡元定曰：「古今傳記自孔安國、劉向父子、班固皆以爲河圖授羲，洛書錫禹。關子明、邵康節皆以十爲河圖，九爲洛書。蓋大傳既陳天地五十有五之數，洪範又明言『天乃錫禹洪範』，而九宮之數，戴九履一，左三右七，二四爲肩，六八爲足，正龜背之象也。惟劉牧意見，以九爲河圖，十爲洛書，托言出於希夷，既與諸儒舊說不合，又引大傳以爲二者皆出於伏羲之世。其易置圖、書，並無明驗。」

朱子曰：「洛書以五奇數統四偶數，而各居其所。蓋主於陽以統陰，而肇其變，數之用也。」

又曰：「洛書之次，其陽數則首北，次東，次中，次西，次南，其陰數則首西南，次東南，次西北，次東北也。合而言之，則首北，次西南，次東，次東南，次中，次西北，次西，次東北，而究於南也。其運行，則水克火，火克金，金克木，木克土，右旋一周，而土復克水也。一、六爲水，二、七爲火，三、八爲木，四、九爲金，五、十爲土。」

又曰：「洛書之縱横十五，而七八九六迭爲消長，虚五分十，而一含九，二含八，三含七，四含六，則參伍錯綜，無適而不遇其合焉。此變化無窮之所以爲妙也。」

又曰：「聖人之則洛書者，總其實也。一爲五行，二爲五事，三爲八政，四爲五紀，五爲皇極，六爲三德，七爲稽疑，八爲庶徵，九爲福極。」

又曰：「洛書而虚其中，則亦太極也。奇偶各居二十，則亦兩儀也。一、二、三、四而含九、八、七、六，縱横十五而互爲七八、九六，則亦四象也。四方之正以爲乾、坤、離、坎，四隅之偏以爲兑、震、巽、艮，則亦八卦也。河圖之一、六爲水，二、七爲火，三、八爲木，四、九爲金，五、十爲土，則固洪範之五行。而五十有五者，又九疇之子目也。是則洛書固可以爲易，而河圖亦可以爲範矣，又安知圖之不爲書，而書之不爲圖也耶？」曰：「是其時雖有先後，數雖有多寡，然其爲理則一而已。但易乃伏羲之所先得乎圖，而初無所待於書。範則大禹之所獨得乎書，而未必追考於圖耳。且以河圖而虚十，則洛書四十有五之數也；虚五，則大衍五十之數也；積五與十，則洛書縱横十五之數也；以五乘十，以十乘五，則又皆大衍之數也。洛書之五，又自含五而得十，而通爲大衍之數；積五與十，則得十五，而通爲河圖之數矣。苟明乎此，則横斜曲直，無所不通，而河圖、洛書又豈有先後彼此之間哉？」

愚按前此諸儒皆以河圖授羲，洛書錫禹，朱文公、蔡氏因之，故以十數配易而以九數配洪範。然其所謂「則洛書以作範」者，亦但以九數適同，兼總其實而已，他無通貫吻合之妙。其曰「參伍錯綜，無適而不遇其合」，「横斜曲直，無所不通」，亦不過但言九數縱横、十數分合之理，初與洪範九疇了無關涉。九峰作洪範數，亦但推衍九宫，烏覩所謂洪範之事哉？且洪範者，治天下之大法也，自開闢以來，有國家者所不能易，又何必至禹而後天錫之，而禹敘之耶？雖唐虞以上，不可考見，至如二典三謨所載，九疇之目無一不具。特以鯀湮洪水，汩陳其五行，則彝倫皆斁。禹平水土，五行各得其性，則彝倫復敘。洪範即彝倫也。彝倫斁則洪範不畀，彝倫敘則洪範乃錫，豈帝與天真有物以予奪之哉？大傳明言「河出圖，洛出書，聖人則之」，繫之於易，則二者皆作易之事也。蓋易者，數之奇偶，象之陰陽也。十數者，奇偶之分，陰陽之合，易之體也。九數者，奇偶之交，陰陽之變，易之用也。大傳曰：「天數五，地數五，五位相得而各有合。」又曰：「大衍之數五十，其用四十有九。」又曰：「易有太極，是生兩儀，兩儀生四象，四象生八卦。」今以九數、十數觀之，凡由是以生蓍策、立卦爻者，更互推演，粲然可考。然則河圖、洛書其皆爲易卦之用明矣。若洪範者，述治天下之大法有此九類，與所謂「九前一後，三左七右，四前左，二前右，八後左，六後右」者絶無相配。且其第爲九類，亦非有待於象數而後可推。不煩費詞，固已明白如此，是何先儒過信之篤而又有以啓後世云云之論哉？愚嘗僭述河、洛十圖，以明九、十之數推於蓍策、卦爻，頗有吻合自然之妙，兹不具述。特因先儒所論，故略見於此，斷然以圖、書爲易設，而與洪範無相涉也。

日月之行則有冬有夏

蔡傳曰：「日有中道，月有九行。中道者，黄道也，北至東井，去極近，南至牽牛，去極遠，東至角，西至婁，去極中是也。九行者，黑道二出黄道北，赤道二出黄道南，白道二出黄道西，青道二出黄道東，并黄道爲九行也。日極南，至於牽牛，則爲冬至。極北，至於東井，則爲夏至。南北中，東至角，西至婁，則爲春、秋分。月，立春、春分從青道，立秋、秋分從白道，立冬、冬至從黑道，立夏、夏至從赤道，所謂『日月之行，則有冬有夏』也。」

考索曰：「周天三百六十五度五百八十九分度之百四十五，半覆地上，半在地下。其二端謂之南、北極。北極出地三十六度，南極入地三十六度，兩極相去一百八十二度半强。繞北極徑七十二度，常見不隱，謂之上規。繞南極七十二度，常隱不見，謂之下規。赤道帶天之紘，去兩極各九十一度少强。黃道，日之所行也，半在赤道外，半在赤道內，與赤道東交於角五少弱，西交於奎十四少强。其出赤道外極遠者，去赤道二十四度，斗二十一度是也。其入赤道內極遠者，亦二十四度，井二十五度是也。北極，規道之行度。日南至在斗二十一度，去極百十五度少强是也。日最〔二〕南，去極最遠，故景最長。黃道斗二十一度，出辰入申。日晝行地上百四十六度强，故日短，夜行地下二百一十九度少弱，故夜長。自南至之後，日去極稍近，故景稍短。日晝行地上度稍多，故日稍長，夜行地下度稍少，故夜稍短。日所在度稍北，故日稍北，以至於夏至，日在井二十五度，去極六十七度少强。是日最北，去極最近，故景最短。黃道井二十五度，出寅入戌，故日亦出寅入戌。日晝行地上二百一十九度少弱，故日長，夜行百四十六度强，故夜短。自夏至之後，日去極稍遠，故景稍長。日晝行地上度稍少，故日稍短，夜行地下度稍多，故夜稍長。日所在度稍南，故日出稍南，以至於南至而復初焉。此日冬、夏至之度，斗二十一，井二十五，南北相應四十八度。春分日在奎十四少强，秋分日在角五少弱，此黄、赤二道之交中也。去極俱九十一度少强，南北處斗二十一、井二十五之中，故景居二至長短之中。奎十四、角五，出卯入酉，日亦出卯入酉。日晝行地上，夜行地下，俱百八十二度半强，故日見、伏之漏俱五十刻，謂之晝夜同。此日二分之度。」東漢志曰：「日月之行，則有冬有夏。冬、夏之間，則有春有秋。是故日行北陸謂之冬，西陸謂之春，南陸謂之夏，東陸謂之秋。日道發南，去極彌遠，其景彌長。遠、長乃極，冬迺至焉。日道斂北，去極彌近，其景彌短。近、短乃極，夏迺至焉。二至之中，道齊景正，春、秋分焉。」

唐孔氏曰：「南、北二極中等之處，謂之赤道，去南、北極各九十一度。春分，日行赤道，從此漸北。夏至，赤道之北二十四度，去北極六十七度，去南極一百一十五度。從夏至日以後，日漸南，至秋分，還行赤道，與春分同。冬至，行赤道之南二十四度，去南極六十七度，去北極一百一十五度。其日之行處，謂之黄道。又有月行之道，與日道相近，交路而過，半在日道之裏，半在日道之表。其當交，則兩道相合交。去極遠處，兩道相去六度。此其日月行道之大略也。」

致日月之法，陳祥道曰：「漢書謂日有中道，月有九行。中道者，黄道也。夏至日在東井，而北近極星，則晷短，故立八尺之表，而景尺五寸。冬至日在牽牛，而南遠極星，則晷長，故立八尺之表，而景丈三尺。春分日在婁，秋分日在角，而中於極星，則景中，故立八尺之表，而景七尺三寸六分。日，陽也。陽用事，則日進而北，晝進而長。陽勝，故爲温，爲暑。陰用事，則日退而南，晝退而短。陰勝，故爲涼，爲寒。若日失節於南，則晷過而長，爲常寒矣。失節於北，則晷退而短，爲常燠矣。此四時致日之法也。月之九行，在東、西、南、北有青、白、赤、黑之道各二，而出於黄道之傍。立春、春分循青道，上弦在東井，圓於角，下弦於牽牛。立秋、秋分循白道，上弦在牽牛，圓於婁，下弦在東井。立冬、冬至從黑道，立夏、夏至從赤道。古之致月，不在立春、立秋而常在二分，不在二分之〔三〕望而常在弦者，以月入八日與不盡八日，得陰陽之正平故也。然日之與月，陰陽尊卑之辨，若君臣然。然觀君居中而佚，臣旁行而勞，臣近君則威損，遠君則勢盛。威損與君異，勢盛與君同。月遠日則其光盈，近日則其明闕。未望則出西，既望則出東。則日有中道、月有九行之説，蓋足信矣。」

愚按所謂冬至日在斗，夏至日在井，春分日在奎，秋分日在角者，以東西天緯言之。日行黄道，比天行一日爲退一度，故分、至之日各得其所在之宿。其曰冬至去極百十五度，夏至去極六十七度者，以南北天經言之，亦以日行黄道，日退一度，積而至於分、至之日，各有進退之所。但堯時冬至日在虚一度，月令冬至日在斗二十二度，今冬至又在箕八度。此歲差使然也。諸説止據漢志而言，恐未爲密。

王來紹上帝自服于土中

蔡氏曰：「洛邑，天地之中，故謂之土中。」

王氏曰：「成王欲宅洛邑者，以天事言，則日東景夕多風，日西景朝多陰，日南景短多暑，日北景長多寒。洛，天地之中，風雨之所會，陰陽之所和也。以人事言，則四方朝聘、貢賦，道里均焉，故謂之土中。」

周官大司徒曰：「以土圭之法測土深，正日景，以求地中。日南則景短多暑，日北則景長多寒，日東則景夕多風，日西則景朝多陰。日至之景尺有五寸，謂之地中，天地之所合也，四時之所交也，風雨之所會也，陰陽之所和也。然則百物阜安，乃建王國焉。」

鄭司農云：「日南，謂立表處大南，近日也。日北，謂立表處大北，遠日也。景夕，謂日昳景乃中，立表處大東，近日也。景朝，謂日未中而景中，立表處大西，遠日也。」鄭玄謂：「晝漏半而置土圭，表陰陽，審其南北。景短於土圭，謂之日南，是地於日爲近南也。景長於土圭，謂之日北，是地於日爲近北也。東於土圭謂之日東，是地於日爲近東也。西於土圭謂之日西，是地於日爲近西也。凡日景於地，千里而差一寸。景尺有五寸者，南戴日下萬五千里，地與星辰四遊升降於三萬里之中，是以半之得地之中也。畿方千里，取象於日一寸爲正。」鄭司農云：「土圭之長，尺有五寸，以夏至之日立八尺之表，其景適與土圭等，謂之地中。今潁川陽城爲然。」度景之法，必於夏至晝漏半爲之，取日正午乃得其端直。

陳祥道曰：「先儒謂天地相距八萬里，其升降也，不過三萬里之中。日景於表移一寸，則於地差千里。張衡、周髀之説皆然。惟宋何承天曰『六百里而差一寸』，後魏信都芳曰『千里而差四寸，則二百五十里而差一寸也』。」

考索曰：「古者土圭必植五表，地中植中表，千里而南植南表，千里而北植北表，東、西二表亦如之。以四表明中表之正，以中表定四方之中。」

王昭禹曰：「土圭横植於地，於圭之端立表。以表端之日景與土圭相齊，無過不及，然後見地之中。」

周禮圖曰：「日南則景短多暑，據中土圭之南土圭而言也。夏晝漏半，土圭在南，得尺四寸，景不滿尺五寸，不與圭等，是於日爲近南也，故云『日南則景短多暑』。日北則景長多寒，據中土圭之北土圭而言也。夏晝漏半，土圭在北，得尺六寸，景過於尺五寸，不與土圭等，是於日爲近北也，故云『日北則景長多寒』。日西則景朝多陰者，據中土圭之西土圭而言之，是於日爲近西也。夏晝漏半，中土圭景得正時，土圭在西者，日未中，乃得朝時之景，故曰『日西則景朝多陰』。日東則景夕多風者，據中土圭之東土圭而言之，是於日爲近東也。夏晝漏半，中土圭景得正時，土圭在東者，日已昳矣，乃得夕時之景，故云『日東則景夕多風』。」

周公度日景，置五圭。於潁川陽城置一土圭爲中，中土圭之南千里置一土圭，中土圭之北千里置一土圭，東去千里置一土圭，西去千里置一土圭，爲五圭。天地相距八萬里，先王立八尺之表，以度日景。天地之升降，不過三萬里之中，自地以至日，不過一萬五千里，以尺有五寸土圭測之。蓋日景於圭差一寸，則差千里。先王以四表明中表之正〔四〕，以中表定四方之中，在地則無道里遠近之不均，在天則無寒暑、風雨、陰陽之不和，然後建王國焉。匠人所謂「晝參諸日景，夜考諸極星」，蓋如此也。易巽爲風，蓋風之所屬者，東方也。

祖晅圭表之圖

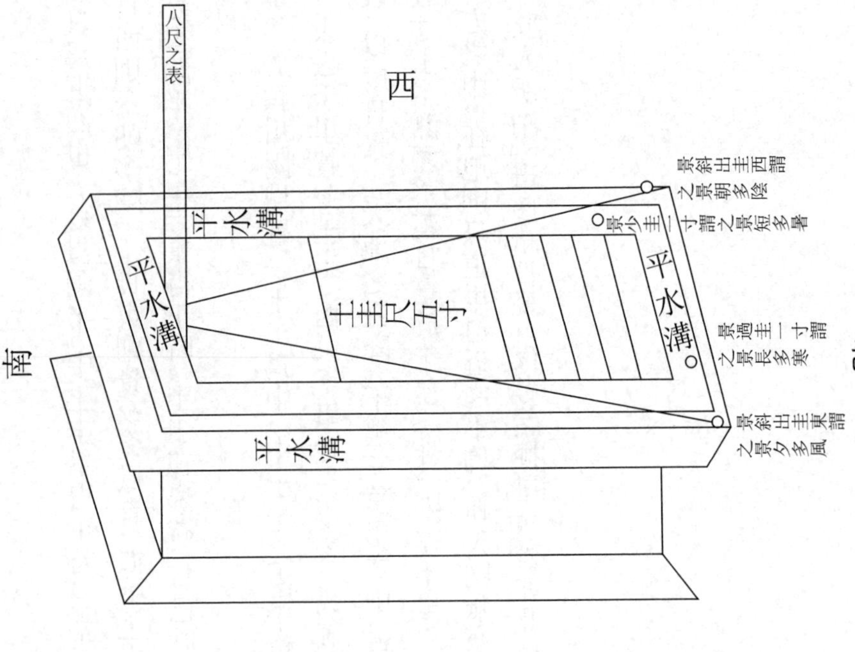
西
八尺之表
平水溝
平水溝
平水溝
平水溝
土圭尺五寸
景斜出圭西謂之景朝多陰
景少圭一寸謂之景短多暑
景過圭一寸謂之景長多寒
景斜出圭東謂之景夕多風
南
北
東

祖暅五表之圖

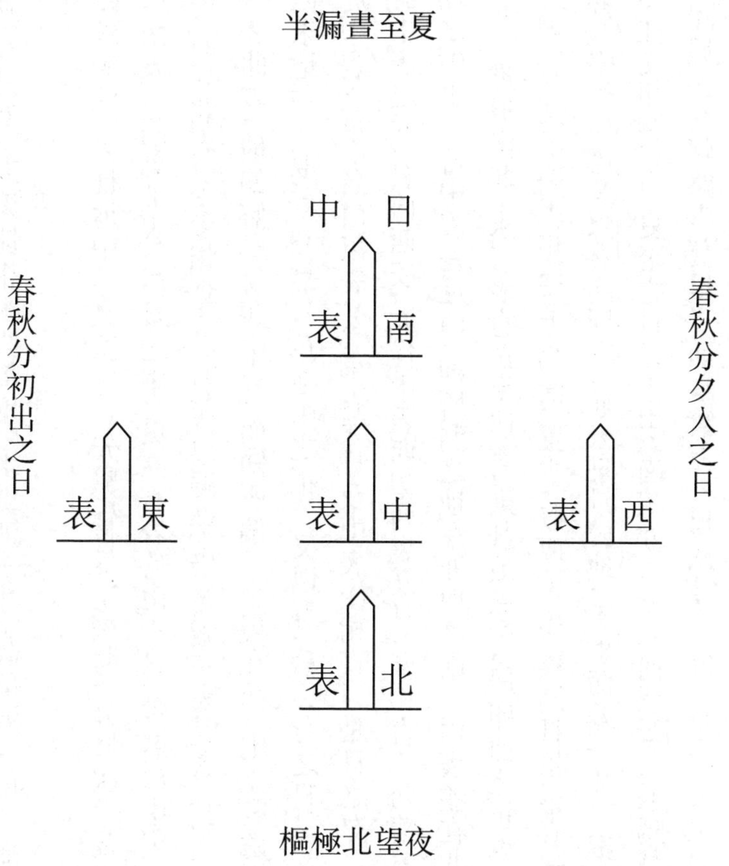
夏至晝漏半
日中
南表
春秋分初出之日
東表
中表
春秋分夕入之日
西表
北表
夜望北極樞

愚按立表必八尺者，以天地相距八萬里，千里則一寸，萬里則一尺。渾儀、衡簫亦然。

隋志：「祖暅錯綜經注，以推地中。其法曰：先驗昏旦，定刻漏，分辰次。及立儀表於準平之地，名曰南表。漏刻上水，居日之中，更立一表於南表景末，名曰中表。夜依中表，以望北極樞，而立北表，令參相直。三表皆以懸準定，乃觀三表直者，其立表之地即當子午之正，三表曲者，地偏僻。每觀中表，而知所偏。中表在西，則立表處在地中之東也，當更向西求地中。取三表直者，爲地中之正。又以春、秋二分之日，旦始出東方半體，乃立表於中表之東，名曰東表，令東表與日及中表參相直。是日之夕，日入西方半體，又立表於中表之西，名曰西表，亦從中表西望西表及日，參相直。乃觀三表，三表直者，即地南北之中也。若中表差近南，則所測之地在卯酉之南。中表差在北，則所測之地在卯酉之北。進退南北，求三表直正東西者，則其地處中，居卯酉之正也。」梁天監中，祖暅造八尺銅表，其下與圭相連，上爲溝，置水，以取平正，揆測日景，求其盈縮。「又考靈曜、周髀、張衡靈憲及鄭玄注周官，並云日景於地，千里而差一寸。案宋元嘉十九年壬午，使使往交州測景。夏至之日，景出表南三寸二分。何承天遥取陽城，云夏至一尺五寸。計陽城去交州路當萬里，而景實差一尺八寸二分。是六百里而差一寸。

又梁大同中，二至所測，以八尺表率取之，夏至當一尺一寸七分強。後魏信都芳注周髀四術，稱永平元年戊子，當梁天監之七年，見洛陽測景，又見公孫崇集諸朝士，共觀秘書景。同是夏至日，其中景皆長一尺五寸八分。以此推之，金陵去洛，南北略當千里，而景差四寸。則二百五十里而景差一寸也。況人路迂回，山川登降，方於鳥道，所校彌多，則千里之言，未足依也。」

王賓殺禋咸格王入太室祼

蔡氏曰：「太室，清廟中央室。祼，灌也，以圭瓚酌秬鬯灌地以降神也。」

穎達曰：「太室，室之大者，故爲清廟。廟有五室，中央曰太室。」

王肅云：「太室，清廟中央之室。清廟，神之所在，故王入太室祼。」

詩序：「清廟，祀文王也。周公既成洛邑，朝諸侯，率以祀文王焉。」鄭注：「清廟者，祭有清明之德者之宮也，謂祭文王也。天德清明，文王象焉。」杜預云：「清廟，肅然清淨之稱也。」

朱子曰：「此周公既成洛邑而朝諸侯，因率之以祀文王之樂歌。言於穆哉，此清靜之廟。」又曰：「書稱『王在新邑，烝祭歲，文王騂牛一，武王騂牛一』，實周公攝政之七年，而此其升歌之辭也。書大傳曰：『周公升歌清廟，苟在廟中嘗見文王者，愀然如復見文王焉。』樂記曰：『清廟之瑟，朱弦而疏越，壹倡而三歎，有遺音者矣。』鄭氏曰：『朱弦練則聲濁。越，瑟底孔也，疏之使聲遲也。唱，發歌句也。三嘆，三人從嘆之耳。』漢因秦樂，乾豆上，奏登歌。獨上歌，不以管弦亂人聲，欲在位徧聞之，猶古清廟之歌也。」

蔡邕明堂章句曰：「明堂者，天子太廟，所以宗祀。周謂明堂。東曰青陽，南曰明堂，西曰總章，北曰玄堂，中曰太室。人君南面，故主以明堂爲名。在其五堂之中央，皆曰太廟，饗射、養老、教學、選士皆於其中。故取其宗祀之清靜，則曰清廟。言其正室之貌，則曰太廟。取其尊崇，則曰太室。取其堂，則曰明堂。取其四門之學，則曰太學。取其四面周水圜如璧，則曰辟雍。雖各異名，而事實一也。」袁準正論：「明堂、宗廟、太學各有所爲，而儒者合爲一體，失之遠矣。宗廟之中，人所致敬，幽隱清靜，鬼神所居，而使衆學處焉，饗射於中，人鬼慢黷，因俘截耳，以干鬼神，非其禮也。茅茨采椽，至質之物，建日月，乘玉輅，以處其中，非其類也。夫宗廟，鬼神之居，祭天而於人鬼之室，非其處也。王者五門，宗廟在一門之内，若在廟而張三侯，又辟雍在内，人物衆多，非宗廟之中所能容也。」

考工記匠人：「夏后氏世室，殷人重屋，周人明堂，度九尺之筵，東西九筵，南北七筵，堂崇一筵，五室，凡室二筵。」

通典曰：「東西長八十一尺，南北六十三尺，其堂高九尺。於一堂之上爲五室，每一室廣一丈八尺。每室開四門，門旁各有窻。九階外有四門，門之廣二丈一尺。門兩旁各築土爲堂，南北四十二尺。其堂上各爲一室，南北丈四尺，東西丈八尺。其宫室墻壁，以蜃蛤灰飾之。」

大戴禮：「明堂九室，室有四户八窻，三十六户，七十二牖。蓋以茅，上圓下方。其外水名辟雍。」

明堂月令説云：「堂高三丈，東西九筵〔五〕，南北七筵，九室十二堂，室四户八牖。」又云：「堂方百四十四尺，坤之策也。屋圜徑二百一十六尺，乾之策也。太廟明堂方三十六丈，通天屋徑九丈，陰陽九六之變。且圓蓋方載，六九之道也。八闥以象八卦，九室以象九州，十二宫以應十二辰。三十六户七十二牖，以四户八牖乘九室之數也。户皆外設而不閉，示天下不藏也。通天屋〔六〕高八十一尺，黄鐘九九之實也。二十八柱列於四方，亦七宿之象也。堂高三丈，以應三統。四鄉五色〔七〕，各象其行。外博二十四丈，以應節氣也。」

淳于登説云：「明堂在國之南三里之外，七里之内，丙巳之地。」

或問朱子曰：「郊祀后稷以配天，宗祀文王於明堂以配上帝。帝亦天，天亦帝，而分祭，何也？」曰：「爲壇而祭，故謂之天。祭於屋下而以神祇祭之，故謂之帝。」

朱子明堂說曰：「論明堂之制者非一，某竊〔八〕意當有九室，如井田之制。東之中爲青陽太廟，東之南爲青陽右个，東之北爲青陽左个。南之中爲明堂太廟，南之東即東之南。爲明堂左个，南之西即西之南。爲明堂右个。西之中爲總章太廟，西之南即南之西。爲總章左个，西之北即北之西。爲總章右个。北之中爲玄堂太廟，北之東即東之北。爲玄堂右个，北之西即西之北。爲玄堂左个。中是爲太廟太室。凡四方之太廟異方所，其左个右个，則青陽之右个乃明堂之左个，明堂之右个乃總章之左个也，總章之右个乃玄堂之左个，玄堂之右个乃青陽之左个也。但隨其時之方位開門耳。太廟太室，則每季十八日天子居焉。古人制事多用井田遺意，此恐是也。」

列爵惟五分土惟三

蔡氏曰：「列爵惟五，公、侯、伯、子、男。分土惟三，公侯百里、伯七十里、子男五十里之三等也。」

周禮大司徒：「諸公之地，封疆方五百里，其食者半。諸侯之地，封疆方四百里，其食者參之一。諸伯之地，封疆方三百里，其食者參之一。諸子之地，封疆方二百里，其食者四之一。諸男之地，封疆方百里，其食者四之一。」鄭注云：「其食者半，公所食租稅得其半耳，其半皆附庸小國也，屬天子。參之一者亦然。」

王制曰：「王者之制爵禄：公、侯、伯、子、男，凡五等。諸侯之上大夫卿、下大夫、上士、中士、下士，凡五等。天子之田方千里，公、侯田方百里，伯七十里，子、男五十里。」

孟子曰：「天子一位，公一位，侯一位，伯一位，子、男同一位，凡五等。」又曰：「天子之制，地方千里，公、侯皆方百里，伯七十里，子、男五十里，凡四等。」

趙氏曰：「古者方里爲井，四井爲邑，四邑爲丘，四丘爲甸。甸六十四井，五百十二家，通出甲士三人，步卒七十二人，牛十二頭，兵車一乘。故周禮『甸』讀爲『乘』。天子畿方千里，提封百萬井，除山川、溝壑、城池、邑居、園囿、街路之屬，定出賦六十四萬井，兵車萬乘。天子之公卿采地在畿内，周禮所謂『都鄙』也，雖上公不過百里，出〔九〕賦六萬四千井，兵車千乘。諸侯之國，則畿外五等之封也，大國亦不過百里，出賦六萬四千井，兵車千乘。諸侯之大夫采地，其大者亦出六千四百井，兵車百乘。」

南軒曰：「方千里者，先儒以爲王畿方千里，積百同，九百萬夫之地是也。蓋方千里，則爲方百里者百，爲田百萬井，九百萬夫之地，受田者八百萬夫，百倍諸侯之國。夫如是，而後可以爲天子都畿，鎮撫天下，而卿大夫、元士之采地皆有所容焉。故公、侯之方百里，伯七十里，子、男五十里者，皆以其田言之也。獨以其田言之，則地雖有廣狹之不齊，山林川澤之相間，而制田之多寡則自若也。而王制謂『山陵、林麓、川澤、溝瀆、城郭、宮室、塗巷三分去一』者，則傳者之失矣。周禮所載往往與此不同。如曰『諸公之地，封疆方五百里，其食者半。諸侯之地，封疆方四百里，其食者參之一。諸伯之地，封疆方三百里，其食者參之一。諸子之地，封疆方二百里，其食者四之一。諸男之地，封疆方百里，其食者四之一』，蓋不知分田建國之意，遷就而爲此説耳。要當以孟子爲正。夫在孟子時，已去其籍，又更秦絶滅之餘，周官之書存者無幾矣。今時所傳，先儒以爲雜出漢儒一時之傅會，是不可以不考也。」

朱子曰：「孟子之説，與周禮、王制不同。蓋不可考，闕之可也。」

程子曰：「孟子之時，去先王未遠，載籍未經秦火，然而班爵禄之制已不聞其詳。今之禮書皆掇拾於煨燼之餘，而多出於漢儒一時之傅會，奈何欲盡信而句爲之解乎？然則其事固不可一一追復矣。」

陳祥道曰：「書言舜之受禪，曰『輯五瑞』、『修五玉』、復『五器』，言武王之政由舊，曰『列爵惟五，分土惟三』，則自唐至周，五等之爵一也。鄭氏釋王制，謂商因夏爵，有公、侯、伯而無子、男，以微子、箕子爲畿内之爵。公羊釋春秋，變周，合伯、子、男皆稱子。豈其然哉？夫『列爵惟五』，所以稱其德。『分土惟三』，所以等其功。德異而功有所同，故公〔一○〕、侯之地同於百里，子、男之地同於五十里。地同而附庸有所異，故諸公之地方五百里，諸侯之地方四百里，諸伯之地方三百里，諸子之地方二百里，諸男之地方百里。蓋三等之地，正封也。五等之附庸，廣封也。正封，則尺地莫非其土，一民莫非其臣，尊者嫌於盛而無所屈，卑者嫌於削而無所立。故公之地必下而從侯，男之地必上而從子。至於廣封，則於上之政令有所統而不煩，下之職貢有所附而不費，又非諸侯得以擅之也，尊者不嫌於太多，卑者不嫌於太寡。故公之地必五百里而異於侯，男之地止百里而異於子也。民功曰庸，朝會曰合。謂之附庸，以其有所附，然後有功於民也。古者天子之地象日月，諸侯之地象雷震，則周官所謂五百里以至百里爲附庸明矣。」

千乘之國，陳祥道曰：「大司馬：『凡令賦，以地與民制之。』司馬法：『甸方八里，出長轂一乘。』又：『成方十里，出長轂一乘。』古者或以甸爲乘，或以乘爲甸。以甸爲乘，稍人『掌丘乘之政令』，禮記『惟社丘乘粢盛』是也。以乘爲甸，春秋『孫良夫乘衷甸兩牡』是也。蓋乘者，甸之賦；甸者，乘之地。甸方八里，據地言之，成方十里，兼溝涂言之，其實一也。易曰：『震驚百里。』王制曰：『公侯之田方百里。』孟子曰：『諸侯不百里，不足以守宗廟之典籍。周公封於魯，太公封於齊，儉於百里。』春秋傳曰：『列國一同。』坊記曰：『制國不過千乘。』語曰：『道千乘之國。』蓋諸侯之地不過百里，車不過千乘。以開方之法計之，方十里者爲方一里者百，方百里者爲方一里者萬。方一里者百，其賦十乘。方一里者萬，則其賦千乘。然賦雖至於千乘，而軍不過三軍五百乘而已。則五百乘，三鄉之所出也。千乘，闔境之所出也。何則？鄉萬二千五百家，合三鄉則三萬七千五百家。凡起徒役，無過家一人，則三軍爲三萬七千五百人。司馬法『兵車一乘，甲士三人，步卒七十二人』，合七十五人，則一卒所餘在後車矣。後卒復以五十人合二十五人爲一車士卒，則所餘五十人又在後車矣。凡三卒而車四乘，三旅而車二十乘，三師而車百乘，三軍而車五百乘。由此推之，天子六軍，則車千乘矣。此車人參兩以相聯糾之法也。詩曰『公車千乘』，又曰『公徒三萬』，則千乘之賦，豈特三軍而已哉？鄭氏據司馬法：『井十爲通，通爲匹馬，三十家，士一人，徒二人。通十爲成，成〔一〕百井，三百家，革車一乘，士十人，徒二十人。十成爲終，終千井，三千家，革車十乘，士百人，徒二百人。十終爲同，同萬井，三萬家，革車百乘，士千人，徒二千人。』率十家出一人之役，百家出十人之役。賈公彦遂以此爲畿内之法，以甸出長轂一乘、甲士三人、步卒七十二人爲邦國之法。然周官之於調役，其寡也。家出一人，其多也。起餘子與竭作，未聞十家出一人之役，百家出十人之役也。賈公彦言出軍之法，先六鄉，次六遂，次公邑都鄙，乃徵兵於諸侯，不止，則諸侯闔竟出焉，所謂『千乘之賦』也。然先王之於天下，大則有方伯，小則有連帥，其待卒應變，如身之使臂，臂之使指，各適其事之遠近而已。方伯、連率所不能克[一二]，然後鄉遂之士應之。周官曰『王之大事諸侯』，左傳[一三]『五侯九伯，汝實征之』，又曰『諸侯敵王所愾』，則出軍之法，顧豈先虛其内以實其外哉？馬融曰：『千乘之賦，其地千成，居地方三百十六里有奇，惟公、侯之封乃能容之。』其説蓋惑周禮公五百里、侯四百里之制，不知周禮之所言乃附庸也。」

田制賦乘圖

	井田	公田	私田	夫家	車賦
一井 方一里	九百畝	八十畝	八百畝	八家	
十井	九千畝	八百畝	八千畝	八十家	
百井 方十里	九萬畝	八千畝	八萬畝	八百家	一乘
千井	九十萬畝	八萬畝	八十萬畝	八千家	十乘
萬井 方百里	九百萬畝	八十萬畝	八百萬畝	八萬家	百乘
十萬井	九千萬畝	八百萬畝	八千萬畝	八十萬家	千乘

司馬法兵車一乘　凡百人

甲士三人　步卒七十二人　馬四疋

牛十二頭　輜車一乘　炊家子十人

固守衣裝五人　廐養五人　樵汲五人

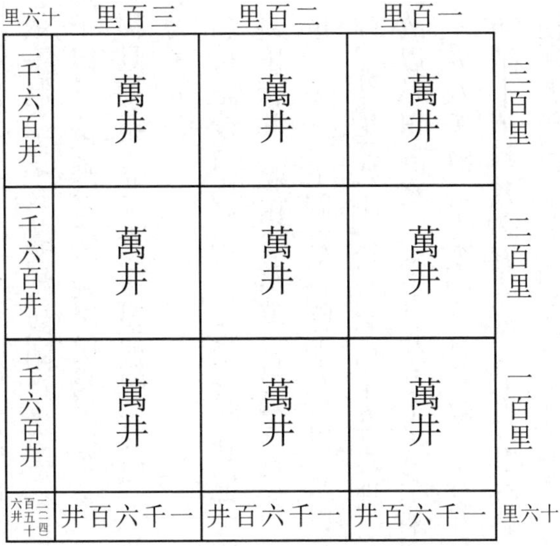

右方三百一十六里，爲田九萬九千八百五十六井，不及一百四十四井爲有畸，通計公田八百萬畝。

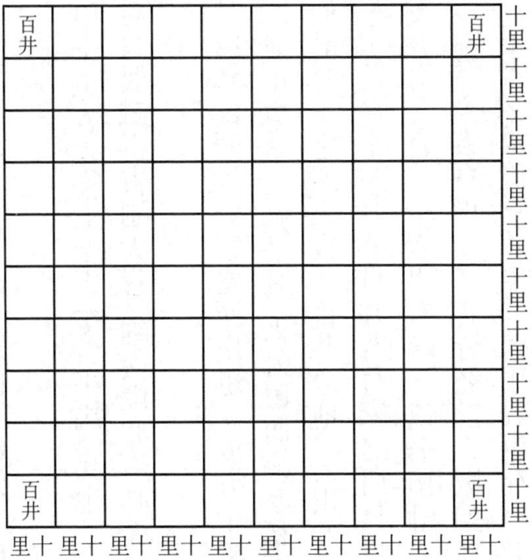

右方百里，爲田萬井，私田八百萬畝，合十萬井公田之數。

論語「道千乘之國」章，解云：「馬曰：『司馬法：六尺爲步，步百爲畝，畝百爲夫，夫三爲屋，屋三爲井，井十爲通，通十爲成，成出革車一乘。然則千乘之賦，其地千成，居地方三百一十六里有畸，唯公、侯之封乃能容之。雖大國之賦，亦不過焉。』包曰：『千乘之國，百里之國也。古者井田，方里爲井，十井爲乘。百里之國，適千乘也。』融依周禮，包依王制、孟子。義疑，故兩存焉。」

朱子曰：「車乘之説，疑馬氏爲可据。車一乘，甲士三人，步卒七十二人，牛馬、兵甲〔一五〕、芻糧具焉，恐非八十家所能給。」又曰：「此等處只要識得古制大意，細微處亦不必大段費力考究。」

愚按融按司馬法言「千乘之賦，其地千成」者，以私田而計夫家之所出也。成方十里，爲田百井，私田八萬畝，爲夫八百家。所謂「成出革車一乘」者，去公田而獨計私田也。孟子、王制言大國地方百里者，以公田而計分土之所入也。百井之地，公田八千畝，亦爲夫八十家，當私田十井之地。所謂「十井爲乘」者，亦百井八百家之所具也。故以私田計之，一乘百井方十里，千乘則十萬井方三百一十六里有畸。以公田計之，一乘八千畝，千乘則八百萬畝，當萬井私田之數，爲方百里。二者皆紐計大數如此，非謂十萬井者必方三百一十六里有畸，爲百里者必爲田萬井也。何氏設兩存之疑，使學者無據，蓋不知有公、侯受地與夫家賦乘之異也。

無逸圖

周公曰：嗚呼

無逸

君子所其無逸，先知稼穡之艱難，乃逸，則知小人之依。

我聞曰：昔在殷王中宗，嚴恭寅畏，天命自度，治民祗懼，不敢荒寧。肆中宗之享國七十有五年。其在高宗時，舊勞于外，爰暨小人。作其即位，乃或亮陰，三年不言。其惟不言，言乃雍。不敢荒寧，嘉靖殷邦，至于小大，無時或怨。肆高宗之享國五十有九年。其在祖甲，不義惟王，舊爲小人。作其即位，爰知小人之依，能保惠于庶民，不敢侮鰥寡。肆祖甲之享國三十有三年。

厥亦惟我周太王、王季，克自抑畏。文王卑服，即康功田功。徽柔懿恭，懷保小民，惠鮮鰥寡。自朝至于（一六）日中昃，不遑暇食，用咸和萬民。文王不敢盤于遊田，以庶邦惟正之供。文王受命惟中身，厥享國五十年。

繼自今嗣王，則其無淫于觀、于逸、于遊、于田，以萬民惟正之供。

我聞曰：古之人，猶胥訓告，胥保惠，胥教誨，民無或胥譸張爲幻。

自殷王中宗，及高宗，及祖甲，及我周文王，茲四人迪哲。厥或告之曰：小人怨汝，詈汝。則皇自敬德。厥愆，曰：朕之愆。允若時，不啻不敢含怒。

嗣王其

逸

相**小人**,厥父母勤勞稼穡,厥子乃不知稼穡之艱難,乃逸乃諺,既誕。否則侮厥父母,曰:昔之人無聞知。

自時厥後,立王生則逸。生則逸,不知稼穡之艱難,不聞小人之勞,惟耽樂之從。自時厥後,亦罔或克壽,或十年,或七八年,或五六年,或四三年。

無皇曰:今日耽樂。乃非民攸訓,非天攸若。時人丕則有愆。無若殷王受之迷亂,酗于酒德哉。

此厥不聽,人乃訓之,乃變亂先王之正刑,至于小大。民否則厥心違怨,否則厥口詛祝。

此厥不聽,人乃或譸張爲幻。曰:小人怨汝,詈汝。則信之,則若時不永念厥辟,不寬綽厥心,亂罰無罪,殺無辜,怨有同,是叢于厥身。

監于茲

愚按無逸一篇,本以嚴敬怠之戒。敬則無逸,而有先王享國之安。不敬則逸,而有後王罔壽之危。是皆周公力陳往轍,以爲龜鑑。今畫爲圖,逸與無逸分布二方,一敬一怠,安危之應,愈益著明。覽者可以知爲治之本矣。

周官圖

三公

論道經邦

燮理陰陽

三孤

貳公弘化

寅亮天地

弼予一人

太師　太傅　太保

少師　少傅　少保

道之教訓

傅之德義

保其身體

公論於前

孤弼於後

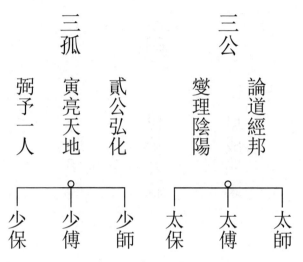

六卿

分職率屬
以倡九牧
阜成兆民

冢宰	天官卿掌邦治 統百官均四海
司徒	地官卿掌邦教 敷五典擾兆民
宗伯	春官卿掌邦禮 治神人和上下
司馬	夏官卿掌邦政 統六師平邦國
司寇	秋官卿掌邦禁 詰姦慝刑暴亂
司空	冬官卿掌邦土 居四民時地利

每卿屬六十

六年五服一朝又六年王乃時巡考制度于四岳諸侯各朝于方岳

蔡氏曰：「五服，侯、甸、男、采、衛也，六年一朝會京師。十二年，王一巡守。」又曰：「周禮六服諸侯有歲一見者，與此不合。」

唐孔氏曰：「計六年大集，應六服俱來。而此文惟言五服，孔以五服爲侯、甸、男、采、衛，蓋以要服路遠，外逼四夷，不必常能及期，故寬言之而不數也。」

周禮行人所掌六服之見，歲數與此不同。

孔氏曰：「周制十二年一巡守，春東，夏南，秋西，冬北，故曰時巡。」

張氏曰：「周禮行人之職是六年六服各一朝。今止言五服者，要服不必其來。周官又云：『十有二年，王巡守殷國。』是五服〔一七〕已更兩朝矣。」

周禮大行人：「邦畿方千里，其外方五百里謂之侯服，歲一見，其貢祀物。又其外方五百里謂之甸服，二歲一見，其貢嬪物。又其外方五百里謂之男服，三歲一見，其貢器物。又其外方五百里謂之采服，四歲一見，其貢服物。又其外方五百里謂之衛服，五歲一見，其貢材物。又其外方五百里謂之要服，六歲一見，其貢貨物。九州之外謂之蕃國，世一見，各以其所貴寶爲贄。」

五服一朝圖

一年	侯服朝京師
二年	甸服朝京師
三年	男服朝京師
四年	采服朝京師
五年	衛服朝京師
六年	當要服朝 以路遠不必其來
七年	侯服朝京師
八年	甸服朝京師
九年	男服朝京師
十年	采服朝京師
十一年	衛服朝京師
十二年	王乃時巡 諸侯各朝于方岳

周禮六服朝貢圖

鄭氏云：「六服去王城三千五百里，公、侯、伯、子、男封焉。其朝貢之歲，四方各四分，趨四時而來，或朝春，或宗夏，或覲秋，或遇冬。」

	侯	甸	男	采	衛	要
一年	朝貢					
二年	朝貢	朝貢				
三年	朝貢		朝貢			
四年	朝貢	朝貢		朝貢		
五年	朝貢				朝貢	
六年	朝貢	朝貢	朝貢			朝貢
七年	朝貢					
八年	朝貢	朝貢		朝貢		
九年	朝貢		朝貢			
十年	朝貢	朝貢			朝貢	
十一年	朝貢					
十二年	王巡守殷國 鄭云：「諸侯會者，各以其時之方，書曰『遂覲東后』是也。」					

顧命圖

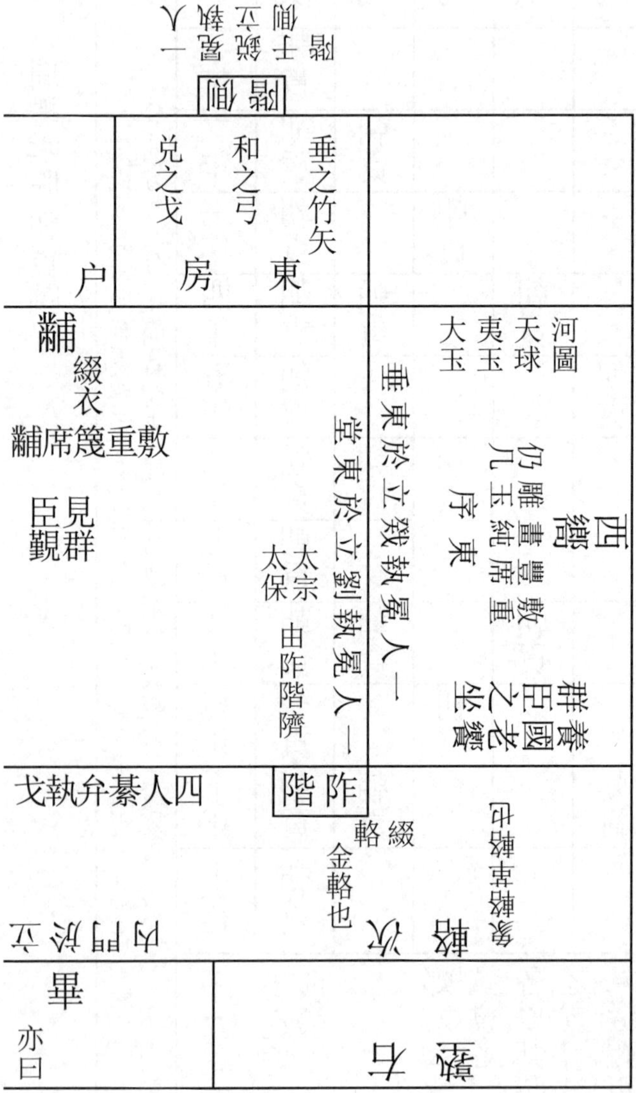
東房
垂之竹矢
和之弓
兑之戈
户
側階
一人冕執戣立于側階
西嚮
敷重豐席畫純雕玉仍几
東序
河圖
天球
夷玉
大玉
養國老饗群臣之坐
一人冕執戣立於東垂
一人冕執劉立於東堂
太保
太宗
由阼階隮
阼階
黼
綴衣
敷重篾席黼純
見群臣覲
四人綦弁執戈
立於畢門內
畢門
亦曰
綴輅
金輅也
次輅
右塾

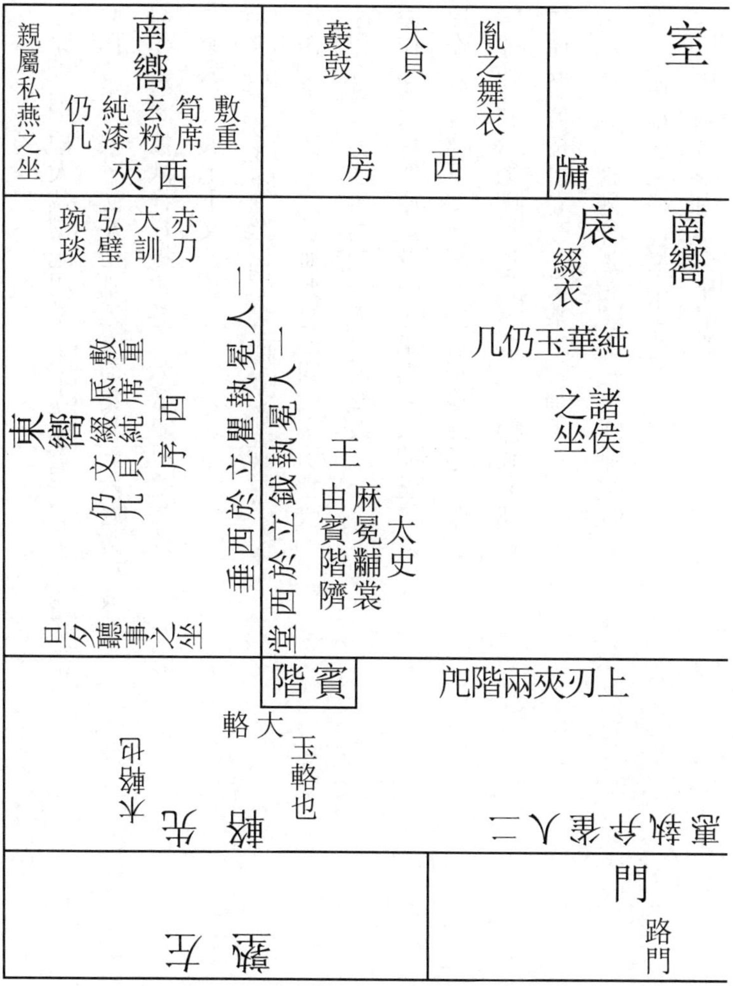
室
牖
南嚮
扆
綴衣
純華玉仍几
諸侯之坐
胤之舞衣
大貝
鼖鼓
西房
西夾南嚮
敷重筍席
玄紛純
漆仍几
親屬私燕之坐
赤刀
大訓
弘璧
琬琰
西序東嚮
敷重厎席
綴純
文貝仍几
旦夕聽事之坐
一人冕執瞿立於西垂
一人冕執鉞立於西堂
王
太史
麻冕黼裳
由賓階隮
賓階
上刃夾兩階戺
大輅
玉輅也
先輅
木輅也
二人雀弁執惠
門
路門
左塾

校勘記

〔一〕「五三」，原誤倒，據大戴禮記明堂、朱子語類卷八八大戴禮乙正。

〔二〕「最」，原作「景」，據下文及山堂考索前集卷五六曆數門改。

〔三〕「之」，原作「二」，據陳祥道禮書卷三六致日月之法改。

〔四〕「之正」，原誤倒，據上下文乙正。

〔五〕「筵」，元至正本及通典卷四四大享明堂作「仞」。

〔六〕「屋」，原作「室」，據上文及通典卷四四大享明堂改。

〔七〕「色」，原作「邑」，據通典卷四四大享明堂改。

〔八〕「竊」，原作「切」，據四庫本及晦庵集卷六八明堂説改。

〔九〕「出」，原作「公」，據下文及趙順孫孟子纂疏卷一改。

〔一〇〕「公」，原作「諸」，據陳祥道禮書卷三一諸侯附庸改。

〔一一〕「成」，原闕，據禮書卷三一千乘之國補。

〔一二〕「克」，原作「充」，據陳祥道禮書卷三一千乘之國改。

〔一三〕「左傳」上原衍一空格，據上下文删。

〔一四〕「二」，原作「一」，據内閣文庫本改。

〔一五〕「兵甲」，原作「甲兵」，據元至正本及論語或問卷一乙正。

〔一六〕「于」，原作「於」，據尚書無逸改。

〔一七〕「服」，原作「朝」，據上下文改。

附録

原尚書通考目録

卷第一

卷第六

卷第十

尚書通考序

古者帝王垂衣而化，未嘗不致意於宜民之事，故治歷象，察璣衡，同律度，禮樂刑政之必修，風土貢賦之必定。讀其書於千百載之下者，不先考乎此，其何以識帝王之治哉？昭武存齋黄氏所著尚書通考，於帝王傳授則究其心法，於諸儒授受則究其家法，曆象則考其辰次中星、閏餘歲差者焉，璣衡則考其北極出入、七政留行者焉，律度則考其絫尺候氣、相生旋變者焉，類禋服器、巡守就宅則於禮樂刑政有所考矣，畎澮丘甸、夫井田制則於風土貢賦有所考矣，若範疇、若圭表、若廟制、若爵土之類，莫不著之以圖，辨之以説，上推四代，下及漢、晉、唐、宋，因革異同，如指之掌，使孔、蔡復生，不易其言也。惟經世之書，每詳於制度，而治平之學，必先於格知。黄氏之考，豈非治平之要歟？昔人謂「書以道政事」，蓋政發於心而見之行事者也，考其事而得其心者有之矣，未有不考其事而能得其心者。君子於此觸類而長之，使衆物之表裏精麤無不到，吾心之全體大用無不明，而帝王精一執中之旨在是矣。時至正丁亥冬十月建安雷機子樞父序。

元至正本尚書通考卷首

尚書通考序

宋元之際，閩之樵川，儒學蔚起。若嚴粲明卿之於詩，黄清老子肅之於春秋，黄鎮成元鎮之於易、於書。易有通義，書有通考，各十卷。予所見者，惟嚴氏之詩緝、黄氏之尚書通考而已。通考紀尚書名物度數，舉夫七政、九疇、六宗、五禮，方州之貢賦水土，律吕之長短忽微，皆著其説。説有未盡，復系以圖。彙集諸家，而衷以己意，詳且備矣。夫書以載道，二帝三王之大經大法存焉。度數名物，靡非經法之所寓，稍有未晰，則無以措諸事而施於用，何以免不學墻面之譏乎？是編由器而寓夫道，由數以達其義，學者能詳考精察，於以定禮樂、設制度，有裕如者矣。元鎮書成，執政因薦爲江西路儒學提舉。命下，禄不及而卒，集賢議謚曰「貞文處士」以旌之。當時如元好問、安熙，亦皆以下僚布衣得與易名之典，於以見元節惠之錫不視爵位爲予奪，亦可録也。康熙丁巳納蘭成德容若序。

清康熙通志堂經解本尚書通考卷首

四庫全書總目尚書通考提要

尚書通考十卷，江西巡撫採進本。元黄鎮成撰。鎮成字元鎮，邵武人。以薦授江南儒學提舉，未上而卒。其書徵引舊説，以考四代之名物典章，亦間附以論斷，頗爲詳備。其中如論閏月而牽及後代司天之書，論律而旁引京房之法，論樂而臚陳自漢至宋之樂名，皆與經義無關，失之汎濫。其他四仲、五品、五教、九疇、六府、三事之類，皆經有明文而復登圖譜，别無發明，亦爲冗瑣。又全書皆數典之文，而「曰若稽古」一條獨參訓詁，尤爲例不純。似乎隨筆記録之稿，未經刊潤成書者。然書本以道政事，而儒者以大經大法爲矗蹟，類引之而言心。王應麟困學紀聞曰：「仲虺之誥，言仁之始也。湯誥，言性之始也。太甲，言誠之始也。説命，言學之始也。」然則删書録此四篇，果僅因此四語乎？鎮成此編，雖頗嫌蕪雜，然猶爲以實用求書，不以空言求書者。其自序有曰：「求帝王之心易，考帝王之事難。」可謂知説經難易之故矣。

中華書局影印浙本四庫全書總目卷一二經部書類二

鐵琴銅劍樓藏書目録尚書通考解題

尚書通考十卷，元刊本。元黄鎮成撰并序，又雷機序。每半葉十二行，行廿四字。字蹟清整，摹雷序行書尤工，猶是天曆舊刻也。通志堂本失去雷序，卷一「而明白坦」下脱去二葉。乾隆中建寧重刻，徐氏時作序云「選拔陳君堯俞得此原本於郡學」，然其闕葉仍未之有。而此本獨全，用并雷序附録於左，庶後有刻者得據補以成完書焉。每卷首尾有「晉府書畫之印」、「敬德堂圖書印」、「子子孫孫永寶用」、「朱國祚印」、「養拙齋」諸朱記。

古者帝王垂衣而化，未嘗不致意於宜民之事，故治曆象，察璣衡，同律度，禮樂刑政之必修，風土貢賦之必定。讀其書於千百載之下者，不先考乎此，其何以識帝王之治哉？昭武存齋黄氏所著尚書通考，於帝王傳授則究其心法，於諸儒授受則究其家法，曆象則考其辰次中星、閏餘歲差者焉，璣衡則考其北極出入、七政留行者焉，律度則考其累尺候氣、相生旋變者焉，類禋服器、巡守就宅則於禮樂刑政有所考矣，畎澮丘甸、夫井田制則於風土貢賦有所考矣，若範疇、若圭表、若廟制、若爵土之類，莫不著之以圖，辨之以説，上推四代，下及漢、晉、唐、宋，因革異同，如指之掌，使孔、蔡復生，不易其言也。

惟經世之書，每詳於制度，而治平之學，必先於格知。黄氏之考，豈非治平之要歟？昔人謂「書以道政事」，蓋政發於心而見之行事者也，考其事而得其心者有之矣，未有不考其事而能得其心者。君子於此觸類而長之，使衆物之表裏精麤無不到，吾心之全體大用無不明，而帝王精一執中之旨在是矣。時天曆丁亥冬十月建安雷機子樞父序。

亮如彼。則書之所以艱深者，非齊音使然。而世之所以疑生者，皆非其實也。文帝求治尚書，伏生老不能行，使晁錯往受之。其後有歐陽生、大小夏侯勝建之徒，皆學伏生書，寫以漢世文字，號今文尚書。

孔安國古文尚書

孔安國曰：「魯共王壞孔子宅，得壁中所藏古文虞、夏、商、周之書。科斗書廢已久，時人無能知者。以所聞伏生之書考論文義，定其可知者爲隸古定，增多伏生二十五篇。復出伏生所合之篇并序，凡五十九篇四十六卷。」

蔡氏曰：「二十五篇者，謂大禹謨、五子之歌、胤征、仲虺之誥、湯誥、伊訓、太甲三篇、咸有一德、説命三篇、泰誓三篇、武成、旅獒、微子之命、蔡仲之命、周官、君陳、畢命、君牙、冏命，凡二十五篇。復出者，舜典、益稷、盤庚三篇、康王之誥，凡五篇。又百篇之序自爲一篇。通伏生二十八篇，共五十九篇，即今所行五十八篇，而以序冠篇首者也。」

「四十六卷者，孔疏以爲同序者同卷，異序者異卷。太甲、盤庚、説命、泰誓皆三篇共序，凡四卷。大禹、皋陶謨、益稷，康誥、酒誥、梓材，亦各三篇共序，凡二卷。外四十篇，篇各有序，凡四十卷。又錯亂摩滅不可復知者凡四十二篇，今亡。」

林少穎曰：「孔傳既成，遭巫蠱不出。漢儒聞孔氏之書有五十八篇，遂以張霸之徒造僞書二十四篇爲古文尚書。兩漢儒者所傳，大抵皆霸僞本也。故杜預注左氏、韋昭注國語、趙岐注孟子，皆指爲逸書，其實未嘗逸也。劉歆當西漢之末，欲立古文學官，移書責諸博士甚力。然歆之見皆僞本，亦非真古文書也。以至賈、馬、鄭、服之輩，亦皆不見古文書。至晉而後，其書漸出。及開皇三年求遺書，得舜典，然後於書始大備。」蔡氏曰：「古文孔傳尚書有『曰若稽古』以下二十八字，伏生以舜典合於堯典，只以『慎徽五典』以上接『帝曰欽哉』之下，而無此二十八字。然『慎徽五典』以下，則固具於伏生之書。至齊姚方興得古文舜典於大航頭，始知有此二十八字。或者由此乃謂古文舜典一篇皆盡亡失，蓋過論也。孔氏書始出，皆用隸書，至唐天寶三載，詔衛包改古文從今文書。今之所傳，乃唐天寶所定本也。」此古文指隸書，非科斗古文也。

「孔壁之書，安國定其可知者。其文以隸書存古文，故謂之古文尚書。」

隋經籍志：「書之所興，蓋與文字俱起。孔子觀書周室，得四代之典，删其善者，自虞至周，爲百篇。遭秦滅學，至漢，唯濟南伏生口授二十八篇。又河内女子得泰誓一篇，獻之。伏生作尚書傳，以授同郡張生，張生授千乘歐陽生，歐陽生授同郡兒寬，寬授歐陽生子，世世傳之，至曾孫歐陽高，謂之尚書歐陽之學。又有夏侯都尉，受業於張生，以授族子始昌，始昌傳族子勝，爲大夏侯之學。勝傳從子建，別爲小夏侯之學。故有歐陽、大小夏侯，三家並立，訖漢東京，相傳不絕，而歐陽最盛。初漢，得孔子末孫惠所藏之書，字皆古文。其泰誓與河內女所獻者不同。安國合伏生書，成五十八篇，又爲作傳。巫蠱事起，不得奏上，私傳其書於都尉朝，朝授膠東庸生，謂之尚書古文之學，而未得立。後漢扶風杜林傳古文尚書，同郡賈逵爲之作訓，馬融作傳，鄭元亦爲之注。然其所傳惟二十九篇，又雜以今文，非孔舊本。自餘絕無師説。晉世祕府所存，有古文尚書經文，今無有傳者。及永嘉之亂，歐陽、大小夏侯尚書並亡。濟南伏生之傳，惟劉向父子所著五行傳是其本法，而又多乖戾。至東晉，豫章內史梅賾始得安國。」

清光緒二十四年常熟瞿氏家塾刻本鐵琴銅劍樓藏書目録卷二經部二書類

圖書在版編目（CIP）數據

尚書通考 /（元）黄鎮成撰；王篤堃點校. — 福州：福建人民出版社，2023.12

（八閩文庫．要籍選刊）

ISBN 978-7-211-09259-8

Ⅰ．①尚… Ⅱ．①黄… ②王… Ⅲ．①《尚書》—研究 Ⅳ．① K221.04

中國國家版本館 CIP 數據核字（2023）第 252131 號

尚書通考

作　　者：［元］黄鎮成 撰　王篤堃 點校

責任編輯：莫清洋

助理編輯：陳慧子

責任校對：林　芬

裝幀設計：張志偉

美術編輯：陳培亮

出版發行：福建人民出版社

電　　話：0591-87533169（發行部）

網　　址：http://www.fjpph.com

電子郵箱：fjpph7221@126.com

地　　址：福建省福州市東水路 76 號

經　　銷：福建新華發行（集團）有限責任公司

印刷裝訂：雅昌文化（集團）有限公司

地　　址：深圳市南山區深雲路 19 號

電　　話：0755-86083235

開　　本：890 毫米 ×1240 毫米　1/32

印　　張：13.125

字　　數：235 千字

版　　次：2023 年 12 月第 1 版第 1 次印刷

書　　號：ISBN 978-7-211-09259-8

定　　價：60.00 元